BIBLIOTHÈQUE INTERNATIONALE
DE PSYCHOLOGIE EXPÉRIMENTALE
NORMALE ET PATHOLOGIQUE

Directeur : Dr TOULOUSE

G.-L. DUPRAT

LA MORALE

FONDEMENTS PSYCHO-SOCIOLOGIQUES
D'UNE
CONDUITE RATIONNELLE

PARIS
OCTAVE DOIN, ÉDITEUR
8, PLACE DE L'ODÉON, 8

1901

BIBLIOTHÈQUE INTERNATIONALE
DE PSYCHOLOGIE EXPÉRIMENTALE
NORMALE ET PATHOLOGIQUE

PUBLIÉE SOUS LA DIRECTION

Du Dr TOULOUSE

Médecin en chef de l'Asile de Villejuif,
Directeur du Laboratoire de Psychologie expérimentale
à l'École des Hautes Études.

Secrétaire : N. VASCHIDE

LA MORALE

OUVRAGES DU MÊME AUTEUR

L'instabilité mentale (in-8, 310 pages, Paris, Alcan, 1899).

La loi fondamentale de l'existence et de la pensée est l'instabilité ; mais il ne faut pas que l'instabilité mentale entraîne une discontinuité trop grande des processus psychiques. La permanence de tendances fondamentales ou fermeté du caractère fait la liaison normale ; le manque de caractère fait l'instabilité morbide, l'aboulie, la désagrégation mentale. Pour le montrer, les différentes fonctions psychologiques sont étudiées séparément et dans leur ensemble, à l'état pathologique.

Les Causes sociales de la folie (in-12, 210 pages, Paris, Alcan, 1900).

Les lésions nerveuses ou cérébrales, l'instabilité pathologique, la désagrégation mentale, ont souvent pour causes déterminantes des troubles sociaux ou des exigences de la vie collective. Une bonne organisation politique s'impose pour remédier aux causes sociales de la folie.

Science sociale et démocratie (in-8, 320 pages, Paris, Giard et Brière, 1900).

La sociologie permet de prévoir une évolution des formes politiques vers l'organisation démocratique. Mais dans une démocratie, plus que partout ailleurs, l'organisation collective ne peut reposer que sur une philosophie sociale ou système de prévisions sociologiques. La politique est ainsi placée sous la dépendance de la science.

La Morale laïque, pour posséder une efficacité, doit avoir une valeur objective et prendre pour fondement la psychologie et la sociologie. Elle doit tenir compte des causes mentales et sociales de la faute et des conditions de l'action. Elle a pour principal objet la systématisation des tendances naturelles, individuelles et collectives. Elle se présente comme une synthèse des conclusions pratiques inspirées par la psycho-pathologie et la sociologie.

BROCHURES IN-8

L'éducation physique à l'école. Bordeaux, Gounouilhou, 1893.

Rapports de la psychologie et de la sociologie. Imprimerie nationale, 1898.

La Théorie du πνεῦμα chez Aristote. Berlin. Georges Reimer, 1899.

Morphologie des faits sociaux. Paris, Giard et Brière, 1900.

LA MORALE

FONDEMENTS PSYCHO-SOCIOLOGIQUES
D'UNE
CONDUITE RATIONNELLE

PAR

G.-L. DUPRAT

DOCTEUR ÈS LETTRES
PROFESSEUR DE PHILOSOPHIE AU LYCÉE DE ROCHEFORT-SUR-MER
PROFESSEUR AU COLLÈGE DES SCIENCES SOCIALES

PARIS
OCTAVE DOIN, ÉDITEUR
8, PLACE DE L'ODÉON, 8

1901

A MONSIEUR DARLU

INSPECTEUR GÉNÉRAL DE L'INSTRUCTION PUBLIQUE

Hommage respectueux.

PRÉFACE

Le dessein de M. le Dr Toulouse et de ses collaborateurs est de donner des indications précises, correspondant à l'état actuel de la science, sur chaque point des recherches psychologiques, devenues si variées par une alliance féconde et inébranlable avec les études physiologiques et sociologiques. Aussi ne faut-il pas s'étonner de voir figurer dans une bibliothèque de psychologie expérimentale un ouvrage qui traite des questions morales.

Jusqu'ici sans doute le sort de la morale a été étroitement lié à celui de la métaphysique : dans les établissements d'instruction on enseigne aux jeunes gens sous le nom de théories morales les spéculations philosophiques les plus hasardeuses ; mais les récents ouvrages de morale sont peu nombreux et témoignent souvent d'une certaine lassitude chez les métaphysiciens qui paraphrasent généralement les œuvres de Kant, plus soucieux de faire montre d'élévation dans la pensée que de faire œuvre positive et durable. Le moment semble venu d'une morale moins ambitieuse, à visées plus humbles,

G.-L. Duprat.

mais établie d'après une méthode plus rigoureuse. Nous sommes loin assurément de pouvoir construire l'édifice tout entier de la morale positive; cependant nous pouvons déjà revendiquer pour le psychologue et le sociologue le droit de fournir exclusivement au moraliste les fondements de sa doctrine éthique.

Dans un avenir peut-être très prochain, on s'étonnera sans doute de l'ignorance des hommes qui eurent la prétention de régenter les mœurs, de diriger l'activité la plus complexe de toutes, sans avoir au préalable acquis une connaissance satisfaisante de l'homme et de la société. On s'étonnera de la subjectivité des conceptions morales, considérées cependant comme l'œuvre des plus grands esprits de chaque époque : que d'assertions qui reposent sur une vue incomplète ou même fausse de la vie individuelle et sociale ; que de préceptes valables seulement pour un individu, énoncés par lui pour justifier sa façon de vivre, systématisés « après coup », alors que les préjugés, les idées préconçues ont déjà accompli leur œuvre dans cet esprit même, qui s'offre ensuite, plus ou moins inconsciemment, comme modèle à ses contemporains et à leurs descendants !

Platon avec ses goûts d'aristocrate et d'athénien, Aristote pénétré d'intellectualisme, Descartes oscillant entre la science et la religion, Spinoza fataliste et mystique, ont décrit l'idéal moral d'après leur tempérament et leurs propres tendances, presque sans regarder autour d'eux, comme s'ils étaient assurés que tous les hommes leur fussent semblables et qu'ils fussent eux-mêmes les plus nobles représentants de l'humanité.

Il a semblé pendant de longs siècles que la direction des mœurs dût être assumée par le « surhomme », élu de Dieu pour conduire ses semblables, illuminé soudain et formulant des préceptes de sagesse dont la beauté, l'élévation faisaient tout le prix. Ces préceptes ne pouvaient pas être jugés en effet d'après leurs fondements : ils étaient des inspirations du génie et ils sortaient des profondeurs de l'inconscient ; comme les conceptions de l'artiste, ils devaient séduire, entraîner, en s'adressant au cœur plutôt qu'à la raison.

Cependant, les psychologues qui, d'abord, demandèrent aux troubles de l'esprit quelque clarté sur la vie normale, n'ont pas tardé à terminer l'exposé de leurs recherches purement scientifiques par des considérations d'ordre pratique, politique et moral. L'anthropologie italienne a uni étroitement les études psychologiques, psychiatriques et les théories sur le droit, la sanction, la criminalité ; la sociologie a pris place parmi les sciences positives, et sa parenté avec la morale est hors de conteste.

Or on ne peut qu'allier les études psychologiques aux études sociologiques quand on remarque le caractère mixte, psycho-sociologique[1], de la plupart des sentiments, des représentations de toutes sortes que le moraliste doit prendre en considération.

Faire l'examen de ces sentiments et représentations, en vue d'une théorie morale est une tâche à

---

1. Cf. mon étude sur les *Rapports de la psychologie et de la sociologie* (Imprimerie Nationale, 1899) ; *Science sociale et démocratie* (Giard et Brière, 1900).

laquelle on ne peut plus se soustraire. Et comme leur nature psycho-sociologique les rend « fonctions » de la vie sociale et du devenir collectif ; comme, d'autre part, l'être concret est celui qui vit en société et que la morale concerne nécessairement l'être concret, le sociologue partage les obligations du psychologue. Quiconque aspire à donner aux hommes des indications sur la manière de vivre la plus convenable doit donc être un savant avant d'être un moraliste ou du moins s'inspirer de toutes les données scientifiques que la psychologie individuelle et sociale est en mesure de lui fournir.

Parce qu'ils ont eu le sentiment de cette transformation inéluctable du moraliste, qui de « sage » ou « inspiré » devient de plus en plus homme de science, M. le Dr Toulouse et ses collaborateurs en ont suscité une première manifestation et ont fait entrer dans le cadre d'études psychologiques, psycho-pathologiques et psycho-sociologiques, un ouvrage de morale.

Le philosophe-médecin qui, hier, à la suite des Charcot, des Ribot et des Janet introduisait dans la psychologie un esprit tout nouveau, en vient à appliquer à la vie morale les connaissances vraiment scientifiques-acquises dans les cliniques et les laboratoires, les hôpitaux et les asiles d'aliénés ; il soude ainsi deux chaînons encore trop éloignés : l'étude des maladies nerveuses ou mentales et la lutte contre les maladies sociales, contre l'immoralité.

On ne peut pas s'attendre à ce que dans un volume tel que celui-ci la conduite humaine soit envisagée autrement que dans son ensemble. Pénétrer dans le détail, justifier toutes les assertions, déduire toutes les conséquences, entraînerait de gros ouvrages qui ne pourraient d'ailleurs être écrits par le même homme avec une égale compétence. Ceci n'est donc qu'une vue générale sur les fondements de la morale et sur quelques-unes des idées directrices d'une conduite vraiment humaine. Sur bien des points sans doute le savoir nous a fait défaut, sur bien d'autres la science de demain viendra rendre suspectes des affirmations autorisées par la science d'aujourd'hui ; nul en ces matières ne peut se vanter de formuler sa pensée *ne varietur*. A chacun des lecteurs de rectifier selon ses lumières : une théorie morale se propose et ne s'impose pas ; mais quand elle se propose au nom de la science, c'est avec des données scientifiques plus nombreuses qu'on la combat ou qu'on la rectifie et la complète.

G.-L. DUPRAT.

LA MORALE

PREMIÈRE PARTIE

LA MÉTHODE

Sommaire :

I. *Morale, métaphysique et religion.* — 1. La crise morale. — 2. La morale antique. — 3. La morale philosophique. — 4. Impuissance de la philosophie. — 5. La religion. — 6. Conditions de la moralité.

II. *La morale scientifique.* — 7. La morale indépendante. — 8. La science de la morale. — 9. La morale kantienne et ses postulats. — 10. Science et morale. — 11. Le réel et l'idéal. — 12. Caractère technique de la morale. — 13. Spiritualisme, idéalisme et naturalisme. — 14. La technique morale.

III. *La morale individuelle et la morale sociale.* — 14. Les arts et la morale. — 15. La morale sociale. — 16. La conscience morale. — 17. Les données de la raison. — 18. La conduite rationnelle. — 19. Le devoir et la valeur morale. — 20. La dignité individuelle.

IV. *Les diverses méthodes.* — 21. Méthode kantienne. — 22. Platon et Aristote. — 23. Adam Smith. — 24. Spencer. — 25. Conclusion.

I

MORALE, MÉTAPHYSIQUE ET RELIGION

1. **La crise morale.** — A mesure que l'esprit critique se développe, que la foi naïve, les supersti-

tions, les traditions même, perdent de leur empire sur la multitude, que la complexité croissante des relations sociales, politiques et économiques, entraîne plus d'instabilité, plus de risques de trouble et de désagrégation, on sent mieux à l'accroissement constant de la criminalité les dangers de l'anarchie morale.

Dans tout le cours du xix° siècle, l'évolution des idées et des sentiments collectifs, l'extension donnée aux publications diverses, livres, brochures, journaux, et aux conférences publiques, ont introduit dans le grand courant de la pensée populaire un nombre considérable de conceptions pratiques opposées, parfois inconciliables. Tout a été remis en question : les fondements du droit ont été scrutés, et ceux du droit traditionnel en particulier ont été ébranlés ; la famille, la cité, l'association civile et religieuse ont été profondément modifiées dans le cours d'un seul siècle. La foi religieuse a cessé de jouer le rôle important qui lui semblait dévolu : de toutes parts elle disparaît ou du moins cesse d'être un obstacle à l'immoralité. Aussi la « conscience sociale », si l'on peut désigner par ce terme l'ensemble des conceptions et sentiments communs à tout un peuple, paraît-elle vouée à l'incertitude, à l'hésitation, aux tâtonnements, aux brusques soubresauts, aux crises périlleuses[1] : rien ne semble garantir la stabilité des mœurs ; les notions du bien et du mal, du juste et de l'injuste, du permis et du défendu semblent de plus en plus arbitraires et d'une

---

1. Cf. MORSELLI, *La Crisi della morale*, Turin, 1896.

valeur non seulement conventionnelle, mais encore toute provisoire.

2. **La morale antique.** — Un tel désarroi est pénible. Ne devait-il pas fatalement se produire ? N'était-il pas bon qu'il se produisît ? Lorsque dans la Grèce antique, la « désintégration sociale » fut parvenue à son plus haut degré, deux doctrines morales, qui sont restées des doctrines-types, apparurent et trouvèrent un accueil favorable jusque dans les masses populaires que n'avaient point émues la subtile dialectique de PLATON et la savante métaphysique d'ARISTOTE : le stoïcisme et l'épicurisme rivalisèrent bientôt dans la domination morale du monde civilisé et l'on put croire à la suprématie définitive des conceptions philosophiques sur les mœurs.

Le stoïcisme, il est vrai, disparut après quelques siècles d'un incomparable éclat, devant le christianisme, dont il avait préparé dans une certaine mesure le triomphe durable. La religion de nouveau reprenait la direction des âmes pour apparaître désormais comme la gardienne fidèle de la vraie moralité, en opposition continuelle avec le matérialisme et l'athéisme, accusés avec une persistance d'ailleurs mal fondée de corrompre les mœurs et de détruire le sentiment du devoir en supprimant toute sanction.

Faut-il croire que de nos jours la crise morale que nous subissons se dénouera de la même façon ? La philosophie et la religion pourront-elles nous apporter le secours qu'elles apportèrent au monde antique ? On l'admettra difficilement. Tout d'abord, les conditions sont autres. Jamais le monde antique n'était parvenu à un degré de complexité sociale comparable à celui que nous vaut le progrès politique et économique du siècle qui s'achève ; la plupart des problèmes que nous avons à résoudre sont entièrement nouveaux. L'esclavage antique, la condition de la femme en Grèce et à Rome, l'organisation de la famille et de la cité, l'absence de machines puissantes et de vastes agglomérations industrielles, le trop faible souci de la dignité humaine, l'insuffisant développement des notions scientifiques et des tendances humanitaires, tout cela rendait jadis beaucoup plus aisée la solution du problème moral.

Qu'est en définitive le stoïcisme sinon une doctrine de tension, par réaction contre le relâchement général des mœurs et l'affaissement commun des volontés ? L'épicurisme au contraire est une simple doctrine d'apathie, issue directement du découragement, de l'absence de conviction, qui désolait le monde grec, au moment où précisément le pyrrhonisme essayait, sinon de détruire l'action, du moins de lui enlever tout ressort. L'esprit du monde civilisé avait alors dépassé le stade célèbre où les hardies spéculations ne nuisaient en rien à l'équilibre des facultés mentales et morales, où un Platon et un Aristote pouvaient sans danger proposer à l'homme un idéal irréalisable, trop confiants dans la sagesse de leurs contemporains pour craindre qu'ils s'éloignent du « juste milieu ». De toutes parts on demandait avec avidité : Que doit-on faire ? Et l'on adoptait avec non moins d'avidité les solutions simples, à la portée de l'esprit vulgaire, telles que : fuir l'action, se résigner à souffrir, se roidir contre le mal, solutions inspirées plus encore par les circonstances que par le génie d'un individu.

Le stoïcisme et l'épicurisme n'ont été populaires, n'ont eu quelque action sur les mœurs, que parce que les deux théories morales correspondantes étaient la résultante directe de l'état social, à une époque de décadence. Leur succès s'explique beaucoup plutôt par des considérations sociologiques que par l'examen de leur valeur propre et surtout de leur valeur au point de vue philosophique.

3. **La morale philosophique.** — La philosophie jusqu'à nos jours a été, d'ailleurs, peu propre à déterminer les hommes à l'action : elle est restée plutôt spéculative que pratique, soit qu'elle ait un fondement à priori, soit qu'elle ait un fondement scientifique tel que celui qu'on a coutume de lui donner. La morale enseignée par la plupart des philosophes est d'ordinaire une série de déductions fondées sur des principes métaphysiques : ces principes ont une valeur toute subjective ; on s'aperçoit bien vite qu'ils varient d'école à école, qu'ils s'opposent les uns aux autres, et ils perdent tout crédit par suite d'incessantes controverses. S'ils ont quelque base empirique, c'est une base précaire, à cause du petit nombre de faits observés et on peut alors leur opposer des principes qu'une expérience aussi incomplète a la prétention de légitimer également.

En outre les esprits vulgaires ne sauraient remonter jusqu'à des principes très généraux, auxquels le philosophe parvient par une analyse subtile, et qui seuls font la valeur des conséquences et des préceptes. Enfin, un système philosophique est en général quelque chose de trop adventice dans le devenir social pour que la morale qui s'y rattache ait quelque influence sur des mœurs depuis longtemps établies ou sur des esprits troublés par le désordre des forces sociales. Karl Marx a donc parlé avec raison de la « misère de la philosophie » et de son impuissance soit à prévenir les crises morales soit à y apporter un remède.

4. **Impuissance de la philosophie.** — M. Fouillée estime[1] que de même qu'on a dit aux poètes : « Honte à qui peut chanter tandis que Rome brûle ! » on doit, dans les circonstances présentes, « dire aux philosophes qu'ils ne sauraient se contenter de spéculer quand s'agitent autour d'eux des questions de vie et de mort ». Mais que peuvent les philosophes, réduits à une connaissance générale du monde, à une systématisation hâtive et provisoire des hypothèses émises par les savants de tout ordre ? La philosophie générale des sciences a un rôle de plus en plus limité : chercher à chaque moment à réaliser l'unité du savoir en coordonnant les données certaines et les hypothèses conciliables. Cette œuvre cosmologique importe peu à l'action, si ce n'est qu'il vaut peut-être la peine pour l'homme de savoir de mieux en mieux quelle est sa place dans l'univers, d'éprouver un sentiment de modestie en constatant le peu qu'il est, et un sentiment de légitime orgueil en constatant ce que sa race est devenue au cours de l'évolution universelle. Mais cela ne lui dicte aucune ligne de conduite bien définie, et il est permis de sourire quand on voit des

1. *La France au point de vue moral.* Paris, Alcan, 1900.

philosophes tirer de quelques vagues prémisses cosmologiques cette non moins vague formule du devoir : Agis de façon à seconder le devenir du monde, à développer de plus en plus les forces psychiques et à assurer leur triomphe sur les énergies inconscientes à l'œuvre dans l'univers[1]. Si toute la philosophie doit aboutir en morale à la paraphrase de l'axiome fondamental du spiritualisme dualiste, il n'est vraiment pas nécessaire de spéculer avec tant d'ardeur.

En dehors de la cosmologie rationnelle, la théologie ne peut nous enseigner notre devoir, car si elle nous faisait connaître la volonté souveraine, elle serait obligée de la présupposer morale pour avoir le droit de la présenter comme règle suprême des volontés humaines : son Dieu devant être l'Idéal moral ne pourrait être conçu que d'après une théorie morale.

De tous les mouvements philosophiques de ce siècle, le plus important, si on mesure l'importance à l'action exercée sur les esprits vulgaires, a été assurément l'évolutionnisme. Quelle influence a-t-il eue sur la moralité publique? A peine a-t-il causé une grande émotion due surtout à l'opposition bruyante des divers clergés, protestants et catholiques[2] ; il a revêtu aussitôt le caractère d'une hardie négation à l'égard de la morale théologique et des croyances religieuses ; mais tant d'agitation a été stérile au point de vue pratique ; la cause de l'unité morale à réaliser,

---

1. Cette formule est celle de Rudolf MULLER, dans son *Naturwissenschaftliche Seelenforschung*, t. III, p. 585 sqq.
2. Cf. *Histoire de la lutte entre la science et la religion*, par WHITE.

ne fût-ce que dans les consciences droites et les esprits éclairés, n'y a rien gagné.

5. Impuissance de la religion. — Si l'impuissance de la philosophie apparaît désormais complète, du moins peut-on croire qu'un grand mouvement religieux réussirait à mettre un terme à l'anarchie morale ? Contrairement à ce que pense Spencer, la religion paraît avoir été intimement associée, dès l'origine, au développement moral de l'humanité. M. Durkheim [1] estime même que « c'est du phénomène religieux que sont sortis par voie de dissociation tous les autres phénomènes sociaux (y compris la moralité)... La parenté a commencé par être un lien essentiellement religieux... Tout au plus peut-on se demander si l'organisation économique fait exception et dérive d'une autre source ». M. Belot [2] croit que la religion a primitivement contenu la moralité, non pas « à la façon de la matière vivante qui contient en puissance des formes susceptibles d'apparaître ultérieurement », mais « à la façon de la coquille qui protège l'embryon, recouvre et cache en très grande partie le travail spontané qui constitue presque toute la vie ». Quoi qu'il en soit sur ce point de détail, il est difficile même à certains de nos contemporains de séparer complètement les idées morales des idées religieuses, tant leur union a été intime pendant de longs siècles.

Toutefois, M. Fouillée montre en invoquant le

1. *Année sociologique*, 2º année, 1897-98. *Définition des phénomènes religieux.*
2. *La religion comme principe sociologique. Revue philosophique*, mars 1900, p. 290.

témoignage de catholiques éminents, tels que MM. d'Hulst, Guibert et le cardinal Bourret, que de plus en plus les pratiques religieuses deviennent susceptibles de s'associer à une immoralité foncière. Il semble qu'une crise religieuse, due à la ruine des sentiments religieux, ait suivi de près tous les stades de la crise morale ; ce qui indique un rapport inverse de celui que l'on établit parfois quand on fait de la religiosité la condition de la moralité : celle-ci conditionnerait plutôt celle-là.

Sans doute, il vient divers moments, dans toute évolution sociale, où le dogme théologique préside à l'éducation de la jeunesse, où les prêtres façonnent à leur guise les intelligences et les cœurs ; mais un corps sacerdotal n'est puissant, vraiment puissant, qu'autant qu'il reste en étroite communion d'idées avec le peuple qu'il prétend diriger, qu'autant, par conséquent, qu'il subit l'influence des mœurs existantes et de la morale courante. C'est ce qu'expriment très nettement les écrivains religieux cités plus haut[1] quand ils attribuent l'influence décroissante du clergé sur la moralité publique à l'éloignement des prêtres « des choses du temps présent », à leur « inertie intellectuelle », à leur « ignorance du mouvement général de la société moderne ».

Il ne faut donc pas compter sur la religion proprement dite pour mettre un terme à la crise morale ; la religion n'a d'influence que sur les âmes qui ont besoin d'une croyance et auxquelles un prophète, un « saint », vient apporter la croyance dont elles ont

1. MM. d'Hulst, Guibert et le cardinal Bourret.

besoin. La rapide propagation du christianisme s'explique, à un point de vue exclusivement sociologique[1], par les aspirations de cette multitude d'affranchis et d'esclaves qui l'accueillit avec enthousiasme parce qu'elle avait soif de pitié, d'amour, de fraternité. La prédication de Mahomet répondait de même aux tendances mystiques et belliqueuses des tribus arabes dont le caractère ethnique assure la persistance de l'islamisme.

Mais chez les peuples les plus intelligents et les plus instruits de la race blanche, la similitude de sentiments et de tendances, qui favorise les grands mouvements religieux, n'a pas pu subsister. L'ère des grands enthousiasmes semble close, du moins pour notre civilisation européenne. C'est pourquoi on demande[2] aux différents clergés d'assurer à la foi religieuse le concours de leurs connaissances psychologiques et sociologiques.

Dès ce moment, on voit donc que l'acuité de la crise morale ne pourra être atténuée ni par la philosophie seule, ni par la religion seule, ni par la philosophie et la religion unies, — car quel secours apporteraient-elles l'une à l'autre ? Il peut se faire qu'une religion éthique contribue, par sa haute moralité même, à la réalisation de l'unité morale la plus complète possible dans l'humanité ; mais son œuvre devrait être précédée, dans tous les cas, par celle des

---

1. Abstraction faite de la divinité du Christ et de toute influence providentielle.

2. M. Fouillée, par exemple, dans son livre récent *La France au point de vue moral*.

penseurs et des savants qui, après avoir appris à mieux connaître l'homme en tant qu'être psychologique et être social, chercheraient à se mettre d'accord sur les principes premiers de la conduite humaine.

6. Conditions de la moralité. — Toutefois, ce n'est que par une action sociale, exercée sur toutes les classes de la société, sur tous les individus, que l'on peut faire œuvre morale et dénouer la crise ouverte précisément par la divergence des vues individuelles. Or le dogmatisme, sous quelque forme qu'il se présente, ne saurait constituer un remède acceptable. La vérité ne s'impose pas par la force brutale ; elle est proposée par les uns, acceptée par les autres et devient pensée commune par la libre adhésion des esprits. Tout ce qui entre dans la croyance par suggestion pathologique, à la faveur d'une réceptivité morbide de l'intelligence, peut être chassé de la même façon qu'on l'avait introduit. La morale enseignée par un maître ne fera la moralité réelle du peuple que si elle est discutée, critiquée, admise par raison et non par faiblesse de volonté ou paresse d'esprit.

Il faut donc que chacun se fasse sa morale, soit par conséquent rendu capable de se la faire à lui-même, éclairé, guidé, conseillé, mis en mesure de juger, pour que la théorie détermine une pratique qui lui soit conforme. Et alors, ou bien des divergences inévitables se produiront, et il nous faudra renoncer à l'unité morale, il nous faudra subir indéfiniment la prolongation de la crise actuelle ; — ou bien un accord se fera qui mettra un terme à nos dissentiments, du moins sur les points essentiels.

Or la science a pour premier caractère de faire

l'accord des esprits en leur fournissant des principes universels et nécessaires. On doit donc espérer que, si la morale peut se fonder sur la science ou sur quelqu'une des sciences, l'unité morale se réalisera.

II

LA MORALE SCIENTIFIQUE

7. La morale indépendante. — On a reproché à la psychologie scientifique d'être une psychologie sans âme : le reproche tourne à l'éloge, car une théorie métaphysique de l'âme, qu'elle soit matérialiste ou spiritualiste, réaliste ou idéaliste, ne peut que vicier toute recherche scientifique sur les phénomènes. De même ce sera faire l'éloge de la morale scientifique que de l'accuser d'être une doctrine pratique sans théologie ni métaphysique préalable.

Sans doute, toute démarche scientifique suppose certains postulats philosophiques que la critique n'a pas de peine à découvrir : par exemple, qu'il y a des lois de la nature, que le principe de causalité a une valeur universelle et qu'il est d'une application nécessaire aux phénomènes, etc. On en profite pour démontrer, triomphe facile, que tout savant philosophe sans s'en douter, que tout moraliste fait de même, de sorte qu'il n'y a ni science, ni morale, indépendantes de la critique philosophique.

Rien n'est plus légitime que cette revendication des droits de la philosophie. Il y a des vérités philosophiques, les plus générales de toutes, qui ont une telle objectivité que l'on ne court aucun risque à les admettre. L'empirisme et le rationalisme, le réalisme et l'idéalisme ne s'opposent vraiment que sur le terrain des hypothèses invérifiables ; et c'est ce terrain sur lequel la science et la morale n'ont nul besoin de suivre la philosophie.

L'indépendance réclamée par la morale n'est pas l'indépendance à l'égard de la critique philosophique ; comme KANT, la plupart des penseurs contemporains estiment que rien ne saurait échapper à la critique, pas plus la morale que la religion ou la science. Mais ce droit accordé à la critique de pousser aussi loin que possible ses investigations sur les principes premiers de chaque science ou de chaque théorie, sur leur nature et même sur leur valeur, ne va pas jusqu'à lui permettre de faire de la morale une pure dépendance de la philosophie.

8. La science de la morale. — M. RENOUVIER n'a pas hésité à traiter « de la science de la morale, science pure d'abord, ensuite appliquée, sous le nom de principes du droit[1] ». Il a même rapproché cette nouvelle science de la mathématique dont la simplicité et la rigueur semblaient cependant peu faites pour favoriser un tel rapprochement. C'est que, dit-il, « la morale et les mathématiques ont cela de commun que pour exister à titre de sciences elles doivent se fonder sur de purs concepts. L'expérience et l'histoire sont plus loin de représenter les lois de la morale que la nature ne l'est de réaliser exactement

---

1. Ch. RENOUVIER, *Science de la morale*. Paris, Ladrange, 1869.

les idées mathématiques; cependant ces lois et ces idées sont des formes rationnelles également nécessaires, celles-ci pour être la règle des sens, celles-là pour diriger la vie et la juger[1]. » Mais cette science si proche de l'idéal scientifique a besoin de s'appuyer sur une doctrine philosophique, car « seule une doctrine peut vaincre une autre doctrine : or il existe une philosophie, une seule, et c'est la philosophie critique, qui satisfait à cette condition d'être une doctrine qui n'en est pas une..., parce qu'elle est elle-même en tant qu'examen, en tant qu'analyse des représentations et critique, ou déjà la science, ou le commencement de la science dans toutes les questions débattues entre les philosophes. »

Il est à craindre que M. Renouvier n'exagère le besoin qu'a de la philosophie critique une science qui trouve dans l'expérience et l'histoire les approximations qu'il suffirait de rectifier ou compléter pour avoir les types parfaits des actions morales, ainsi qu'il suffit de redresser les données de l'expérience pour en faire des figures géométriques parfaites. La morale a bien plutôt besoin, M. Renouvier lui-même le dit implicitement, de l'étude méthodique des faits psychologiques et sociologiques, actuels et passés.

9. **La morale kantienne et ses postulats.** — La « philosophie critique » dont parle M. Renouvier n'est-elle pas d'ailleurs à peu près identique à la philosophie de Kant, modifiée sans doute en ce qui concerne la croyance au noumène, mais conservée à

---

1. Renouvier, *op. cit.* Préface.

peu près intacte par les néo-criticistes en ce qui touche à la raison pratique? Or Kant a eu sans doute le mérite de prendre pour point de départ le devoir, un « fait rationnel », c'est-à-dire d'une universalité telle que personne ne peut le méconnaître et qu'il s'impose à tous les esprits adultes, réfléchis. Comme l'a fait remarquer M. Dugas[1], la notion du devoir est commune à toutes les doctrines morales, bien qu'elle n'ait pas été toujours dégagée des concepts moins abstraits qui l'enveloppent. Elle n'est « pas étrangère à la morale hédoniste, elle est essentielle à la morale utilitaire, même réduite à l'égoïsme ». La morale naturaliste l'a intimement unie à ce sentiment moral « que nous définissons, dit Darwin, en disant qu'il faut lui obéir ». En toute théorie ce qui distingue le bien moral de tous les autres biens, c'est qu'il est celui qu'on *doit* acquérir ou réaliser. Kant a donc eu raison de se livrer à une recherche qui a pu le faire accuser de « formalisme », qui n'en reste pas moins un précieux exemple d'analyse philosophique.

Mais, après avoir fait de la morale la doctrine de l'obligation, en a-t-il dans la suite sauvegardé l'indépendance?

Des idées métaphysiques et théologiques n'ont-elles pas présidé aux déductions en apparence rigoureuses et impartiales? La *Critique de la raison pure* témoigne déjà du vif désir qu'avait Kant de restaurer la croyance en Dieu, dans l'immortalité de l'âme et dans la liberté, croyance ébranlée par les disputes des philosophes et qui ne pouvait s'établir que sur un

1. *Revue philos.*, 1897, t. XLIV, p. 390.

fondement nouveau. Aussi Kant se hâte-t-il de faire de la liberté, inintelligible pour nous parce qu'elle réside dans le « monde intelligible », la ratio essendi du devoir ; de la sanction future, la conséquence de l'obligation morale, et de l'existence de Dieu la conséquence de la sanction d'outre-tombe.

Il semble dès lors que la morale ait uniquement pour fin la restauration des idoles que la critique renverse. Non seulement la morale est ainsi prise pour moyen et cesse d'être une fin véritable, mais encore elle se met en opposition relative avec la critique sur laquelle on prétend la fonder. Elle est asservie à la métaphysique et à la théologie, tout comme elle l'était auparavant. Mais cette fois sa servitude est plus déguisée, elle est même voilée derrière une apparence de suprématie.

11. **Science et morale.** — Il nous faut au contraire une morale établie comme l'est la science, sans idée préconçue, sans préjugé, sans dessein secret d'aboutir à la justification d'une opinion soit métaphysique, soit religieuse, soit politique. Le moraliste doit comme le savant ignorer au début de ses recherches à quel point il parviendra, et pour cela n'être l'homme d'aucune école.

Mais peut-il faire à proprement parler œuvre scientifique ?

M. Durkheim admet comme M. Renouvier la possibilité de faire une « science de la morale ». « Les moralistes, dit-il[1], qui déduisent leur doctrine,

---

1. *La division du travail social.* Préface. Paris, Alcan, 1893.

non d'un principe à priori, mais de quelques propositions empruntées à une ou plusieurs sciences positives qualifient leur morale de scientifique [1]. Nous ne voulons pas tirer la morale de la science, mais faire la *science de la morale* ce qui est bien différent. » Pour cela, M. Durkheim « entreprend de déterminer les raisons d'ordre expérimental pour lesquelles la morale se forme, se transforme et se maintient », d'étudier les règles d'action imposées par la collectivité à l'individu, ainsi que tous les autres faits de contrainte sociale qui ont donné naissance aux mœurs des différents temps et des différents pays.

M. Durkheim ne voudrait pas qu'on pût lui opposer l'objection banale : la science n'étudie que ce qui est ou a été ; la connaissance scientifique de ce qui est ou a été peut bien donner la notion de ce qui sera, mais non de ce qui *doit* être, devrait être ou aurait dû être. « La science, dit le sociologue, peut nous aider à trouver le sens dans lequel nous devons orienter notre conduite, à déterminer l'idéal vers lequel nous tendons confusément. Seulement, nous ne nous élèverons à cet idéal qu'après avoir observé

---

[1]. Ce qualificatif de « scientifique » a été parfois appliqué bien à tort à certaines doctrines morales par des esprits éminents tels que M. Boutroux, qui semble croire que la morale scientifique est fatalement vouée à suivre les indications des sciences naturelles et par conséquent à s'imprégner à l'heure présente de l'esprit transformiste, évolutionniste, voire même matérialiste. Il est à peine besoin de signaler l'abus des termes qui conduit à qualifier de scientifique uniquement la morale qui se rattache à une hypothèse scientifique de plus ou moins de valeur.

le réel et nous l'en dégagerons; mais est-il possible de procéder autrement? Même les idéalistes les plus intempérants ne peuvent pas suivre une autre méthode, car l'idéal ne repose sur rien s'il ne tient pas par ses racines à la réalité[1]. »

11. **Le réel et l'idéal.** — Il semble que M. Durkheim et M. Renouvier soient foncièrement d'accord pour admettre que le réel a besoin d'une rectification et que cette rectification est possible. Il est vrai que celui-ci l'attend de la raison pure, d'une opération analogue à celle par laquelle les mathématiques se constituent, tandis que celui-là compte sur une sorte d'induction fondée sur l'expérience grâce à laquelle on établirait une loi d'évolution sociale, un type social à réaliser. « L'objectif que la science offre à la volonté », c'est le « type normal, tout entier d'accord avec soi, qui a éliminé ou redressé les contradictions, c'est-à-dire les imperfections qu'il contenait ». M. Durkheim fait donc à la sociologie une part qui ne lui fait pas M. Renouvier, et l'on ne peut nier que le premier soit dans l'esprit même de la science, qui à mesure que les faits à étudier deviennent plus complexes fait une part plus large à l'observation, à l'expérimentation et à l'induction.

Mais aussi large que soit la part faite par M. Durkheim à la science sociale, celle-ci ne se confond point avec la morale. Si la science sociale était la morale, elle ne pourrait « faire de nous que des spectateurs indifférents ou résignés de la réalité[2] »,

---

1. Durkheim, *op. cit.*, p. iv.
2. Id., *ibid.*, p. v.

s'efforçant comme le sage stoïcien de connaître la loi naturelle afin de mieux savoir ce qu'elle nous réserve et où elle nous mène, où, selon les paroles de Cléanthe[1], elle nous mènerait alors que, devenus par là même insensés, nous refuserions de l'observer et de la suivre. « Si nous savons dans quel sens évolue le droit de propriété, à mesure que les sociétés deviennent plus volumineuses et plus denses, et si quelque nouvel accroissement de volume et de densité rend nécessaires de nouvelles modifications, nous pourrons les prévoir, et les prévoyant les vouloir par avance » ; voilà de la morale stoïcienne, consistant uniquement à suivre la nature, à « vivre conformément à la loi naturelle », que la sociologie nous révèle au même titre que la physique ou l'astronomie; mais on ne saurait s'en contenter et M. Durkheim lui-même ne s'en contente pas.

Ainsi, il faut qu'une *connaissance* supérieure à la science sociale vienne régler notre conduite en certaines circonstances dans lesquelles il ne suffit pas d'être le spectateur passif de l'évolution naturelle. Peut-on dire que ce sera une *véritable science*?

12. **Caractère technique de la morale.** — Il faut le reconnaître : la science ne peut pas sortir du nécessaire; elle n'enserre pas étroitement la réalité, ne l'embrasse pas tout entière; tout ce qui est contingent, accidentel, tout ce qui dépend des variations individuelles lui échappe. Son domaine est celui des abstractions. Celui de la morale est le champ des actions humaines, dans lequel évoluent des êtres

---

1. Hymne à Zeus.

concrets, des personnalités complexes, sans cesse en voie d'évolution, d'intégration et de désintégration. C'est pourquoi on a depuis longtemps signalé avec raison la différence qui existe entre les lois morales et les lois physiques : celles-ci sont inviolables ; leur nécessité est telle que personne ne saurait éluder leurs effets ; celles-là au contraire sont aisément éludées : on y obéit ou bien on les viole. Ce ne sont donc pas vraiment des lois, s'il est bon de réserver ce nom aux rapports nécessaires établis entre deux ordres de faits représentés chacun par un terme abstrait (qui ne correspond plus exactement à aucun fait particulier). Les prétendues lois morales sont des *préceptes*, des prescriptions analogues aux conseils de prudence qu'un père donne à son fils ou aux règles techniques qu'un ouvrier enseigne à son apprenti.

Le caractère particulier de la morale ressort encore d'un autre ordre de considérations.

L'être normal n'est pas un idéal immuable : ce qui est normal en un temps donné, pour une certaine race et un certain moment de la civilisation, ne l'est pas dans d'autres circonstances. Nous ne pouvons, hommes d'une époque et d'un milieu déterminés, concevoir qu'un idéal relatif à nous-mêmes, à notre structure mentale, à nos mœurs et à nos tendances essentielles. Il suffit de considérer l'évolution des esprits dans les quelques siècles qui nous séparent de la Grèce antique pour voir combien se sont modifiées par exemple les conceptions touchant le rôle social de la femme et les mœurs féminines elles-mêmes, ou bien les notions fondamentales soit du droit public, soit de la famille.

Nous n'élaborerons donc jamais qu'une morale valable pour une civilisation donnée et pour quelques générations humaines, qui ne s'imposera aux esprits que pour une durée, longue par rapport à nous, bien courte par rapport à l'évolution humaine prise dans son ensemble.

Si nous renonçons à proposer comme modèle à l'homme présent un type valable pour tous les temps et pour tous les lieux, type abstrait par conséquent et sans influence sur la volonté ou sur les mœurs, nous devons nous efforcer de concevoir le type le plus conforme aux indications de la sociologie. Mais entre cet idéal et les données scientifiques les plus proches d'une conception concrète, il y a encore une distance considérable. Comment combler le vide? L'expérience nous montre des types imparfaits, des systèmes incomplètement réalisés, des tendances plus ou moins divergentes. La pure prévision scientifique consiste à appliquer à l'avenir des lois reconnues applicables aux faits passés ; elle ne dépasse donc pas la portée des constatations permises par l'expérience. Ce qui permet de la dépasser, c'est ce qu'on a appelé la « prévision sociologique » qui fait plutôt partie de la « philosophie sociale » que de la science sociale, car elle est faite d'hypothèses plus ou moins probables ; elle est une sorte de prédiction bien fondée basée sur la science.

L'interprétation des données sociologiques donne lieu déjà à quelques variations. De plus l'idéal conçu en conformité avec la prévision sociologique ne s'impose pas assez rigoureusement à tous les esprits pour qu'on ne puisse pas sans absurdité en concevoir un autre différent, sinon quant aux traits essentiels, du moins quant aux détails. Enfin, ne voyons-nous pas souvent autour de nous des gens prévoir, avec une grande justesse de vues, le type social que la majorité de leurs concitoyens tendent à réaliser avec autant de régularité que d'inconscience, et cependant affirmer qu'il est de leur devoir, qu'il serait de notre devoir à tous, de réagir contre la tendance générale, d'empêcher la réalisation de ce type, de travailler à la réalisation d'un autre un peu différent, mais lui aussi réalisable ?

Ces gens seraient-ils encore mieux informés, pourvus de tous les renseignements scientifiques, plus aptes à prévoir, qu'ils ne cesseraient pas d'opposer leur idéal à la réalité en voie de devenir, et de condamner ce qui est, en mettant en comparaison ce qui, à leur avis, devrait être. Tous les autres hommes pourraient céder à la pression de la collectivité, à la contrainte exercée par la multitude, à la nécessité apparente du devenir social, que ces « idéalistes », rebelles à l'imitation et à la mode, adversaires de la coutume et de l'opinion reçue, n'en persisteraient pas moins à exalter leur conception et à encourager leurs semblables à les suivre dans ce qu'ils appelleraient « la bonne voie ».

Un tel idéalisme est-il condamnable ? Est-il contraire à la conception d'une morale vraiment scientifique ? Et la thèse naturaliste, soutenue par ceux qui prétendent que l'homme doit vivre selon sa nature, peut-être foncièrement animale, devrait-elle à priori avoir nos préférences ? Si l'hésitation est permise dans le choix des deux thèses opposées, c'est que nous sommes sortis du domaine scientifique. Nous sommes entrés dans celui de la pratique, de l'art, et la morale est plutôt une « théorie technique » qu'une science.

Et c'est précisément grâce à une conception de la morale comme théorie technique, que l'on peut concilier le naturalisme et l'idéalisme.

13. Spiritualisme, idéalisme et naturalisme. — Il importe d'abord de ne pas confondre l'idéalisme et le spiritualisme. « Le principe spiritualiste, dit M. Darlu [1], tend à nier la nature. Voilà le signe auquel on peut reconnaître la filiation des idées spiritualistes. Il y a dans l'âme un point fixe ; elle est de nature spirituelle, analogue aux choses divines, comme Platon aimait à le dire. »

Dire que l'esprit s'oppose essentiellement à la nature, c'est produire une affirmation sans preuve, inspirée visiblement par la vieille théorie métaphysique d'une distinction radicale de la matière et de l'esprit, du corps et de l'âme, de la vie et de la pensée. Quelle est la valeur objective de cette théorie, elle-même suggérée sans doute par des croyances vulgaires nées au spectacle de la mort ? Jusqu'ici elle n'a fait ses preuves, et dans l'antiquité et de nos jours, qu'en introduisant dans les spéculations philosophiques un dualisme fort peu satisfaisant, en multipliant les problèmes insolubles, en obligeant un Descartes à poser le mystère au début même de ses explications.

---

[1]. *La classification des idées morales du temps présent*, in *Morale sociale*. Alcan, Paris, 1900, p. 30-36.

Rien n'a jamais prouvé la distinction et l'opposition de la « substance étendue » et de la « substance pensante », et l'on se demande d'où vient la fortune extraordinaire de ce passage du Timée dans lequel Platon représente l'âme comme entrant, contrainte et déchue, dans un corps naturel. Cette pure hypothèse métaphysique est la base de toute la morale mystique et un des principaux fondements de la morale spiritualiste : la fragilité de la base peut faire apprécier celle de l'édifice.

Mais l'idéalisme s'oppose énergiquement au spiritualisme dualiste. L'existence de phénomènes psychiques, au sein des phénomènes mécaniques, physicochimiques et biologiques, qui constituent le reste de la nature, est bien établie, ainsi que l'existence de rapports nécessaires entre cet ordre de faits et les autres ordres. L'expérience nous montre dans les « phénomènes de l'âme », du plus humble au plus élevé, de la simple sensation à la spéculation la plus audacieuse, des éléments de la nature et des facteurs du devenir cosmique : elle ne nous permet pas d'opposer la morale de l'esprit à la morale de la nature ; mais elle nous invite à participer de plus en plus à l'évolution universelle par les moyens mêmes dont la nature nous a pourvus, par la prévision et l'imagination, par la puissance de l'idée. Pour l'idéaliste, tout est imprégné de pensée. Nature et idéal, loin de s'exclure, s'accordent ; la nature tendant vers un idéal, et l'idéal que nous pouvons concevoir étant nécessairement dans le prolongement de la nature. Nous n'imaginons pas un idéal pour maudire le réel, pour avoir le droit de mépriser la nature et de la fuir le plus possible, mais plutôt pour nous affranchir de la nécessité naturelle, pour cesser d'être les spectateurs impuissants, résignés, de l'évolution cosmique.

La connaissance de la nature ne peut que nous expliquer notre conduite : elle peut nous dire pourquoi, notre nature et la nature en général étant telles, nous devons agir de telle façon *pour rester d'accord avec nous-mêmes*. Elle peut sans doute être un facteur de progrès, car il est toujours possible d'apporter plus de systématisation, plus de cohérence dans un type donné. Mais elle ne peut pas nous faire évoquer de nouveaux types, elle ne peut pas amener des modifications importantes, elle ne peut pas nous montrer la nécessité d'innover, d'inventer. Or, l'invention est aussi indispensable en matière morale qu'en matière scientifique ou industrielle : l'esprit humain ne peut pas y renoncer. Sans doute, l'invention morale est soumise aux mêmes lois psychologiques et sociologiques que l'invention industrielle : pour qu'elle se produise, il faut que l'esprit associe des données antérieures dont l'expérience de la réalité est l'unique source ; pour qu'elle ait une valeur, pour qu'elle soit acceptée et féconde, il faut qu'elle réponde à un besoin, à une tendance puissante et qu'elle soit l'aboutissant d'une ligne dont le réel, l'actuel, est nécessairement le point de départ.

14. **La technique morale.** — L'invention morale, qui justifie l'idéalisme, est comme les inventions de tout genre, imprévisible dans une certaine mesure [1].

---

1. Cf. GUYAU, *Esquisse d'une morale sans responsabilité*

Elle peut venir dérouter la prévision sociologique ; elle peut, par ses effets, par son retentissement social, créer des modifications inattendues auxquelles il faut que la conduite s'adapte. Or, s'adapter à des conditions changeantes ou imprévues est le propre de l'art, de l'industrie humaine. L'activité morale devient par là même un art très complexe, très délicat, qui a besoin d'être guidé par une théorie aussi proche que possible de la pratique.

La théorie morale est donc l'analogue de l'art du médecin ou du charpentier. Les connaissances scientifiques du médecin sont de divers ordres, empruntées à diverses sciences particulières, réunies dans un dessein pratique, combinées spécialement pour certaines fins. Leur ensemble prend de la sorte un caractère opposé au caractère désintéressé et méthodique de la science, à laquelle toute fin pratique reste étrangère. De même l'ensemble des connaissances scientifiques, qui, jointes à quelques hypothèses ou prévisions sociologiques, constituent la base de la théorie morale, donnant à celle-ci le caractère d'une théorie scientifique sans qu'elle ait celui d'une science proprement dite. Plus il y a d'arbitraire dans la conception de l'idéal moral qui fait partie intégrante de cette théorie, plus on s'éloigne de la rigueur et de l'objectivité, plus on met en péril l'accord des consciences morales. On peut donc s'efforcer de réduire

---

ni sanction, p. 3o. « Même les actes qui s'achèvent dans la pleine conscience de soi ont en général leur première origine dans des instincts sourds et des mouvements réflexes. » Comme nous le verrons plus loin, ceci est vrai à la fois de la conception des actes et de leur choix.

au minimum la part de subjectivité en augmentant sans cesse la somme des connaissances scientifiques ; il ne faut pas espérer la réduire à néant.

III

LA MORALE INDIVIDUELLE ET LA MORALE SOCIALE

14. **Les arts et la morale.** — Bien que la morale soit une *théorie* à base scientifique plutôt qu'une science, peut-on dire qu'elle soit en tous points l'analogue des théories qui dominent l'art du charpentier ou celui du médecin, qui dirigent l'activité de l'artisan ? L'art de la conduite morale n'est-il pas un art supérieur ?

Kant a cru établir une distinction profonde entre la morale et les autres théories techniques, en montrant que celles-ci fournissent des « impératifs hypothétiques », celle-là un « impératif catégorique ». La distinction est assurément fondée : on ne saurait incriminer un homme, parce qu'il ne fait pas construire une maison, parce qu'il ne fait pas œuvre d'agriculteur ou de commerçant, au même titre qu'on l'incrimine de n'être pas un honnête homme.

Toutefois, il ne faudrait pas exagérer la différence. On reprochera au médecin qui, ayant entrepris de soigner un malade, a manqué de zèle ou d'habileté, de n'avoir pas rempli sa fonction aussi bien qu'il eût pu la remplir s'il avait été plus instruit, plus exercé, plus dévoué, et sa réputation morale en souffrira justement. Cela parce qu'en tout métier, même le plus vil, s'il en est du moins de vraiment inférieurs, il y a, dès qu'une fin proposée a été acceptée par l'agent, obligation de répondre aux exigences de cette fin, de réaliser jusqu'au dernier tous les moyens propres à assurer le succès. La première de toutes les obligations est peut-être même de rester conséquent avec soi-même, de ne pas se contredire et, par conséquent, se nier soi-même en tant qu'être raisonnable.

L'idée du devoir est donc étroitement unie à l'accomplissement de toute tâche : on n'est pas vertueux à certaines heures de la journée et dans certaines circonstances seulement ; rien n'est indifférent à la moralité, et, à chaque instant, l'art de faire son devoir s'allie à l'art de faire son métier. La morale pénètre aussi de son impératif catégorique tous les impératifs hypothétiques. Elle aspire non seulement à poser les règles d'une conduite universelle, imposée à tous les hommes en toutes les circonstances, mais à régenter tous les modes d'action particuliers. De plus, en recherchant la réalisation d'un idéal commun à tous les esprits, elle est appelée à subordonner le plus étroitement possible à cet idéal toutes les fins particulières, à les subordonner les unes aux autres ou à les coordonner en une vaste unité synthétique.

On ne peut donc séparer l'art de la conduite humaine des arts spéciaux tels que celui du médecin ou du savetier, sans une abstraction préjudiciable à la dignité même de la morale et à une saine appréciation de sa réelle portée. Mieux vaut, au contraire, rapprocher le plus possible l'éthique des techniques particulières auxquelles la science apporte le plus grand secours. L'architecte conçoit à sa façon la maison qu'il fera construire, le boulanger détermine à sa guise la qualité du pain qu'il vendra ; mais encore faut-il que la maison réponde aux besoins généraux pour lesquels les habitations sont édifiées et aux besoins particuliers qui ont déterminé sa construction ; encore faut-il que le pain réponde au goût des clients. *A fortiori*, le médecin, bien qu'il ait le choix entre plusieurs médications, plusieurs régimes susceptibles d'être imposés à un malade, voit-il le domaine de ce choix plus étroitement circonscrit à mesure que sa connaissance du tempérament de son client et des causes de maladie devient plus complète. Nous n'avons qu'un pas à faire pour arriver à la morale, cette théorie de l'activité humaine propre à assurer la santé non plus seulement physiologique, mais psychologique et surtout sociale.

Comme intermédiaire, nous trouvons l'*hygiène* dont les prescriptions sont parfois considérées comme des prescriptions morales, par exemple lorsque les moralistes conseillent la tempérance, la modération dans les plaisirs, etc. L'hygiène morale est, dans tous les cas, une partie importante de l'éthique, et il est impossible de la séparer de l'hygiène du corps.

Au lieu de tenir compte simplement des besoins de l'organisme, comme le font la médecine et l'hygiène vulgaire, la morale tient compte de toutes les tendances essentielles de l'homme, et, soit pour les renforcer, soit pour les combattre, des tendances accidentelles d'hommes d'un temps et d'un lieu déterminés. Son objet est ainsi beaucoup plus complexe que celui de la médecine : il est le plus complexe de tous, le plus intéressant, puisqu'il embrasse l'être concret tout entier.

15. **La morale sociale.** — Cet être, la plupart des moralistes l'ont réduit à une abstraction, à l'homme en général. Ils n'ont tenu compte ni de ses relations sociales, ni même de ses besoins corporels, de ses appétits ; ils ont fait comme s'il était une âme toute nue ou une pure intelligence. Cependant un « caractère que l'esprit moderne est, dit M. Boutroux [1], bien résolu d'imprimer à la morale, c'est la forme concrète. Nous voyons tous les jours que les hommes s'entendent très facilement quand on parle en un sens général de devoir, de patrie, de paix et de fraternité, mais se disputent dès qu'on en vient aux moyens de réaliser ces fins augustes. Notre vie est très complexe, le nombre de nos relations augmente chaque jour. Il nous faut une morale qui entre dans le détail, qui ne nous dise pas seulement qu'il faut faire le bien, mais en quoi il consiste... A la morale de l'humanité doit se joindre la morale de l'homme particulier que nous sommes selon notre situation dans le monde et dans la société ».

« Par delà l'individu, dit M. Malapert [2], on ne peut l'oublier, il y a le groupe social et l'espèce entière ; dans la conception de la perfection morale individuelle, il faut donc non seulement faire entrer l'idée de la société, de la patrie actuelle, mais encore, suivant les expressions de Kant, avoir en vue la per-

1. *Morale sociale.* Alcan, 1899. Préface.
2. *Ibid.*, p. 291 et 279.

spective d'une humanité future plus heureuse et meilleure. *L'œuvre de réformation individuelle doit être en même temps une œuvre de réformation sociale.* Une distinction rigoureuse et surtout une opposition formelle entre la morale individuelle et la morale sociale ne sauraient être à coup sûr que le résultat d'une abstraction ».

Mais faut-il laisser subsister la distinction à un titre quelconque et toute morale n'est-elle pas une morale sociale ? M. Malapert estime que la différence est assez grande pour que l'une des deux morales repose en définitive sur l'autre, pour que le devoir social prenne pour fondement de devoir individuel, défini une « obligation de réaliser en soi-même un certain idéal de l'être humain considéré à part, un *bien-être*, un *meilleur-être* personnel [1] ». « Si l'on ne part pas de la *notion d'un devoir envers soi-même*, on peut concevoir une conduite sociale, mais non pas une moralité sociale, et jamais on ne fera sortir de l'utilité commune le concept d'une obligation personnelle proprement morale. » La principale raison qu'en donne M. Malapert, c'est que Platon et Aristote, aussi bien que les socialistes modernes, qui subordonnent étroitement la conduite individuelle à des conceptions sociologiques, prennent pour fin l'individu, le bonheur, la perfection de l'individu. « Toute éthique qui se présente avec le caractère sociologique est essentiellement utilitaire et naturiste. »

La démonstration ne paraît pas convaincante. Comme le prétend Aristote, la perfection du citoyen

---

1. *Morale sociale*, p. 287.

peut être la fin de la cité, bien que la perfection de la cité soit la fin de toute l'organisation sociale et de toute l'activité morale, individuelle ou collective : ce cercle vicieux apparent se présente en tout organisme où chaque élément peut être pris simultanément pour fin et moyen. La santé de l'organisme entier est aussi bien liée à la santé d'un élément que l'intégrité de cet élément l'est au bon fonctionnement de tout l'organisme.

La morale sociale n'a pas inévitablement pour fin prochaine le bonheur de la collectivité ou de l'individu ; elle peut ne parvenir à assurer ce bonheur qu'en prescrivant des devoirs. C'est sans doute, comme le dit M. Pillon[1], intervertir l'ordre des facteurs et des conséquences que de faire dériver les règles morales des lois instituées en vue de l'utilité générale par de sages législateurs ; mais il en est ainsi parce que c'est « au nom du juste, du bien que l'on pose des lois, parce que *la condition des institutions sociales c'est une conception morale de l'obligation de réaliser le meilleur.* »

S'il fallait en croire M. Malapert, le devoir serait tout d'abord une obligation envers soi-même. Guyau le nie[2]. M. Renouvier[3] est loin de l'affirmer : « Le devoir envers soi-même, dit-il, apparaît dans l'agent seul et abstrait... et se détermine simplement pour lui comme un devoir être lui-même à l'égard des possibles divers qu'il imagine ou qu'il prévoit et dont

---

1. *Année philosophique*, 1868.
2. *Op. cit.*, p. 50.
3. *Science de la morale*, t. I, p. 24.

il est sollicité. » Qu'est-ce à dire sinon que l'obligation appelée à tort devoir envers soi-même n'est à proprement parler une obligation *à l'égard* de personne, mais simplement l'indication d'une manière d'être imposée à l'agent moral, qui est contraint d'être tempérant, d'être sage, d'être courageux, s'il veut pouvoir remplir des obligations mieux définies. Ces dernières sont donc logiquement antérieures, bien que leur réalisation ne puisse être que chronologiquement postérieure, à celle d'être apte à agir comme le comporte l'idéal social.

D'ailleurs le devoir envers soi-même ou le devoir purement individuel ne peut provenir que d'un souci moral de la dignité individuelle. Cette « éminente dignité de la personne humaine », dont parle Kant, d'où vient-elle ? qui nous la fait connaître ? Notre « conscience morale » ? Qu'est donc cette conscience ?

16. **La conscience morale.** — Nous ne pouvons pas nier qu'il n'y ait une portion de notre conscience psychologique, une partie de nos représentations qui, quand il s'agit d'agir, forme un groupe aussi distinct que possible de conceptions pratiques, d'appétitions et de répulsions, et, en dehors même de toute réflexion, détermine nos actes ou nos jugements sur la valeur des actes ou des personnes.

Les moralistes écossais et leurs disciples français du commencement du xixe siècle ont cru avoir tout expliqué lorsqu'ils ont eu affirmé, sur la foi de quelques apparences, l'existence en nous d'un « sens moral », qui nous ferait distinguer le bien du mal, le bon du méchant et du moins bon, comme les autres sens nous font discerner le rouge du bleu et les diverses nuances du bleu. Mais de même que de nos jours on a analysé les opérations sensorielles et découvert la multitude de données psycho-physiologiques différentes qui conditionnent les données élémentaires de nos sens, de même la psycho-sociologie nous fait apercevoir, sous les différentes impressions de valeur morale que produisent sur nos esprits les divers actes ou les diverses personnes, des processus très complexes conditionnés par l'hérédité, le tempérament, le caractère, l'éducation, le milieu physique, le milieu social, le degré de développement intellectuel et rationnel.

Le sens moral a ainsi cessé d'être comme une lumière divine placée en nous pour nous guider et nous éclairer sur les devoirs que notre noble origine nous impose. On n'oserait plus de nos jours répéter avec Rousseau[1] : « Conscience, conscience ! instinct divin, immortelle et céleste voix ; guide assuré d'un être ignorant et borné, mais intelligent et libre ; juge infaillible du bien et du mal *qui rends l'homme semblable à Dieu.* » On sait trop bien que la conscience est la résultante, variable avec les temps et les individus, de forces physiques et sociales très diverses, variant elles-mêmes selon les étapes de la civilisation déjà parcourues par un peuple ou une race.

Pour Kant, il est vrai, la conscience ignore ce qu'est le bien, elle sait seulement à quelle condition le bien peut exister : c'est qu'une « loi d'elle-même s'introduise dans l'âme, qui la force au respect (sinon

---

1. *Émile,* livre IV.

toujours à l'obéissance) et devant laquelle se taisent tous les penchants, quoiqu'ils travaillent sourdement contre elle[1] » ; c'est qu'une liberté nouménale, raison pure, mais pratique, soit « la racine où il faut placer la *condition indispensable de la valeur que les hommes peuvent se donner à eux-mêmes* ». Ainsi, la liberté, « ratio essendi » du devoir, devient le fondement de la dignité humaine et par conséquent des prétendus devoirs envers soi-même. Fragile fondement, car cette liberté postulée n'est ni définie, ni même concevable. Ceux qui n'admettent ni le noumène, ni la liberté n'ont-ils donc aucune raison d'admettre la dignité humaine ?

17. **Les données de la raison.** — KANT a recherché, nous dit-on avec raison[2], les conditions formelles de la moralité, et en épurant la conscience morale de toute donnée empirique il n'y a plus trouvé que l'idée d'une législation universellement bonne pour les êtres raisonnables. Tenons-nous-en à cette donnée positive ; acceptons simplement comme un fait la raison en nous. Mais KANT attribue à tous les hommes, également « porteurs de la loi du devoir », une égale valeur morale. Or peut-on nier que la raison ne soit soumise en chaque individu à un lent développement, que bien loin d'être la même en tout homme et à tout âge, elle a une valeur pratique bien différente selon le degré atteint par la puissance de

---

1. KANT, *Critique de la raison pratique*. Trad. Picavet, p. 269.
2. DELBOS, *Le kantisme et la science de la morale. Revue métaph. et de morale*, mars 1900.

réflexion ? Sans doute les concepts et les principes qui constituent essentiellement la raison en notre esprit sont à peu près communs à toutes les consciences adultes ; mais l'usage qu'en font les hommes, l'importance qu'ils leur accordent sont bien différents. On peut admettre une tendance rationnelle qui pousse l'humanité entière, mais à des degrés divers selon les individus, à rechercher l'universalité des rapports observés et des maximes pratiques : cette tendance fait que tous les hommes peuvent, avec la moindre réflexion, avoir l'idée du devoir, de l'obligation morale en général. Mais cette notion encore si vague ne suffit pas pour donner à un être raisonnable une « éminente dignité » qui le rende respectable à ses propres yeux.

Toutefois, la raison ne fournit-elle pas autre chose que la notion abstraite du devoir ? La « voix de la conscience » n'est pas, à vrai dire, aussi instructive que la réflexion sur l'activité rationnelle elle-même. L'analyse psychologique du concept de « conduite rationnelle » en dit beaucoup plus long sur le devoir et la dignité humaine que les idées a priori d'obligation ou de respect.

18. **La conduite rationnelle.** — Pour qu'une conduite soit rationnelle, il faut, nous l'avons déjà vu, qu'elle ne soit pas inspirée par des idées, motifs ou mobiles contradictoires. Le premier principe de la pensée raisonnable est en effet celui de non-contradiction : le maintien volontaire des mêmes principes, la constance dans les sentiments sont donc déjà une garantie de moralité. Mais cela ne suffit pas à nous rendre raisonnables, c'est-à-dire tels que nous puis-

sions fournir la raison aussi complète que possible de tous nos actes. Ce qui rend raison d'un fait, c'est la loi qui l'unit à d'autres d'une façon constante, qui le fait entrer dans une série causale ; et ce qui rend raison de cette série causale, c'est le rôle qu'elle joue dans un ensemble de séries du même genre, dans un *système*. La pensée raisonnable n'est-elle pas celle qui enchaîne les faits et les range dans un ordre, qui leur donne une unité synthétique ? La conduite raisonnable est par conséquent celle que constituent des séries d'actes bien enchaînés et susceptibles de former un tout systématique.

« Ce sens de l'exact, du nécessaire et du parfait en tous genres », comme M. Marion appelle la raison [1], qui préside aussi bien à nos jugements moraux qu'à nos jugements mathématiques, nous permet d'établir une hiérarchie des diverses conceptions pratiques et d'accorder d'abord le plus d'estime à celles qui se subordonnent les autres, ensuite la préférence à celles qui sont le plus systématiques en elles-mêmes et le plus conformes au système dans lequel elles doivent entrer.

Par cette subordination des séries causales les unes aux autres et par leur subordination à la conception d'ensemble, nous en venons à avoir, comme le dit Stuart Mill [2] (qui ne saurait être suspect de tendresse pour une telle façon de penser), une « tendance naturelle à accorder une préférence des plus marquées à celui des modes d'existence qui occupe nos plus

---

1. *Solidarité morale*, p. 22.
2. *Utilitarisme*, trad. française, p. 12-14.

hautes facultés ». De là « le sentiment de dignité que possèdent, au dire du même philosophe, tous les êtres humains, sous une forme ou sous une autre, et dont le développement est proportionnel, quoique sans exactitude aucune, à celui de leurs facultés les plus élevées ». En effet, ces facultés sont les plus capables de nous faire adopter et de déterminer en nous une conduite systématique. Mais rien ne saurait les contraindre à s'arrêter au système que constitue un individu ; rien ne nous empêche de remonter de système en système plus complexe, de passer de l'individu à une collectivité d'abord restreinte, ensuite assez large pour embrasser l'humanité.

19. **Le devoir et la valeur morale.** — L'obligation morale d'adopter une *conduite cohérente en elle-même, mais en harmonie avec un système plus vaste qui tend à réaliser le plus haut degré concevable d'activité humaine,* en découle nettement. Voilà le devoir posé à priori, celui sur lequel reposent tous les autres. Comment en tirer tout d'abord un devoir envers soi-même ? Pour une conscience morale qui, comme la nôtre, doit passer, ainsi qu'il vient d'être démontré, de la conception du système le plus large à celle du système le plus pauvre, l'individu n'apparaît d'abord que comme un moyen pour la fin sociale qui s'impose ; la perfection individuelle n'est qu'un moyen pour réaliser la perfection de l'ensemble.

Il est en effet une expérience constante, sinon une conception universelle et nécessaire à laquelle la raison puisse parvenir à priori : celle de la vie en société. L'idée de système social s'impose à toutes les consciences morales parvenues à ce stade où la réflexion montre la conduite systématique comme universellement obligatoire. Le devoir qui apparaît alors est l'obligation d'agir en vue de la réalisation du meilleur système social possible. Celui des individus qui remplit le mieux cette obligation est moralement le meilleur, le plus digne.

Nous voici donc parvenus à une explication générales de l'idée de dignité morale, qui sert de fondement au respect de soi-même et aux prétendus devoirs envers soi-même. Notre dignité ne vient pas de cette « excellence intrinsèque » des personnes et des choses dont parle M. Paul Janet ; les « rapports d'excellence et de perfection », dont parlait Malebranche comme devant déterminer notre estime et par « conséquent cette espèce d'amour que l'estime détermine », ne nous semblent pouvoir être établis que sur un fondement éthico-sociologique.

A moins d'admettre avec Kant une valeur absolue que nous ne pouvons comprendre, il nous faut reconnaître à l'individu une valeur morale relative, correspondant à son aptitude à remplir une fonction sociale.

D'ailleurs les « devoirs envers soi-même » sont des obligations qui tendent à l'acquisition de « vertus privées » telles que la sagesse, le courage et la tempérance. Or ces vertus ont-elles de la valeur pour un autre être que pour un homme vivant en société ? Être sage, au sens où on l'entend ici, c'est posséder la science unie à la rectitude du jugement. Or la science est un produit de la vie sociale, qui n'a une si grande importance au point de vue moral que parce qu'elle fait l'accord des hommes sur des notions

3.

objectives, transforme certaines croyances particulières en vérités qui s'imposent à tous. A l'individu isolé elle donne de la puissance, puisque savoir c'est prévoir et pouvoir ; mais cette puissance est nécessaire surtout à l'être dont la civilisation, dont l'évolution sociale a multiplié les besoins : l'homme primitif n'y eût attaché que peu de prix. La rectitude du jugement importe surtout pour la vie en commun : un esprit faux, s'il vit isolé, n'a pas moins de jouissance qu'un sage. Et alors même que la science et la sagesse pourraient être prisées par un cénobite, la grande joie due au sentiment de perfection intellectuelle, l' « *amor Dei intellectualis* » d'un Spinoza, pourrait-il être considéré comme vraiment moral ? Qui ne voit combien odieuse serait à notre conscience moderne la conduite d'un homme sage pour lui seul, savant pour lui seul et pour sa satisfaction personnelle ?

A fortiori, la tempérance et le courage n'acquièrent tout leur prix que par la vie en société. Un homme sage, courageux et tempérant est une haute valeur sociale. C'est pourquoi les vertus dites privées ont une si grande importance en morale : elles sont la condition même des autres vertus du citoyen. Les obligations qui y correspondent sont donc des « réquisits » d'obligations plus hautes.

20. **La dignité individuelle.** — Il ne s'agit pas ici d'enlever tout prix aux devoirs de l'individu en tant qu'individu et toute dignité à la personne morale. Pour n'avoir pas une valeur absolue, la personnalité de l'agent moral n'en est pas moins très respectable. La société n'est pas un être en soi : c'est un agrégat d'individus, un système de systèmes. L'ensemble ne

vaut que par les éléments. Dans le système social, chacun des éléments est une volonté, une raison, une conscience, et il ne faut pas oublier que la « conscience sociale » est ou bien une métaphore, ou bien un ensemble d'idées et de sentiments qui se retrouvent dans la plupart des consciences individuelles et n'existent que là.

La part de l'invention en morale a d'ailleurs été assez nettement déterminée plus haut pour qu'on sente maintenant tout le prix qu'il faut attacher à ces individus qui conçoivent chacun son idéal, travaillent chacun au progrès de l'ensemble, apportent chacun sa part à la réalisation d'un idéal.

« L'éminente dignité de la personne humaine », au lieu d'être posée *a priori* ou déduite de quelque postulat métaphysique, gagne à reposer sur quelque chose de plus solide, sur des considérations d'ordre sociologique et psychologique. Elle apparaît peut-être moins éminente, du moment où elle a un fondement moins mystérieux ; mais le respect dû à l'individu ne peut qu'en être pratiquement accru.

Il ne faut pas se laisser hypnotiser par le moi. La doctrine de KANT a, historiquement, des liens étroits avec le romantisme, qui, on l'a dit fort justement, repose sur « l'hypertrophie du moi », et avec la Révolution française, profondément imprégnée, viciée même, par l'individualisme à outrance. L'activité morale n'est pas un art de sainteté individuelle ; elle ne saurait subsister dans la méconnaissance des lois de la solidarité qui font que le salut moral des hommes d'une même génération est étroitement lié à celui des hommes des générations antérieures et ne peut se faire complètement pour un si dans quelque mesure il ne se fait pas pour tous.

La morale individuelle doit donc rentrer dans la morale sociale et il ne peut y avoir qu'une seule morale : la théorie qui domine l'art humain par excellence, l'art de vivre en société en remplissant tous les devoirs qui incombent au citoyen d'une époque donnée, en un lieu déterminé.

IV

LES DIVERSES MÉTHODES DES RECHERCHES MORALES

21. **La méthode kantienne.** — A une nouvelle conception de la morale correspond une nouvelle méthode de recherches. KANT a introduit une importante modification dans la méthode de ses devanciers, les philosophes rationalistes, en faisant passer avant l'étude du bien celle du devoir. Il a de plus recherché avec raison les concepts premiers sur lesquels repose nécessairement toute théorie morale ; mais à peine a-t-il eu analysé la notion de bonne volonté pour en tirer celle d'obéissance spontanée, désintéressée, à la loi du devoir, qu'il s'est égaré dans l'exposé de prétendus « postulats » sur lesquels les postulats mathématiques ont un incontestable avantage, celui d'être infiniment plus assurés. La position et la solution de l'antinomie de la raison pratique sont au moins arbitraires, comme nous le verrons plus loin. Et lorsqu'il a fallu entrer dans le détail, KANT en émettant très souvent, il faut le reconnaître, des vues

justes et larges, a commis la faute de séparer si profondément la « morale appliquée » de la « morale théorique » que les divers devoirs, les différents droits n'ont plus semblé que des adaptations peu rigoureuses de la théorie générale du devoir et du droit à des conditions empiriques. M. Renouvier a admis lui aussi la séparation de la morale pure et de la morale appliquée, « théorie de la vie ». Cependant le devoir en général, l'obligation morale, sans détermination aucune ne peut être conçue que comme une abstraction, une simple forme dont l'application à des données empiriques est immédiatement nécessaire.

Aucun des prédécesseurs de Kant n'avait fait cette distinction ; tous ont tenu compte sans doute de la réalité psychologique et sociologique, mais ils semblent n'avoir voulu la connaître qu'au travers de leurs conceptions métaphysiques : Leibnitz, par exemple, avait interprété les faits de plaisir ou de bonheur comme des marques d'un accroissement d'existence, d'un acheminement vers la perfection morale, et cela d'après une opinion toute subjective de la valeur théologique de la joie au point de vue de la béatitude divine. Spinoza avait fait un tableau « more geometrico » des principales passions humaines en supposant lui aussi que la joie correspond à une plus grande quantité, la douleur à une moindre quantité d'être, et que nous ne pouvons avoir de joie vraiment morale que si la cause en est nous-même ou Dieu.

22. **Platon et Aristote.** — Platon n'a eu qu'une apparence de méthode : on dirait à voir la corres-

pondance exacte, établie par lui entre les classes de l'État et les parties de l'âme, qu'il a pu passer d'une sorte de psychologie à une sorte de morale sociale. La classe des artisans a dans la collectivité des appétits et des fonctions analogues à ceux de la partie inférieure de l'âme : la tempérance doit lui être recommandée ; — la classe des guerriers a, comme la partie moyenne de l'âme, la force qui peut être mise au service de mauvais penchants aussi bien qu'au service de la sagesse : le vrai courage consistera pour elle dans la modération et l'obéissance aux conseils de la classe supérieure, pleine de sagesse. Ainsi la justice s'établira dans l'État comme dans l'individu par la subordination de ce qui est moralement l'inférieur à ce qui est moralement supérieur. Mais on s'aperçoit bien vite que chez PLATON il y a des idées préconçues qui déterminent *a priori* la valeur morale, en dehors de toute considération d'ordre tant soit peu scientifique. L'âme est d'origine divine, du moins quant à sa partie supérieure, et c'est une souillure pour cette essence immortelle d'être unie au corps. De même l'aristocratie, la classe des sages, est d'une origine infiniment plus relevée que la classe des artisans et des laboureurs. Les préjugés théologiques et aristocratiques de PLATON lui tiennent lieu de méthode.

ARISTOTE a appliqué à la morale son procédé habituel de recherches, celui qu'il expose en maint endroit et notamment au début de son « traité de l'âme » : 1° recueillir les opinions de ses devanciers, en faire la critique ; 2° rechercher ce qu'il y a d'essentiel, de nécessaire, et établir les conséquences qui découlent des principes premiers préalablement découverts. En morale, après avoir montré quel est le propre de l'homme, que son essence est de penser et par conséquent que sa plus haute vertu, sa vertu propre, est la contemplation des vérités éternelles (vertu théorétique), ARISTOTE n'oublie pas que l'homme est nécessairement un être social, et qu'il doit apporter dans les contingences sociales des vertus qui ne conviendraient pas à un dieu, ou à un être divin vivant isolé. De là sa théorie du juste milieu entre tous les extrêmes, théorie dans laquelle on pourrait voir une doctrine d'adaptation de l'être psychologique aux nécessités naturelles et en particulier aux nécessités sociales.

La morale devient ainsi pour ARISTOTE une partie de la politique : il le dit explicitement, et avec raison. Il ne conçoit pas le sage sans amis, et la théorie de l'amitié occupe une large place dans son éthique. Un grand nombre de vertus privées et publiques sont analysées avec soin, dans la politique comme dans l'éthique. Il est donc à regretter que la psychologie et la sociologie de ce grand penseur n'aient pas été plus avancées [1].

23. **Ad. Smith.** — Les philosophes anglais en général et en particulier ceux des XVIIIe et XIXe siècles ont pu, grâce à leur goût des observations de détail et des recherches psychologiques, faire accomplir à la méthode morale quelque progrès. « On peut criti-

---

1. Voir dans la *Revue philos.* de janvier 1901, un article sur la « Morale ancienne » dans lequel M. Brochard rend pleinement justice au génie d'Aristote, en égard simplement à la morale.

quer sans doute, dit M. Dugas[1] en parlant d'Adam Smith, le choix de la sympathie comme base unique de la morale, mais non pas selon nous la *méthode* sur laquelle, cette base étant posée, Adam Smith bâtit sur elle sa morale. » En effet « la théorie des sentiments moraux est avant tout psychologique » ; et Adam Smith croit que la moralité naît du développement spontané des penchants : les règles morales ne sont pour lui que le résumé de notre expérience sentimentale. Il distingue des vertus aimables et des vertus respectables, mais les premières « naissent de l'effort tenté par le spectateur pour entrer dans les sentiments de la personne intéressée » ; les secondes, telles que l'empire sur soi-même, « naissent de l'effort tenté par la personne intéressée pour ménager les nerfs ou la sensibilité d'autrui ». De telle sorte, c'est toujours au sentiment que se rapporte la vertu. Le devoir lui-même est étroitement lié à la sympathie, car le sentiment d'obligation morale est pour ainsi dire le substitut de l'élan sympathique : « la règle morale n'est rien de plus que l'exemple des bons mouvements de notre cœur rappelé à notre mémoire ». C'est un fait que notre sympathie n'est pas toujours en éveil ; aussi « les personnes dont l'absence de sympathie n'est qu'accidentelle peuvent opposer à la sympathie qu'elles n'éprouvent pas dans les circonstances actuelles la sympathie qu'elles ont éprouvée dans des circonstances semblables... Le devoir supplée au défaut de sympathie ».

Ainsi c'est l'absence chez Adam Smith de postulats

---

[1]. *Revue philos.*, t. XLIV, p. 402, *loc. cit.*

métaphysiques, la prédominance d'un sentiment affirmée à tort ou à raison, et qui permet de systématiser toute la conduite, que M. Dugas considère comme la marque d'une bonne méthode de recherches morales. Cela s'explique si la morale tout entière consiste en une théorie qui, « précisant et élargissant la notion de devoir, se réduit presque à faire l'analyse complète des éléments psychologiques de la volonté » ; si le devoir n'est rien de plus « qu'un sentiment ou un ensemble de sentiments ayant pris conscience de leur valeur, de leur force, et de leur direction, s'étant transformés en habitude et en règle [1] ». Mais prendre une vue psychologique de la moralité n'est pas à notre avis embrasser toute la moralité. On peut, on doit faire la *physiologie mentale de l'être moral* ; cela ne suffit pas, s'il est vrai comme il l'a été établi plus haut, que la morale est une théorie de la vie en société.

Quand on a réalisé en un être l'idéal psychologique, on n'a fait encore que le bien préparer à la vie sociale ; on ne lui a pas indiqué pour autant la fin à réaliser.

24. **Méthode de M. Spencer.** — Le théoricien de l'évolutionnisme, M. Spencer, a tenu compte à la fois des données de la biologie ou de la psychologie et de celles de la sociologie. Les « généralisations » fournies par ces sciences sont à son avis la seule base possible « d'une théorie vraie de la vie pondérée ». Il a donc placé avec raison la conduite humaine au

[1]. Dugas, *loc. cit.*

sein de la nature, et cherché à tirer de l'expérience des inductions susceptibles de servir de principes à une théorie morale.

La morale de Spencer est en définitive, comme le philosophe anglais l'a indiqué lui-même, un utilitarisme rationnel. « M. Herbert Spencer a refusé, dit Stuart Mill [1], d'être considéré comme adversaire de l'utilitarisme ; il assure qu'il regarde le bonheur comme la fin suprême de la morale, mais il estime que ce but ne peut être atteint par les généralisations empiriques, faites à la suite de résultats de conduite observés, et qu'il ne peut être complètement atteint qu'en *déduisant* des lois de la vie et des conditions de l'existence, quelles sont les espèces d'action qui tendent nécessairement à produire le bonheur et quelles sont celles qui produisent le malheur [2]. »

Or la loi qui domine la vie est la loi d'évolution ou de passage du simple au complexe, de l'homogène à l'hétérogène, de l'indéfini au défini par voie d'intégrations successives. C'est pourquoi la conduite doit passer : au point de vue physique, de la simplicité des mouvements à la complexité des actions systématisées ; au point de vue biologique, de l'accomplissement d'un petit nombre de fonctions vitales à l'équilibre de nombreuses actions tendant à l'expansion de la vie ; au point de vue psychologique, de la simplicité primitive de l'esprit à une

---

1. *L'utilitarisme.* Trad. Le Monnier, 2ᵉ édit. Alcan, 1889, p. 122 note.
2. Extrait par Stuart Mill d'une correspondance privée avec M. Spencer.

« accumulation continue » d'expériences transmises héréditairement et constituant finalement certaines facultés d'intuition morale ; au point de vue sociologique enfin, de la contrainte primitive à l'accord « de la vie complète de chacun avec la vie complète de tous ».

Une déduction aussi facile sert de base scientifique à l'utilitarisme évolutionniste ; elle précise la conception du bonheur, que la méthode de Stuart Mill laissait par trop indéterminée, livrée à l'arbitraire individuel ou subordonnée à l'expérience des hommes réputés les meilleurs. M. Spencer nous dit quelle est la fin des divers ordres de fonctions qui constituent l'homme, en fondant ses assertions sur des observations scientifiques, et il se trouve que la réalisation de ces fins coïncide avec « le plus grand bonheur du plus grand nombre », qui peut dès lors être posé en fin dernière de la moralité.

Mais M. Spencer a négligé de montrer qu'obéir à la loi d'évolution est un devoir. Dès lors, il a manqué à une des premières obligations qui s'imposent au moraliste : celle de poser une obligation. Sa morale est restée naturaliste, sa définition du bien, pour être « sublime », n'en est pas moins « empirique »[1]. Collaborer à l'évolution universelle, réaliser « une vie toujours plus puissante et plus riche », reste un impératif hypothétique. « Pourquoi ce bien universel s'imposerait-il à la volonté de l'individu ? » Il faut montrer que le pro-

---

[1]. Goblot. Essai sur la classif. des sciences. Alcan, 1898, p. 265.

grès à réaliser s'impose à la pensée humaine dès que cette pensée applique à la pratique, à la conduite, l'idée de *loi*, et recherche en conséquence quelle est la loi suprême non pas tant de la nature que de l'esprit humain.

25. **Conclusion sur la méthode.** — Tant qu'on se borne à nous représenter la nature comme obéissant fatalement à certaines lois, on nous laisse la liberté de nous croire en dehors de cette nature aveugle que mène la fatalité ; on ne nous dicte aucune obligation. Mais dès que l'on nous montre la pensée humaine obéissant à son tour à certaines lois, concevant comme nécessaire et par conséquent comme obligatoire un principe : celui de rechercher partout des causes ou celui d'établir dans toute diversité un ordre, un *système* ; dès lors, le devoir est posé.

Le *premier moment* de la méthode des recherches morales est donc l'établissement de l'obligation morale et l'énonciation de sa formule générale. Nous avons vu plus haut[1] que l'idée d'activité rationnelle s'impose à nous à cause de notre constitution mentale que nous ne pouvons concevoir autre ; que l'idée de cette activité rationnelle embrasse celle de système et entraîne comme *devoir en général* l'obligation de réaliser dans tout le domaine de la vie humaine un système de systèmes, une coordination parfaite de toutes les fonctions individuelles et sociales.

Tel étant le résultat de nos premières investigations, les recherches doivent se poursuivre, indépendamment de toute hypothèse et par conséquent in-

---

1. Cf. sect. 19.

dépendamment même de la conception spencérienne de l'évolution universelle, d'abord dans l'ordre des faits psycho-physiologiques, ensuite dans l'ordre des faits psycho-sociologiques. Donc, le *deuxième moment* sera constitué par une étude des conditions psychologiques et sociales de l'action morale.

Mais on pourrait nous reprocher de tomber dans un naturalisme trop exclusif si nous nous contentions d'établir la nature actuelle de l'être moral et le sens de l'évolution. Nous avons vu plus haut que la morale n'est pas la science ou une partie de la science, mais plutôt une technologie, la plus générale de toutes, et que si elle doit reposer sur la science, elle doit s'en distinguer par une *construction de l'idéal*. Tel est le *troisième moment* de notre étude.

Or, pour éviter les constructions à priori qui jusqu'à présent ont été le fondement de la plupart des morales, y compris les morales utilitaires, il nous faut demander le moins possible à l'imagination et nous tenir le plus proche possible des données scientifiques. Si nous reconnaissions que l'évolution sociale et la constitution mentale actuelle de l'individu sont parfaitement systématiques, cohérentes, nous n'aurions pas d'idéal supérieur à rechercher. Si nous constatons des tendances incompatibles, des vices, des défauts et des excès qui nuisent à l'harmonie de l'ensemble et à la coordination des fonctions soit individuelles, soit collectives, notre devoir est d'indiquer ce qui doit être supprimé, ce qui doit être développé, ce qui doit être créé, afin que le système soit à la fois le plus riche et le plus harmonieux possible. C'est sur ce point que les opinions des moralistes peuvent différer, mais on reconnaîtra que les divergences ne peuvent être que de minime importance si les divers auteurs se tiennent également proches des faits et des inductions légitimes.

Enfin, un *quatrième moment* s'impose. Quand on a déterminé les causes de vice, d'erreur morale, de trouble social et individuel, il reste à les éliminer de la vie réelle. Il faut donc que le moraliste indique quels sont les moyens les plus convenables pour lutter contre l'immoralité et assurer la réalisation de l'idéal. La connaissance de ces moyens découle de celle des causes de désordre ; quand on connaît la nature d'un mal et sa source, on peut indiquer les remèdes.

Que peut être une théorie morale ainsi établie? D'après M. Pillon, une morale qui ne reconnaît de rapport, de lien avec aucune métaphysique, ne peut être qu'une morale de sentiment. Il en serait sans doute ainsi si notre méthode impliquait renonciation au droit indiscutable de la raison humaine à coordonner les sentiments soit individuels, soit collectifs et à les juger d'après un critère général : celui de l'aptitude à faire partie d'un système rationnel. Mais notre méthode fait au contraire de la théorie qui en résulte une véritable morale du devoir, individuel et social, du devoir humain, dans toute l'acception du mot.

DEUXIÈME PARTIE

L'IDÉAL PSYCHOLOGIQUE

Sommaire :

I. *La volonté morale.* — 26. La raison pure pratique. — 27. La conception pratique et l'imagination. — 28. L'attention et l'association. — 29. Le type sensoriel. — 30. La perception de soi-même. — 31. L'instabilité et l'aboulie. — 32. La délibération. — 33. Le processus conscient. — 34. L'irréflexion et les bonnes mœurs. — 35. Le choix du meilleur. — 36. Antériorité de la tendance sur la notion du bien. — 37. Le subjectivisme moral. — 38. Effets de la sympathie et de l'hérédité. — 39. Effets de la raison. — 40. Union des tendances diverses et de la raison.

II. *Liberté et moralité.* — 41. La liberté d'après Kant. — 42. Origine du caractère. — 43. Science, conscience et liberté. — 44. La croyance à la liberté. — 45. La personne agent véritable. — 46. Conclusions.

III. *Les tendances morales.* — 47. Diverses tendances, diverses doctrines. — 48. Le naturalisme. — 49. L'hédonisme. — 50. L'épicuréisme. — 51. L'utilitarisme. — 52. Intérêt et désir. — 53. L'égoïsme. — 54. L'intérêt collectif. — 55. L'intellectualisme. — 56. Le mysticisme. — 57. La morale de Spinoza. — 58. La morale stoïcienne. — 59. Le sentiment esthétique. — 60. Les sentiments altruistes. — 61. La générosité. — 62. La sociabilité. — 63. La tendance à l'organisation sociale. — 64. Conclusions.

IV. *L'individu moral.* — 65. L'idéal psychologique et la fermeté morale. — 66. La modération. — 67. La vertu. — 68. Le culte du beau. — 69. La joie.

V. *Le déterminisme des actions immorales.* — 70. La faute. — 71. Crimes et criminels. — 72. Classification et description sommaire. — 73. Le criminel par accident. — 74. Les criminels aliénés. — 75. L'imbécile. — 76. Les dégénérés intelligents. — 77. Les déséquilibrés. — 78. Les impulsifs. — 79. Les obsédés. — 80. Exagération des bons sentiments. — 81. Le vertige moral. — 82. Le type criminel. — 83. Effets immoraux de la solidarité. — 84. Hérédité, alcoolisme, troubles sociaux. — 85. Conclusion de la 2ᵉ partie.

I

LA VOLONTÉ MORALE

26. **La raison pure.** — KANT a considéré dans l'homme la raison devenue pratique, mais restée pure, éloignée de toute alliance avec l'expérience. C'est pourquoi sa morale n'est pas une théorie de la conduite humaine. Plus psychologue et moins métaphysicien, KANT eût vu la nécessité de tenir compte de la sensibilité, des tendances, inclinations et désirs autrement que pour les déclarer ennemis de la raison pratique. ARISTOTE, plus habitué à constater la complexité des phénomènes biologiques et psychologiques, avait au contraire pris le soin d'établir que la pure intelligence ne peut en rien par elle-même déterminer l'action, qu'elle a un rôle limité au contrôle des appétits, des tendances correspondant à la connaissance sensible[1]. SPINOZA s'était sans doute inspiré d'ARISTOTE en déclarant que la raison devait pour combattre les passions déterminer une affection : l' « amor Dei intellectualis[2] » ; mais SPINOZA

1. Cf. De anima, livre III, et Éthique à NICOMAQUE.
2. Cf. Éthique, livres IV et V.

était trop pénétré d'intellectualisme pour ne pas méconnaître l'importance de la connaissance empirique et des affections qui en découlent : le sage qu'il décrit semble devoir oublier qu'il est homme pour ne se concevoir que comme une partie de Dieu.

27. **L'acte moral, acte volontaire.** — La psychologie a appris aux moralistes contemporains à mieux connaître la nature et les conditions de l'activité morale qui est essentiellement une activité volontaire. Bien que Spencer entrevoie comme réalisable dans un avenir lointain un idéal de moralité tout instinctive, on ne doit pas craindre d'affirmer que la décision volontaire, le choix après délibération, restera la caractéristique de l'acte moral au point de vue psychologique aussi longtemps qu'il y aura controverse théorique et hésitation dans la pratique, c'est-à-dire aussi longtemps que la nature humaine sera celle que nous connaissons. Pourquoi en effet se refuse-t-on généralement à reconnaître chez les animaux une moralité, du moins au même sens du mot que lorsqu'il s'agit de l'homme? Ce n'est pas tant par un préjugé théologique ou par une croyance métaphysique à l'absence d'un côté, la présence de l'autre, d'une liberté supposée indispensable à la formation d'une conscience morale, qu'à cause du manque de réflexion, de délibération, de choix raisonnable chez l'animal. Les êtres inférieurs à l'homme cèdent dans presque toutes leurs actions, à des tendances instinctives, en parfaite harmonie avec les exigences de leur situation, de leur milieu, de leur nature ; de sorte que toutes leurs réactions sont pour ainsi dire automatiques, bien qu'elles

G.-L. Duprat.

puissent porter la marque de la sympathie, de l'altruisme, du désintéressement même.

Ce n'est pas sur une conduite instinctive, ou toute d'imitation, de reproduction spontanée ou habituelle des modes d'action antérieurs, qu'une théorie morale et une pensée scientifique pourraient exercer leur influence. Ce n'est que sur la conduite d'un être susceptible de modifier ses façons d'agir selon les circonstances, selon les pensées devenues prépondérantes dans l'esprit après réflexion et délibération. Il faut donc considérer dans l'être moral l'être susceptible de décision volontaire.

On admet d'ordinaire trois moments dans le fait de volonté : 1° *La conception,* soit de plusieurs possibles, soit simplement d'une action qu'il est encore possible d'accomplir ou de ne pas accomplir, d'un fait qu'il est possible de réaliser ou de ne pas réaliser ; 2° la *délibération* ou évocation des différents motifs et lutte entre les mobiles ; 3° *le choix,* qui constitue le terme de la délibération et le commencement du passage à la phase de mouvement ou d'inhibition.

Cette distinction n'est pas fondée, comme nous allons le voir, sur la nature différente des trois opérations, qui au contraire se compénètrent et ne font qu'un seul et même acte ; mais on peut en tenir compte dans l'analyse d'un fait aussi complexe que le phénomène volontaire.

28. **La conception. L'imagination.** — Dans l'action morale, il s'agit de savoir lequel, de plusieurs actes possibles ou des deux termes d'une alternative, répond le mieux à l'idée générale que l'on a du devoir ou

du bien. Or concevoir des modes d'action peu ordinaires, généreux ou périlleux, nobles, désintéressés, n'est pas le fait d'une intelligence vulgaire, du moins dans des circonstances banales. L'imagination joue donc un rôle important dans la première phase de l'action morale.

La physiologie de l'esprit, en ce qui concerne l'imagination, est assez bien connue[1]. On sait que l'imagination est plus qu'il ne paraît sous la dépendance de l'expérience antérieure. L'artiste ne conçoit pas le beau sans avoir au préalable recueilli de côté et d'autre les divers matériaux de sa construction, de même l'être le plus bienfaisant ne conçoit pas d'emblée, sans préparation, sans éducation ou exercice ou expérience préalable, les actes les plus méritoires. Certainement, il n'a pas besoin d'exemples tels qu'il n'ait qu'à les reproduire avec des changements sans importance ; il n'est pas purement imitateur, bien que porté plus qu'on ne le suppose à l'imitation servile. Tantôt il change la nature d'un acte accompli par lui-même ou par un autre, sous ses yeux, antérieurement, soit en y ajoutant ou en retranchant, soit en le combinant avec un autre qui fournit comme un complément ; tantôt il prend de ci de là des éléments divers pour former un tout nouveau.

L'opération se fait hors de la portée de la claire conscience ; c'est sans intention, sans aucune conception nette du travail psychique qui s'effectue, que

---

1. Grâce surtout à la récente étude de M. Ribot, *l'Imagination créatrice*. Alcan, 1900.

l'esprit dissocie les données enveloppées par des expériences diverses, et qu'ensuite il les associe, en fait une synthèse originale. Les lois de l'attention spontanée expliquent la dissociation, celles de l'association cérébrale et mentale expliquent la synthèse.

29. **Attention et association.** — On fait spontanément attention dans un tout présent aux éléments qui présentent un intérêt particulier pour la satisfaction d'une tendance plus ou moins profonde. Quand la tendance est profonde, elle est durable et ses effets sont constants : l'attention suit toujours la même direction. De même que le chien de chasse, qui a une tendance héréditaire à rechercher le gibier, ne connaît guère une foule d'objets que par le côté favorable à la satisfaction de sa tendance ; de même qu'un chien de Terre-Neuve, dont parle ROMANES[1] n'avait remarqué dans une hache et dans un coin de fer, dont son maître se servait constamment devant lui pour fendre du bois, que cette propriété commune de servir à fendre du bois, — au point qu'envoyé pour chercher la hache et ne la trouvant pas il rapporta le coin ; — de même l'être moral, qui a le vif désir de jouer un rôle bienfaisant dans la société, fait spontanément attention à tout ce qui dans les actes de ses semblables et dans ses propres actes présente une nature particulièrement favorable à la réalisation de son désir. Et d'un grand nombre d'expériences accumulées dans les mêmes conditions se détache alors un groupe de plus en plus important d'éléments plus ou moins aptes à se combiner,

---

1. « L'intelligence des animaux ».

mais tous aptes à faire concevoir de bonnes actions.

Leur combinaison se fera d'après les lois de l'association systématique si bien mise en lumière par M. Paulhan[1]. Sans doute il importe que les matériaux divers à associer aient déterminé dans le cerveau des modifications de neurones voisins, prêts à s'associer, soit en poussant des prolongements protoplasmiques les uns vers les autres, soit en triomphant de l'obstacle mis à leur communication directe par une quantité variable de névroglie; il faut, comme l'a vu W. James[2], que la contiguïté cérébrale ait rendu possible l'association mentale; mais pour expliquer que cette association soit telle synthèse et non pas telle autre, formée de certains éléments à l'exclusion d'un grand nombre d'autres, il faut avoir recours à ce principe : s'associent seulement les données antérieures susceptibles de former un tout systématique correspondant à la tendance qui dirige le devenir mental du sujet au moment considéré.

On voit à quel point la dissociation ainsi que l'association, également nécessaires à la conception d'actes susceptibles de devenir moraux, sont sous la dépendance des inclinations individuelles. L'importance de ces facteurs de la vie mentale ne doit pas cependant faire oublier le rôle joué par les perceptions elles-mêmes. Tout au contraire l'examen préalable de ce rôle fera encore mieux ressortir la portée des

---

[1]. *L'activité mentale et les éléments de l'esprit.* Paris, F. Alcan.
[2]. *Principles of psychology.*

tendances foncières ou acquises de l'individu et du groupe auquel il appartient.

29. **La perception et le type sensoriel.** — La perception des objets n'est pas pure passivité. Comme W. James l'a montré, comme le prouvent des expériences faciles à renouveler, on ne perçoit les objets qu'à un point de vue, en accordant son attention seulement à certains caractères, tandis que d'autres restent dans l'ombre ; et comme toute perception est une construction surajoutée à des données actuelles, sensorielles, — une interprétation spontanée de ces données actuelles au moyen de données antérieures qui, évoquées immédiatement, fusionnent avec les sensations présentes, — il faut bien reconnaître que la perception objective est comme l'imagination sous la dépendance des tendances qui déterminent le cours de la pensée. Mais de plus, certaines données sensorielles, actuelles et remémorées, sont plus favorisées que d'autres, à cause du « type sensoriel » que réalise un individu donné. Ceci a son importance au point de vue de l'action : en effet l'exagération d'un type quelconque, du type auditif, ou du type visuel, ne se produit en général qu'au détriment des qualités afférentes à un autre type, le type moteur par exemple. Or le type sensoriel détermine le type imaginatif, associatif, le type des souvenirs, celui des abstractions, bref, tout un aspect de la vie mentale. Un « auditif » ou un « visuel » aura une tendance plus ou moins marquée à ne pas agir comme un « indifférent » ou comme un « moteur » ; il risque de concevoir tout autrement les modes d'activité ; la conduite d'un artiste, peintre, sculpteur ou musi-

cien, qui « visualise » ou « entend » avec une intensité qui parfois le mène jusqu'au seuil de l'hallucination, n'aura pas le même aspect et peut-être bien les mêmes principes que celle d'un ouvrier qui réalise le type moteur ou d'un bourgeois dont le type est resté indéterminé. On voit tous les jours les artistes et surtout les musiciens se faire remarquer par quelque excentricité dans la conduite ; on constate au contraire que les sujets indifférents, ayant une aptitude moyenne à éprouver toutes sortes de sensations, ont non seulement beaucoup de bon sens au point de vue purement intellectuel, mais encore un goût bien marqué pour la modération dans la conduite, pour la régularité dans les mœurs.

Si l'on recherche maintenant pourquoi un type sensoriel s'éloigne du type indifférent, il faudra faire une part à peu près égale à l'influence de l'hérédité, qui se manifeste par des aptitudes organiques et des tendances de l'esprit congénitales, et à l'influence de l'éducation, des habitudes, des tendances acquises.

30. **Perception de soi-même.** — La nature des aptitudes spéciales, au point de vue de la sensation et de la perception, a surtout sa grande importance, relativement à l'action, à cause de la façon toute particulière dont le sujet se *perçoit lui-même* selon le type sensoriel auquel il appartient. Un point que les psychologues n'ont pas pour la plupart suffisamment mis en lumière, c'est celui de la perception personnelle. On a dit bien souvent que nous nous percevons nous-même tout comme nous percevons les objets extérieurs à nous ; on n'a pas assez insisté sur les conséquences de cette représentation objective beaucoup

plus complexe que l'*idée* du moi qui a presque seule fixé l'attention des philosophes. L'idée du moi et la perception de soi-même sont deux faits psychiques aussi différents que la conception d'un corps en général et la représentation concrète d'un corps déterminé.

Si se percevoir soi-même c'est accomplir une opération mentale analogue à toute autre perception objective, c'est imaginer plus qu'on ne constate, se remémorer beaucoup plus d'éléments qu'il n'en est donné actuellement, effectuer une fusion du passé et du présent : c'est donc d'après quelques sensations dont la plupart sont des sensations organiques se représenter, plus ou moins vaguement et toujours à un point de vue déterminé, un être concret qui d'ordinaire apparaît avec tels caractères définis, en qui l'on a remarqué dans le passé tels côtés plutôt que tels autres, selon la tendance constamment prédominante de l'esprit, selon le type sensoriel duquel on relève. Si l'un se perçoit lui-même en tant qu'auditif surtout, ou plus spécialement « spéculatif, intellectuel », un autre se percevra lui-même le plus souvent comme un « moteur » surtout et plus spécialement actif, pratique. Sans doute, on se perçoit en des situations si diverses que le même individu peut porter son attention tantôt sur ses aptitudes spéculatives et tantôt sur ses aptitudes pratiques ; mais il n'en est pas moins vrai que chacun de nous a une façon ordinaire de se concevoir lui-même, manière qui dépend de la prépondérance habituelle en sa claire conscience de sensations et d'images musculaires, par exemple, plutôt qu'auditives ou visuelles.

Peut-on nier que ceci n'exerce la plus grande

influence sur la nature des actes que l'on conçoit ? Une action est toujours l'action d'une personne déterminée et la concevoir c'est concevoir l'accomplissement d'un mouvement ou d'une série de mouvements par un agent donné. Si l'on est soi-même l'agent, on ne conçoit évidemment que ce qui est susceptible d'avoir les rapports les plus étroits avec sa propre nature. En d'autres termes, parce qu'on ne peut pas séparer l'acte de l'agent, la conception d'un acte que l'on peut accomplir ne peut pas se séparer de la représentation concrète que l'on a de soi-même. C'est pourquoi un athlète dont l'esprit est rempli d'images de luttes, d'exercices, de contractions musculaires, etc., qui se perçoit habituellement non pas tant comme un être intelligent et raisonnable que comme un organisme vigoureux et un système de muscles puissants, concevra plutôt le recours à la force et à la violence que le recours aux arguments, à la dialectique, à la persuasion.

31. **Instabilité et aboulie.** — Les hommes qui n'ayant ni tempérament stable, ni caractère ferme, changent facilement de type et, dans certains cas pathologiques, revêtent successivement différents aspects (personnalités alternantes des hystériques), éprouvent parfois une grande difficulté à concevoir l'action : il semble que la source de la vie pratique soit tarie en eux ; on les appelle des abouliques ; mais ils manquent de volonté surtout à cause de leur instabilité mentale qui ne leur permet pas d'avoir une conception nette d'eux-mêmes. Le défaut de perception personnelle entraîne un défaut plus ou moins marqué de conceptions pratiques.

Comment de tels êtres pourraient-ils jamais s'élever bien haut dans la hiérarchie morale ? Aucune idée n'atteint dans leur esprit une clarté suffisante pour déterminer l'action volontaire, ou même pour susciter la délibération, car la clarté des représentations en général, des conceptions pratiques en particulier provient de l'attention qui leur est accordée, c'est-à-dire en définitive de leur accord avec les tendances profondes et constantes d'un sujet. Quand il n'y a que tendances passagères, il n'y a que faiblesse d'attention et par conséquent incapacité au point de vue pratique ; et quelle meilleure marque pourrait-on trouver de l'instabilité des tendances que l'absence d'une conception constante de soi-même d'une perception personnelle variant insensiblement sauf en des détails d'importance secondaire ?

En résumé, le premier moment de l'action morale, la conception des possibilités pratiques, nous apparaît comme un fait psychologique variant avec les individus, mais étroitement lié au caractère de chacun, et de la plus haute importance au point de vue de l'élévation, de la valeur, de la décision elle-même. Car si le choix se fait parmi les possibles conçus, comment choisir des actes d'une grande portée morale si l'on s'est trouvé incapable d'en concevoir de tels ?

32. **Délibération.** — La conception d'un acte comme simplement possible et non comme nécessaire entraîne une délibération sur cette question : sera-t-il réalisé, le sera-t-il dans la forme où il a été conçu, ou sous une forme nouvelle, exigeant une nouvelle conception (qui cette fois se fait au cours

de la délibération, en vertu de la modification incessante du contenu de la conscience). On peut affirmer que dans la plupart des actes volontaires, sinon en tous, les conceptions primitives se modifient par le fait seul que l'on hésite à réaliser l'une d'elles immédiatement et qu'elles sont soumises à un examen. En effet cet examen vient à susciter sans cesse des motifs, des mobiles à l'appui ou à l'encontre du projet mis en question, qui apparaît ainsi sous une forme nouvelle à chaque pas fait dans la voie de la délibération. Comme l'a bien montré M. BERGSON [1], on a trop souvent omis de considérer le progrès incessant que fait dans l'esprit une idée pratique dont on examine les avantages et les inconvénients : au lieu de rester figée comme une *chose*, cette idée participe au mouvement de la pensée, à la vie de « l'âme », cet ensemble d'images, d'idées, d'émotions et d'actions dont l'existence a pour condition l'instabilité. On a parfois opposé la délibération à la conception, non seulement, comme nous venons de le faire, pour les besoins de l'analyse, mais en les distinguant profondément l'une de l'autre comme deux phases successives qui ne sauraient se compénétrer. Délibérer cependant, c'est en un sens continuer le travail de conception d'un acte jusqu'à ce que la synthèse d'images motrices soit assez puissante dans la conscience pour déterminer les exertions musculaires correspondantes.

Mais dans ce second moment ce n'est plus l'imagination, l'association mentale et la mémoire qui

---

1. *Les données immédiates de la conscience.*

jouent le principal rôle ; ce sont les sentiments, les émotions et les tendances, les raisonnements, les croyances.

Une idée pratique surgit dans l'esprit par ce jeu en partie subconscient que nous avons étudié plus haut ; aussitôt elle plaît ou déplaît, elle se heurte à certaines croyances ou est favorisée par elle, elle est en accord ou en désaccord avec certains principes, préjugés ou axiomes scientifiques ou encore simples jugements du goût esthétique ; enfin grâce à certaines propositions générales l'esprit déduit les conséquences du fait particulier qu'est l'acte proposé, ou bien cet acte est rapproché d'autres faits particuliers analogues et on en induit une règle générale qui est ou n'est pas en harmonie avec les règles antérieurement admises. Voilà d'une façon sommaire le processus de la délibération ; ce processus se répète plus ou moins complètement autant de fois que l'idée pratique se modifie tant soit peu profondément, de sorte que parfois la délibération a une durée considérable, qui peut être l'indice de la complexité toujours très grande d'un tel acte mental.

On conçoit aisément que, lorsqu'il s'agit d'une action morale à accomplir délibérément, le processus psychique est des plus complexes. KANT, avec sa psychologie par trop sommaire, n'admettait qu'*un mobile* de la conduite morale : seul le sentiment de respect pour la loi du devoir, sentiment *a priori*, disait-il, et le seul que nous puissions concevoir comme nécessaire, devait déterminer le choix de l'être raisonnable. La délibération ne pouvait donc pas être de longue durée, l'hésitation n'était pas permise, tous les sentiments autres que le respect moral devant être écartés d'emblée comme « pathologiques ».

Kant, il est vrai, a reconnu qu'aucun homme sans doute, quelle que soit sa moralité, n'a encore agi par pur respect pour la loi morale. Il a par là même déclaré que sa théorie s'applique à des êtres surhumains. Une doctrine éthique qui prétend diriger la conduite des hommes doit tenir compte de la complexité psychologique de notre nature. « Rien, dit M. Renouvier [1], n'était mieux fait pour nuire à la diffusion des principes de Kant dans le monde que de demander, si inutilement pour le fond de sa théorie, si vainement vis-à-vis de l'homme comme il est et même de la nature humaine comme on peut la comprendre, que l'action moralement bonne fût exempte de passion. Lui-même avouait ne pas savoir si jamais action avait été faite de la sorte ; et j'ajoute que je ne sais pas si l'agent purement rationnel, supposé possible, serait moralement supérieur à l'agent passionnel pur, étant données des actions de part et d'autre identiques. Il est permis d'en douter. »

Les disciples de Kant, nos contemporains, ont reconnu « que la passion est de la nature de l'homme » [2] ; qu'il est des sentiments, comme l'amour, qui peuvent être approuvés par la raison ; qu'enfin « l'accord général de la raison et du sentiment est complet » dans la conception d'un idéal vraiment humain. « Toute thèse qui scinde définitive-

1. *Science de la morale*, p. 185.
2. Renouvier, *ibid*.

ment les éléments de la nature humaine est erronée. L'homme est un ordre, une harmonie de fonctions réciproquement conditionnées et, par le fait, inséparables. »

C'est le conflit des diverses tendances qui donne à la délibération morale son caractère parfois dramatique. L'opposition des passions les plus viles aux passions les plus généreuses, des appétits grossiers aux inclinations élevées, fait passer l'esprit de l'agent moral par des alternatives particulièrement émouvantes quand il s'agit de déterminations critiques. Plus un esprit est développé, et plus nombreuses sont les tendances qu'une conception pratique « éveille, s'adjoint, pour se fortifier ou pour s'affaiblir elle-même », s'il est permis de parler ainsi, en considérant les idées comme susceptibles de s'attirer ou de se repousser, de s'associer avec des émotions, des inclinations, des désirs, etc. En réalité, c'est la conscience personnelle qui devient ceci ou cela, qui admet successivement, selon sa loi d'évolution, selon sa nature foncière, tantôt une tendance, tantôt une autre, celle-ci faisant place à une troisième, tandis que d'autres moins clairement aperçues tout d'abord se rapprochent du point d'aperception ou préparent l'apparition d'une nouvelle.

33. **Le processus conscient.** — Le conflit n'est pas tant une lutte d'éléments simultanément donnés qu'une succession de faits de conscience qui, ne pouvant pas tous se produire simultanément dans la clarté consciente, doivent attendre chacun son tour, de sorte que chacun paraît d'abord victorieux de tous les autres pour être bientôt détrôné par le sui-

vant. Il importe de détruire sur ce point l'illusion générale créée par les métaphores dont les psychologues ont coutume d'user. On présente la délibération comme une sorte d'accumulation progressive, dans les deux plateaux d'une balance, de poids et de contre-poids ayant chacun son effet mental ainsi que les poids en métal ont chacun son effet physique qui lui est propre. Les inclinations sont ainsi transformées en *choses* au lieu d'être considérées comme de simples modifications passagères d'un sujet essentiellement instable, nécessairement en voie de devenir.

En réalité, dans la délibération, il y a un état de conscience qui plus ou moins lentement s'élabore, qui sera d'une complexité d'autant plus grande que les états de conscience antérieurs auront été progressivement plus complexes, auront embrassé chacun dans son unité synthétique un nombre sans cesse croissant de « motifs » et de « mobiles ». L'idée pratique fait « boule de neige » parce que la pensée se développe, maintenue dans une direction constante par l'attention accordée tout d'abord à une conception, et maintenue, ravivée sans cesse, par l'intérêt que cette conception offre à divers points de vue.

Or, la condition de l'attention, nous l'avons déjà vu, c'est que les représentations soient aussi peu abstraites que possible, tout proches des intérêts de l'individu ou associées à des tendances caractéristiques de l'être. La délibération est donc la conséquence naturelle d'une conception intéressante. Si la tendance, à laquelle répond l'idée pratique que l'on a conçue, est une tendance simple, exclusive de toute autre, une passion ou un appétit qui demande à être satisfait sans qu'on puisse opposer un autre sentiment à une telle exigence, la délibération est close immédiatement. Si la direction prise par l'esprit est moins unilinéaire, si l'attention se porte en des directions différentes grâce à l'évocation d'intérêts divers, la délibération dure jusqu'à ce que les oscillations de l'attention prennent fin. Chez l'animal, l'attention est surtout unilinéaire et c'est pourquoi il n'y a dans la conduite des êtres inférieurs à l'homme ni modifications importantes ni hésitation prolongée : l'appétit de l'animal le porte d'emblée par les voies les plus courtes et les plus aisées, par conséquent par des moyens héréditaires le plus souvent, à la réalisation de fins toujours les mêmes, ou ne variant que fort peu de génération en génération.

L'homme sans doute est purement et simplement animal pendant plus des trois quarts de son existence : au lieu de raisonner il se contente bien souvent d'inférer, au lieu de vouloir il répète et il imite, au lieu de discuter il obéit ; et il n'est pas de tyrannie plus grande que celle des habitudes d'esprit fortifiées par la coutume collective, la mode, la contrainte sociale, à laquelle, comme nous le verrons plus loin, nous cédons sans nous en apercevoir, qui nous dicte en bien des cas notre conduite, désignant fins et moyens.

34. **L'irréflexion et les bonnes mœurs.** — La distinction entre les mœurs et la moralité repose précisément sur ce fait qu'on peut avoir de bonnes mœurs selon le milieu dans lequel on vit, sans avoir de mora-

lité réelle, et que l'on a d'autant plus aisément de ces « bonnes mœurs » amorales que l'on est davantage esclave de la coutume, de la tradition, des exigences de son temps, de son pays, de sa caste ou de sa cité, que l'on vit plus machinalement, docile jouet des influences extérieures.

A examiner la nature humaine au point de vue de l'action la plus conforme à cette nature elle-même, prise dans toute sa complexité, on peut concevoir un mode de détermination pratique supérieur à celui de tant de gens qui n'ont que des bonnes mœurs, ne choisissent que ce que les autres ont en réalité *choisi* pour eux, n'approuvent que ce qu'on approuve dans leur milieu, etc. Ces gens-là n'éprouvent jamais le sentiment, parfois celui de l'angoisse, fréquent chez l'être qui médite, aperçoit les inconvénients et les avantages et doit se décider malgré ses doutes, malgré ses appréhensions souvent d'autant plus grandes qu'il a réfléchi plus longtemps, plus consciencieusement.

Celui-ci évidemment a usé d'un privilège humain : libre à certains de prétendre que c'est un triste privilège ; la nature humaine a de ces infirmités apparentes qui font sa grandeur quand on la compare à la nature animale. Si les bêtes ont l'instinct, avec sa sûreté, son invariabilité relatives, elles n'ont pas le mérite lié à une décision volontaire parfois pénible, parfois malencontreuse malgré la bonne intention, seule digne d'un être qui aspire à se diriger lui-même.

Les faits montrent que la majorité des hommes, et surtout ceux que la majorité considère comme les meilleurs représentants de l'espèce humaine, estiment que la supériorité de l'homme sur les autres animaux vient de cette attention multilinéaire que M. Ribot distingue de l'attention animale en appelant celle-ci spontanée, celle-là volontaire. C'est donc un point bien acquis que, dans les conditions présentes de l'existence humaine, on doit tenir le plus grand compte de la diversité des tendances qui fait la délibération.

35. Le choix du meilleur. — Or, quand un homme délibère sur l'emploi de sa fortune, s'il choisit par exemple l'édification d'une maison confortable plutôt que l'achat de rentes ou de propriétés, ce qui détermine son choix, c'est le désir de satisfaire celle de ses tendances qu'il juge la meilleure. Il serait absurde qu'il cherchât à se satisfaire, en tant qu'ayant un désir ou un appétit qu'il désapprouverait : ce serait à la fois se désapprouver et s'approuver soi-même, estimer mauvaise une tendance et faire comme s'il l'estimait bonne. Sans doute il peut désapprouver ouvertement, du bout des lèvres, et approuver du fond du cœur la même tendance, et même être de bonne foi en agissant ainsi ; car il n'est pas rare que nous soyons amenés par des raisonnements (que nous estimerons d'ailleurs bien vite captieux) à des conclusions auxquelles nous ne croyons pas, que nous formulerons sans conviction, poussés par une logique qui est celle du langage et de l'esprit, mais dont se rit la passion qui, malgré toute argutie, nous possède.

Ce qui est impossible, et Socrate l'avait bien vu, c'est que nous sachions une chose bonne, que nous en proclamions une autre mauvaise, sincèrement, du fond du cœur, et que cependant nous choisissions cette dernière. Pour qu'il en soit ainsi, il faudrait, selon Aristote, que nous ne connaissions le bien et le mal qu'en général et que nous fassions une erreur de raisonnement en passant du général au particulier.

Or le bien, à envisager la chose en psychologue, c'est simplement l'objet d'un désir, d'une tendance. L'idée de bien n'est universelle que parce que la tendance l'est aussi, toute tendance répondant à la catégorie de *fin*. Les tendances sont diverses, les biens aussi ; de même que certaines tendances s'opposent et d'autres se superposent les unes aux autres, de même il y a des biens inconciliables et des biens qui servent de moyens à la réalisation de biens supérieurs. Le conflit entre tendances correspond à une opposition définitive ou transitoire, de fins ou de biens.

36. Antériorité de la tendance sur la notion du bien. — Mais est-ce la *fin* qui détermine la tendance ou est-ce la tendance éprouvée qui nous fait concevoir certaines fins, certains biens ? Telle est la question posée dans ces dernières années par les psychologues physiologistes, comme on les appelle parfois, par opposition aux psychologues de l'école intellectualiste. Pour les premiers, c'est le mouvement ébauché qui par sa direction fait connaître la fin vers laquelle tend le processus vital ; en prenant conscience des modifications biologiques et de leur objet on acquiert la notion psychologique de la tendance. L'adaptation naturelle est donc antérieure à la finalité consciente comme le mouvement l'est à l'intention, comme l'acte réflexe l'est à l'acte volontaire.

Il s'ensuit que nous ne prenons pas conscience de

toutes les tendances de notre être, des appétitions qui nous gouvernent, nous déterminent à notre insu, se combinent sans que nous sachions comment. Nous ébauchons des mouvements, et ces ébauches d'action, nous n'en sommes point les maîtres. Leur déterminisme foncier fait le déterminisme de nos délibérations volontaires.

Ce déterminisme des faits psychiques par les faits biologiques, cette subordination des tendances conscientes aux appétitions inconscientes, sont de la plus haute importance pour l'examen de la délibération et du choix volontaire, surtout quand il s'agit d'un choix moral. Si le bien est la fin posée par la tendance (au lieu de déterminer lui-même la tendance comme l'ont pensé la plupart des philosophes et des moralistes), chacun concevra le bien suprême selon sa tendance prédominante, et cette tendance l'emportera sur les autres en énergie et en constance, non par un acte libre, non en vertu d'une décision inexplicable de la mystérieuse volonté, mais en vertu du déterminisme biologique qu'exprime le mot « tempérament » ou le mot « caractère ».

37. **Subjectivisme moral.** — En conséquence, chacun concevra le bien à sa façon, selon sa nature psycho-physiologique, et sera porté par cette nature à tel choix plutôt qu'à tel autre, puisque dans la succession de phénomènes qui constitue la délibération, les tendances apparaissent chacune à son tour et toutes sauf une disparaissent, soit éliminées, soit confondues avec celle qui subsiste et fusionnant avec elle pour fixer définitivement l'attention.

Il est indubitable que cette donnée scientifique, si

elle est exacte et si elle est exclusive de toute autre donnée plus favorable à la morale, risque de nous entraîner à renoncer purement et simplement à toute tentative d'exercer par des théories, des discours, des exhortations, une action quelconque sur les déterminations de nos semblables. On ne saurait convaincre de l'excellence d'un bien que ceux-là seuls dont les tendances seraient orientées et hiérarchisées dans la direction de ce bien : ceux qui ont un tempérament ardent, passionné, adopteraient nécessairement une morale hédoniste ; ceux qui ont un tempérament froid ne pourraient comprendre qu'une morale utilitaire ; bref, il faudrait adapter les théories morales aux divers tempéraments et ne point tenter de soumettre la diversité des hommes à une règle unique.

Mais il ne faut pas exagérer la portée des différences individuelles : la solidarité humaine a, en bien des cas les mêmes effets que l'instinct animal avec son uniformité et sa spécificité.

38. Uniformité des tendances et hérédité. — Cette solidarité a un double fondement psychologique : la sympathie et l'hérédité. La sympathie est l'indice d'une sorte d'aptitude à se mettre à l'unisson avec autrui, au point de vue émotionnel surtout. Une telle aptitude permet la propagation aisée, dans la foule, des émotions, des sentiments, des tendances de quelques individus. Elle est la cause de l'imitation spontanée, alogique, et parfois même illogique, et l'on sait par M. Tarde combien cette imitation a d'importance au point de vue des mœurs. Elle crée les sentiments collectifs, les émotions et les tendances collectives, parfois si violentes, que, comme les passions individuelles,

5.

elles tendent à détruire tout ce qui s'oppose à leur développement ; par là même elle est le principe de la contrainte sociale. Des hommes en plus ou moins grand nombre, unis par une solidarité de sentiments et par conséquent d'intérêts, chercheront toujours à imposer aux individus leur manière de voir et de sentir ; et ne le rechercheraient-ils pas qu'ils n'en parviendraient pas moins à l'imposer à la plupart des esprits isolés, ne fût-ce que par une répétition constante des mêmes actes, provoquant une accoutumance, de plus en plus inhibitrice des réactions défavorables.

Le résultat est que les hommes vivant en société (et comment n'y vivraient-ils pas ?) sont, à peu d'exceptions près, solidaires les uns des autres, dans le mal comme dans le bien, incapables de s'isoler pour vivre chacun à sa guise et selon une conception originale. « L'instinct grégaire » a fait la solidarité primitive, celle des animaux, celle que M. Durkheim appelle « solidarité mécanique ». Or l'instinct grégaire, c'est simplement le résultat de la sympathie, de la contagion morale, de la contrainte exercée naturellement par la collectivité sur l'individu. En prenant conscience de cet instinct, l'homme l'a fait disparaître quant à sa forme ; il n'a pu en détruire les causes, et par conséquent les effets les plus importants de ces causes subsistent encore. Toute société tend à l'uniformité des mœurs par l'uniformité des émotions, des sentiments et des tendances.

Cette uniformité acquise est rendue héréditaire par la transmission individuelle ou sociale des aptitudes. On ne peut nier la puissance de la tradition. La famille forme un tout solidaire de plusieurs générations successives; le même esprit anime les différents membres, les caractères se mettent en harmonie et de même qu'on peut donner une image générique des individus qui composent l'agrégat familial, on pourrait découvrir leur caractère commun au point de vue de la conduite, des mœurs, des sentiments, des modes de réaction émotionnelle et d'appétition.

Dans la cité comme dans la famille, dans l'État comme dans la cité, dans la race comme dans l'État, bien qu'avec une atténuation croissante, peut se manifester de même la solidarité des générations successives, les plus récentes héritant de celles qui précèdent leurs préjugés et leurs inclinations.

Il faut donc ajouter à l'influence présente de l'imitation, les influences répétées qui se sont exercées sur les consciences ancestrales et ont contribué à faire naître des tendances héréditaires, favorables à certains modes de conduite, défavorables à d'autres façons d'agir. S'il est prudent de ne pas affirmer la transmission héréditaire d'idées plus ou moins complexes, de conceptions aussi compréhensives que celles d'un certain bien moral, il est légitime de croire à la transmission de certaines appétitions ou répulsions qui se précisent. par le contact de l'esprit avec l'expérience, déterminent ensuite une série d'actes et un ensemble d'habitudes en quelque sorte instinctives dont il serait difficile à l'agent d'expliquer l'origine et la formation. Ces tendances, qui surgissent on ne sait d'où, ont un caractère impérieux qui peut bien souvent convertir en impératifs catégoriques des préceptes qui furent d'abord des règles de la technique ou des conseils de prudence ou de simples formes d'obéissance à la volonté collective. L'individu qui sent naître en lui de cette façon des sentiments d'obligation dont il ignore la source psycho-sociologique est naturellement porté à croire qu'il entend « la voix de la conscience » et qu'il bénéficie d'une « révélation du devoir ».

On a une âme généreuse ou une âme vile bien souvent parce qu'on est prédisposé héréditairement soit à l'indépendance d'esprit et à la libéralité, soit à la docilité, à l'humilité, à l'obéissance, par les attitudes et les façons d'agir de plusieurs générations antérieures. Et alors on considère comme un devoir soit la révolte contre la tyrannie, l'assistance des faibles, l'abstention de toute cupidité et de toute bassesse, soit au contraire la soumission, la complaisance et la vengeance.

Nous avons vu plus haut le déterminisme individuel dû à l'influence qu'exercent le tempérament, le caractère propre à chaque être, sur ses tendances et ses décisions. Nous voyons maintenant un autre déterminisme, celui qui vient de l'influence exercée sur l'individu par le milieu social dans lequel il vit et dans lequel ont vécu ses ancêtres, influence qui ne tend à rien de moins qu'à le rendre le plus possible semblable aux autres hommes. Ce sont donc deux déterminismes qui se combattent à moins d'admettre que le premier ne devienne le prolongement du second par le simple fait que le tempérament, les caractères individuels, sont presque entièrement formés par le milieu et l'hérédité.

Quoi qu'il en soit, que les tendances individuelles soient en harmonie ou qu'elles soient en désaccord avec les tendances collectives, celles-ci n'en sont pas moins des facteurs très importants, bien que souvent ignorés, de la délibération volontaire. On est malgré soi de son temps, de son pays, de sa race, et quelque vif que soit le désir de se singulariser, alors même que l'on voudrait pousser l'originalité jusqu'à la bizarrerie et l'excentricité, on n'y réussit point, tant on est imprégné, pour ainsi dire, de l'esprit collectif.

Voilà donc le principal obstacle à l'établissement d'une morale déjà fortement ébranlée : la sociabilité foncière de l'homme s'oppose à ce que chacun ait une conception du bien, des tendances pratiques, radicalement différentes de celles de ses semblables.

39. **La raison.** — Mais nous avons peut-être trop oublié jusqu'ici que l'homme est un animal raisonnable, qu'il a, outre des appétits animaux — assurément nés d'appétitions inconscientes des divers éléments de son être, tels que l'appétit de la nourriture ou l'appétit sexuel, — des tendances à la vie intellectuelle, aux plaisirs que procurent l'étude, la méditation, la contemplation de la beauté, etc. Il n'est point défendu à la psychologie la plus empirique de reconnaître que l'homme éprouve du plaisir à raisonner, à penser et agir d'une façon rationnelle. Ces tendances ne lui viennent pas sans doute de l'organisme, ce plaisir n'est pas aussi nettement psychophysiologique que les autres émotions ; il n'en est pas moins vrai que certains savants ont eu la passion de la vérité, passion qui a dominé toute leur existence ; que d'autres hommes, des artistes, des dilettantes, des croyants ont eu une passion durable et féconde pour le beau, pour l'idéal rationnellement conçu.

Il faut bien reconnaître encore que le désir de vivre la vie rationnelle, pour ne pas être nettement prépondérant chez tous les hommes, est cependant presque universel, et que, comme l'a dit Spinoza, l'amour de la raison est de toutes les tendances humaines la plus susceptible de nous mettre tous d'accord.

Nous pouvons prêcher à nos semblables l'amour de la raison sans avoir trop à redouter que leurs tempéraments divers ne les détournent de nous écouter : les plus passionnés eux-mêmes veulent presque toujours avoir agi avec raison et cherchent à comprendre et à faire comprendre leur action, leur choix, en indiquant le pourquoi.

L'animal, s'il pouvait être interrogé sur ses actes et sur ses mobiles, ne pourrait qu'arguer du bien qu'il conçoit nécessairement, que sa nature lui fait concevoir ; l'homme, interrogé de même, cherche en général la raison de son choix dans un mobile tout humain, le désir d'action systématique[1], et il reconnaît qu'il a eu tort seulement lorsqu'on parvient à lui prouver ou bien que sa conduite n'est pas cohérente ou bien que son choix a manqué de rationalité.

C'est que la réflexion sur sa propre nature est susceptible de donner à l'homme des tendances que la physiologie pure n'expliquera jamais qu'imparfaitement. Se voyant susceptible de connaître, l'homme cherche à analyser ses procédés de connaissance ; il s'élève à la notion de nécessité ou de loi, et partout dès lors il recherche le nécessaire, l'obéissance à la loi. La nécessité entraîne l'universalité. La loi est

1. Cf. plus haut § 18.

théorique ou pratique. Quand elle est pratique, elle s'appelle règle de conduite universelle. L'amour de la raison amène ainsi au respect de la loi morale. Kant ne fut pas un mauvais psychologue quand il crut voir ce sentiment, ce mobile des plus nobles actions humaines, enveloppé dans ce qu'on appelle communément la « bonne volonté ». Il y a là assurément une grande vérité psychologique : l'homme a une tendance très forte à agir par bonne volonté, c'est-à-dire par respect pour une règle rationnelle. Cette tendance peut contrebalancer l'effet de beaucoup d'autres et contribuer pour une large part à la décision finale.

40. **Union des tendances diverses et de la raison.** — Toutefois le désir d'agir rationnellement ne peut pas à lui seul être le mobile déterminant de l'action volontaire : il lui faut être uni à d'autres ayant un objet plus concret et par conséquent plus attirant que la raison. Le désir intellectuel n'agit énergiquement sur l'âme humaine que s'il s'unit à des appétits, à des désirs qui aient leur racine au plus profond de notre être psycho-physiologique. Une telle alliance est-elle possible ? Kant n'en a pas douté puisqu'il ne croit pas pouvoir rencontrer un homme ayant agi par pur respect pour la loi morale, par pure raison pratique. De plus, toutes sortes de sentiments peuvent revêtir dans leur ensemble un caractère rationnel, car le désir de réaliser un système, loin d'exclure des tendances diverses, en implique, au contraire, d'aussi variées que possibles.

Nous retrouvons ainsi ce que nous croyions avoir perdu au cours de notre analyse psychologique : la possibilité d'agir sur autrui par des théories morales, la faculté qu'ont les hommes de s'entendre pour adopter une règle ou un ensemble de règles de conduite communes, objectives, s'imposant à tous, au nom d'une puissance révérée par tous ; puissance qui n'est pas plus extérieure qu'intérieure, qui serait plutôt immanente à chacun de nous, et qui ne nous contraint à agir que grâce à l'empire que nous lui faisons prendre.

Mais, raisonnables par nature, comme par nature nous sommes portés à la satisfaction de nombreux appétits, nous devenons plus ou moins raisonnables comme nous devenons plus ou moins passionnés selon l'éducation reçue, selon le milieu, les circonstances, les influences physiques, biologiques, sociologiques, que nous subissons. Ainsi nous sommes tantôt plus, tantôt moins disposés à agir rationnellement : il y a des civilisations éthiques et des civilisations hédoniques, d'autres encore utilitaires, d'autres idéalistes, des civilisations de toutes sortes, les unes plus propres, les autres moins propres au développement des tendances supérieures, caractéristiques de la nature humaine.

Bref, les tendances, héréditaires ou acquises, constitutives de notre caractère ou momentanément prépondérantes, y compris les tendances rationnelles, semblent jusqu'ici les seules causes déterminantes de nos volitions morales, tant par l'influence qu'elles exercent sur la conception et la délibération, que par le choix qu'elles amènent.

II

LIBERTÉ ET MORALITÉ

41. Le libre arbitre d'après Kant. — Que devient la liberté au sein de tant de déterminisme ? On sait quelle importance a prise dans les théories morales l'affirmation ou la négation du « libre arbitre ». KANT a admis comme « nécessaire la supposition de l'indépendance à l'égard du monde des sens, et celle de l'existence d'une faculté de déterminer sa propre volonté d'après la loi du monde intelligible [1] », autrement dit « la causalité d'un être en tant qu'il appartient au monde intelligible [2] » ; mais il n'a pas cru à la causalité libre d'un être phénoménal : dans le monde des phénomènes, il n'a vu que déterminisme.

Dans la sphère sensible, la seule qui intéresse les positivistes et les phénoménistes, la seule que nous puissions connaître, KANT se contente du respect pour la loi du devoir, comme mobile devant déterminer à lui seul les actions vertueuses. Il nous donne donc l'exemple d'un moraliste qui, en dehors des considérations métaphysiques auxquelles il est amené par ailleurs, se contente d'un déterminisme dans lequel

---

1. Critique de la raison pratique. Trad. Picavet, p. 241.
2. *Ibid.*, p. 240.

il fait entrer à bon droit comme principe de détermination la tendance à agir selon la raison.

L'affirmation d'une liberté nouménale n'est pour gêner ou favoriser personne ; elle ne gêne en rien ceux qui ont rejeté la croyance au noumène, ceux qui considèrent la substance des métaphysiciens comme une néfaste idole ; elle ne favorise en rien ceux qui croient à l'existence derrière les phénomènes d'une « chose en soi » dont on ne peut rien savoir, qui ne peut intervenir dans l'ordre positif qu'en prenant une forme sensible. L'hypothèse de la liberté nouménale ne sert en définitive dans la doctrine de Kant qu'à affirmer l'existence d'un caractère propre à chaque être phénoménal. L'être en soi ayant décidé librement de prendre tel ou tel caractère, l'homme sensible a le caractère correspondant. Pour nous qui savons combien de facteurs différents concourent à la formation de notre caractère, l'hypothèse kantienne n'est guère qu'un aveu d'ignorance psychologique et sociologique : le philosophe de Kœnigsberg méconnaissant les lois de l'hérédité individuelle et sociale, de la solidarité dans le temps et dans l'espace, a cru poser un terme vraiment premier en choisissant le caractère individuel.

42. **Origine du caractère.** — Peut-on dire toutefois qu'il s'est totalement trompé ? Nous n'ignorons pas les facteurs de nos principales tendances, de nos principales habitudes ; mais un point ne reste-t-il pas, ne restera-t-il pas toujours obscur, celui de l'origine radicale de notre moi ?

A quel moment commençons-nous une existence distincte ? En admettant que le premier moment soit le sectionnement, la bipartition par exemple, d'une cellule jusqu'alors unique, dès ce moment l'être a une orientation particulière qui diffère, tant soit peu, de l'orientation de la cellule voisine ; il manifeste des attractions et des répulsions qui ne sont pas celles des autres êtres relativement simples qui l'entourent : il a déjà son caractère propre qui exercera une influence sur toute son évolution, qui est déjà cette « idée directrice de l'organisme » dont parle Claude Bernard. Les excitations extérieures provoqueront sans doute des réactions qui, en devenant habituelles, donneront naissance à des tendances ou tout au moins des appétitions et des répulsions acquises, qui s'ajouteront les unes aux autres, et aux nouvelles appétitions et aux répulsions primitives pour constituer un caractère de plus en plus complexe ; mais toute réaction d'un sujet donné est fonction de ce sujet, porte la marque de la nature propre à ce sujet ; de sorte que découvrir les causes extérieures de tel ou tel caractère ne dispense pas de rechercher la matière sur laquelle ces causes se sont exercées.

C'est cette matière première qui peut être considérée comme un fait radicalement irréductible. Car dire qu'un être organisé a eu pour origine la bipartition d'une cellule, ce n'est pas encore rendre raison d'une façon complète de son apparition dans la nature : cette cellule-mère était-elle une unité simple, ne comprenait-elle pas sous son enveloppe des éléments divers, des groupes d'éléments déjà orientés d'une façon différente ? Et qui nous dira jamais l'origine des éléments naturels ?

Si l'on parvenait à montrer comment la nature forme avec des éléments inorganiques les composés organiques les plus simples, si l'on découvrait dans des combinaisons physico-chimiques le principe de la vie, de l'organisation biologique et psychologique, on pourrait prétendre rendre raison d'une appétition caractéristique de tel ou tel embryon par le nombre et la disposition des molécules, des atomes, et l'on pourrait enfin remonter à la source de la diversité radicale des caractères. Mais la distinction entre l'organique et l'inorganique tend sans cesse à s'effacer, non pas tant par la réduction des propriétés vitales au mécanisme que par l'identification des affinités chimiques aux propriétés vitales ; le domaine de la vie semble être aussi vaste que le domaine de la nature. « La vie, dit Claude Bernard[1], c'est la création... La synthèse organisatrice reste intérieure, silencieuse... Seule la destruction vitale est comparable à un grand nombre de faits physico-chimiques de décomposition et de dédoublement. » Ne serait-ce donc pas faire une hypothèse trop aventureuse que de supposer la réduction de l'organisation vivante à un nombre même considérable de phénomènes physico-chimiques, tels du moins que nous les connaissons ?

43. **Science, conscience et liberté.** — Le premier principe de chaque caractère particulier reste donc mystérieux. Est-ce une raison suffisante pour supposer qu'il est un acte de liberté ? L'imagination des métaphysiciens pourrait à la rigueur leur faire concevoir une âme pénétrant, on ne sait comment, dans

---

1. Leçons sur les phénomènes de la vie, p. 39-40.

la cellule-mère pour y déterminer le développement biologique dans un sens déterminé ; mais une telle supposition ne reposant sur rien serait sans valeur, sans crédit. Seule cependant une âme, une conscience déjà complexe, nous paraît susceptible de libre arbitre, si l'on entend par liberté, non pas le simple pouvoir de déclinaison qu'Épicure reconnaissait aux atomes, mais le pouvoir de choisir après délibération et de faire un choix éclairé par la raison.

L'affirmation du libre arbitre est donc plutôt contraire aux données de la science qu'en harmonie avec elles : notre ignorance du commencement premier de toute existence individuelle ne laisse guère de place qu'à la supposition d'une sorte de « clinamen » primitif, détermination aveugle, sans raison, sans valeur morale.

Il est vrai que certains penseurs contemporains ont semblé faire à la liberté et par conséquent à la dignité de l'être libre une place à part parmi les faits psychologiques en proclamant la liberté « une donnée immédiate de la conscience ». Ils ont rajeuni et singulièrement fortifié[1] la vieille thèse spiritualiste de la liberté, affirmée par le témoignage de ce sens intime, auquel malheureusement il ne faut pas faire trop de crédit, car il nous cache la plupart des faits psychiques et ne nous laisse voir la plupart des autres que confusément, quelque progrès que puisse faire l'introspection. Ils ont poussé l'analyse aussi

---

1. Voir la thèse de M. Bergson, l'éminent professeur du Collège de France, *Les données immédiates de la conscience*. Alcan, 1889.

loin que possible afin de détruire l'illusion que crée une première observation de nous-même en nous faisant concevoir nos états de conscience comme juxtaposés et les éléments de ces états comme indépendants les uns des autres, agissant les uns sur les autres, tels des poids ou des forces mécaniques quelconques. La thèse du déterminisme a été ainsi réfutée par une étude pénétrante du plus profond de nous-même. Vous n'avez qu'à vous bien connaître, nous dit-on, pour apercevoir votre liberté. Rien ne saurait mieux la prouver que l'affirmation d'une conscience philosophique, d'un esprit critique parvenu au plus haut degré dans la puissance d'analyse et découvrant dans la continuité de son moi et de son devenir psychique un obstacle infranchissable à tout déterminisme.

Mais la donnée de la conscience est une simple négation ; admettons que l'on ait montré avec raison que le déterminisme des faits psychiques, tel qu'on le conçoit communément, n'existe pas ; il n'est pas établi pour autant que chaque être, de sa naissance à sa mort, est doué d'une autonomie telle que sa liberté soit inviolable et sa dignité morale incomparable à toute autre valeur de nous connue. Une fois de plus, dans cette interminable dispute entre partisans et adversaires de la liberté, les partisans ont montré la vanité de certains arguments mis en avant par les adversaires ; mais la discussion est loin d'être close et il serait puéril de proclamer comme un fait indiscutable et fondamental la liberté métaphysique.

44. **La croyance à la liberté**. — « Il est clair, dit M. Renouvier, en parlant de la thèse de la liberté

réelle, que je ne dois en demander l'acceptation qu'à la croyance et à la libre croyance... Je remarque que le postulat (de la liberté) naissant de la morale et ne la précédant pas, il concerne essentiellement des doctrines autres que la pure morale... *Ce postulat n'est pas réclamé pour l'existence de la morale*... Ce qui est indispensable à la morale, ce n'est point un postulat, c'est un fait, *le fait de la liberté apparente et crue pratiquement,* et auquel il n'est point possible de se soustraire à quiconque délibère et se résout à l'acte, en comparant sous le rapport du bien des possibles divers, des possibles également possibles selon son jugement pratique, et dont nul ne s'offre à lui comme nécessaire par avance. »

M. Fouillée va plus loin dans le même sens. Il se contente de l'illusion de la liberté; il estime que, bien que la liberté réelle nous fasse défaut, l'idée-force de liberté, aussi peu de valeur objective qu'elle ait, nous rendra les plus grands services au point de vue moral.

La question se trouve ainsi posée d'une nouvelle façon : L'idée de liberté est-elle nécessaire à l'action morale? Cette idée ne saurait être celle d'une liberté d'indifférence laissant à la volonté (une entité mystérieuse) le droit de prononcer arbitrairement et au besoin contrairement aux conclusions de la raison, par pure indifférence à l'égard de tous motifs et mobiles. Une telle liberté ne serait favorable qu'à l'absurdité, puisque le propre du bon sens, du jugement, est de donner les raisons des choses, des faits et des actes. L'homme libre par excellence serait celui qui ne pour-

1. *Science de la morale*, t. I, p. 7-8.

rait rendre raison d'aucune de ses déterminations volontaires, qui ne saurait jamais pourquoi il agit, qui semblable à certains aliénés, persécutés ou impulsifs, ne sentirait que les effets d'une force qui le pousse, le mène et décide en lui, pour lui, sans qu'il prenne vraiment part à la décision. Si les hommes avaient jamais, pour la plupart, la conviction qu'ils sont ainsi porteurs d'une faculté souveraine, affranchie de tout contrôle rationnel, rendant inutile toute délibération, tout raisonnement, le résultat ne serait-il pas néfaste, et ne verrions-nous pas apparaître une sorte de fatalisme, fondé sur la foi à un Fatum immanent à l'individu, remplaçant le destin antique qui du moins dominait l'univers et tenait lieu de loi cosmique ?

L'idée de liberté doit donc se concilier avec l'idée de déterminisme mais alors elle peut être celle d'une détermination par soi-même, opposée à celle d'une détermination par le dehors, d'une causalité intime opposée à la causalité extérieure. L'idée d'un homme libre est celle d'un agent qui est véritablement agent au lieu d'être simplement un intermédiaire pour la transmission de mouvements. Une boule de billard n'est pas jugée libre parce qu'elle reçoit du dehors l'impulsion qu'à son tour elle transmet ; mais certains esprits vulgaires estiment que les animaux sont libres (le plus sûr indice de cette croyance est qu'en général ils leur imputent des méfaits et les frappent, les maltraitent comme responsables et susceptibles de s'améliorer), et cela parce qu'un animal apparaît comme un véritable point de départ de mouvement, comme un moteur premier, susceptible de donner naissance, suivant l'expression de M. Renouvier, à un commencement vraiment premier.

Ceux des penseurs qui refusent la liberté à l'animal lui accordent la spontanéité et réservent le nom de liberté à la spontanéité raisonnable de l'homme. Mais pour eux c'est un mystérieux pouvoir d'initiative qui reste l'essentiel dans la conception du libre arbitre. Or la psychologie, en nous montrant, comme nous croyons l'avoir fait plus haut, le mécanisme de la délibération et du choix ; la subordination de l'attention, phénomène le plus important de tous dans le choix volontaire, à l'apparition successive de diverses tendances de plus en plus puissantes ; la formation des tendances et leur étroite indépendance à l'égard du milieu, de l'hérédité, des phénomènes physico-chimiques et biologiques ; la psychologie, disons-nous, fidèle à l'esprit scientifique, n'ébranlera-t-elle pas la croyance à ce pouvoir d'initiative, à cette idée de liberté, d'autant plus facilement qu'elle sera plus illusoire ?

On nous objecte que la conscience protestera toujours contre l'affirmation scientifique et s'en tiendra au fait apparent de la liberté. C'est comme si l'on nous disait que la conscience protestera toujours contre cette assertion scientifique que la terre tourne autour du soleil, parce que le fait sensible est la rotation du soleil autour de la terre. L'homme le plus ignorant de nos jours dans les nations civilisées sait bien que c'est la terre qui tourne, et s'il avait dans quelque action à tenir compte des rapports de la terre avec le soleil il se fierait plutôt à l'assertion scientifique qu'à la donnée sensible.

G. Duprat.

Nous avons vu que la science, si elle ne parvient pas encore à démontrer le déterminisme absolu des faits de conscience, laisse à peine quelque place à une contingence originelle. Ayons donc la franchise de dire, d'enseigner, de démontrer, que la liberté, telle qu'on la conçoit trop souvent, est une illusion due, comme Spinoza l'avait pressenti, à l'ignorance de la plupart des causes déterminantes de nos décisions.

Ne croyons pas à la vertu des idées illusoires ; la puissance d'une illusion ne peut dans tous les cas être que de courte durée ; nous ne pouvons pas sinon fonder, du moins étayer la morale sur un prétendu fait, qu'il faut s'appliquer à faire disparaître, en grande partie tout au moins, puisqu'il contient une large part d'erreur.

45. **La personne, agent véritable.** — La vérité d'ailleurs n'aura pas les conséquences désastreuses que l'on imagine. Le déterminisme bien compris ne nous fait pas voir dans l'agent moral un simple instrument, un simple moyen de transition pour une impulsion venue d'ailleurs. Tout être organisé a sa forme, irréductible à une autre forme, et qui a au moins autant d'importance que sa matière. Dès qu'apparaît la vie apparaissent les propriétés individuelles, l'action et la réaction selon la nature propre à chaque individu.

Il faut éviter une erreur commune, bien que souvent signalée : celle que l'on commet toutes les fois que l'on considère l'effet comme contenu dans la cause. Pour la science positive comme pour la philosophie phénoméniste, la cause n'est que l'antécédent qui par sa présence ou par sa position relative détermine chez un sujet certaines conséquences, entraîne un sujet susceptible d'agir à certaines actions bien déterminées et *qui ne peuvent manquer de se reproduire identiques dans les mêmes circonstances*.

Or, quand il s'agit d'un être vivant qui change continuellement, l'effet sur lui d'une cause constante change aussi, et dans la mesure où le changement total affecte la relation qui existait primitivement entre la cause et la partie ou fonction du sujet spécialement intéressée. On voit donc que chez un être vivant les mêmes causes risquent fort, en général, de ne pas produire, à des moments différents, les mêmes effets. Tel remède pris aujourd'hui peut ne pas avoir rigoureusement les mêmes conséquences que s'il avait été pris il y a huit jours ; à fortiori le même objet pourra fort bien ne pas produire sur moi demain l'explosion de colère qu'il détermine aujourd'hui. Je suis cause immédiate, cause au sens scientifique et philosophique du mot, de ce changement de relation causale : c'est parce que mon moi devient autre, et c'est parce qu'il poursuit son évolution propre que l'effet attendu ne se produira pas.

L'être vivant, surtout l'être raisonnable qui réfléchit et dont la réflexion vient encore compliquer les processus psychiques en y introduisant une plus large part d'influences personnelles, se considère donc à bon droit comme un agent, comme une cause douée d'efficacité propre ; il se dit avec raison qu'il n'est pas seulement déterminé par le dehors à agir comme il le fait, qu'il n'est pas nécessité par des forces extérieures ; qu'il est un faisceau, un système de forces relativement indépendantes. Il se dit qu'il est le maître de choisir entre les possibles dont le champ est circonscrit par les nécessités externes : et, en effet, un certain nombre d'actions restent possibles jusqu'au moment où la délibération atteignant son terme en rend une nécessaire. Sans doute les facteurs de cette délibération sont des sentiments, des tendances ; mais ce sont *ses* sentiments, *ses* tendances, c'est lui en définitive, car il n'est rien de plus que ses états psychiques.

Les disputes sur la liberté viennent le plus souvent d'une conception vicieuse du moi, dont on fait quelque chose en dehors de motifs et de mobiles qui semblent dès lors le déterminer. Mais ces tendances, ces représentations enchaînées en raisonnements, qui sont les mobiles et les motifs de nos actions, tout cela c'est nous, c'est notre moi, se déterminant progressivement lui-même.

En résumé, bien que son évolution soit sinon totalement, du moins en majeure partie déterminée par des causes extérieures, le sujet agissant, le moi, est la cause immédiate de ses décisions volontaires par son devenir personnel, original, qui est bien le sien, tout à fait irréductible à tout autre phénomène de la nature. Il est donc un point d'origine pour une nouvelle série causale ; si on peut donner par ailleurs le pourquoi de sa nature, du moins il fournit le pourquoi de ses actes. Ceci a été fait plutôt que cela parce que l'agent était moi et non pas tel autre. Pouvais-je m'empêcher de faire cela ? La question revient à me demander si je pouvais ne pas être ce que j'étais ou devenir autre que je n'étais. Mais il m'eût fallu un motif antérieur ou actuel d'être autre, une cause de modification dans mon devenir. Si elle ne s'est pas trouvée en moi, s'il ne dépendait pas de moi à cet instant de la faire naître, s'il ne pouvait dépendre de moi que le dehors la suscitât en mon esprit, j'ai été ce que je pouvais être, et cela diffère de ce que je pourrais être maintenant. Je ne saurais donc dire pourquoi ma délibération ne s'est pas prolongée davantage : le *fait est* qu'elle s'est arrêtée en un certain point parce que *je* n'ai pas cherché plus longtemps, ni d'une autre façon.

46. Conclusion. — Il faut donc que la morale se contente de considérer l'être comme agent véritable et qu'elle s'applique par conséquent à *procurer aux hommes, au moment où ils vont prendre une décision, le plus possible de motifs et de mobiles, afin de rendre la délibération aussi éclairée que possible.*

Il y a des moyens sociaux de renforcer les excitations utiles, de diminuer la portée qu'ont sur un esprit des excitations nuisibles, d'attirer l'attention ou de l'éloigner ; il y a une discipline individuelle et collective, qui constitue l'éducation morale de l'enfant et de l'adulte, et qui aboutit précisément à des délibérations de plus en plus fécondes en heureux choix. Préparer, dès la plus tendre enfance, le moi à intervenir *comme représentant de la raison* au sein de la nature, c'est préparer l'homme à l'affranchissement à l'égard des passions individuelles, à l'obéissance à une loi commune, à une règle rationnelle de conduite ; et c'est en un tel affranchissement, en une telle obéissance que consiste la liberté morale.

L'être qui *eût pu* n'obéir qu'à ses passions est ainsi amené à obéir à la loi rationnelle. La cause en est dans la nature de l'homme qui comporte, comme nous l'avons vu, une tendance à agir d'une façon systématique, à penser selon la raison, à rendre raison des actes par leur conformité à une loi. Cette tendance *peut* être faible ou forte, sans grande influence ou souveraine. Vouloir la renforcer a toujours été le *choix intelligible* d'un certain nombre d'individus, de moralistes, qui sont cause, par l'action qu'ils ont exercée sur leurs semblables, de sa puissance dans l'humanité, de la place qui lui est faite dans l'éducation et par conséquent de son rôle dans les *choix intelligibles* que font les êtres moraux [1] (bien que chacun de ces êtres soit vraiment cause de son choix).

Par conséquent, la morale loin d'être inutile, si l'idée de liberté ne subsiste pas telle que l'ont conçue la plupart des philosophes, devient au contraire de plus en plus utile, à mesure que les hommes se rendent mieux compte du déterminisme de leurs actions et de la nécessité de devenir chacun un « moi » plus complexe, plus riche de tendances, plus porté surtout à agir rationnellement.

L'agent moral ne nous paraît que mieux sous la dépendance de ses tendances caractéristiques. Ce sont donc celles-ci qu'il importe d'étudier et de coordonner, hiérarchiser, afin de faire l'unité synthétique du moi moral.

---

1. Ainsi la *liberté morale* apparaît comme d'*origine psycho-sociologique*, aspect sous lequel elle n'a jamais encore été présentée. Tout au plus « l'idée-force » de M. Fouillée se prêterait-elle à une semblable conception ; mais il ne faut pas oublier qu'elle n'est en définitive que l'illusion de la liberté, tandis que l'*évolution sociale* que nous indiquons ici est réelle et a une cause dans la nature psychologique de l'homme.

III

LES TENDANCES MORALES

47. Diverses tendances, diverses doctrines. — Le problème qui se pose tout d'abord est, d'après ce que nous venons de dire, le suivant : Quelle est la tendance ou le système de tendances qui peut le mieux caractériser un être raisonnable, déterminé à l'action par une volonté morale ?

Il n'est guère de tendances qui n'aient été tour à tour adoptées par des moralistes comme susceptibles de donner naissance à la bonne conduite : les plaisirs les plus grossiers comme les plus raffinés, ceux des « sens » comme ceux du goût esthétique et de l' « intelligence », ont été recommandés à l'homme vertueux ; les tendances égoïstes comme les tendances altruistes, la tendance à l'inaction comme la tendance à l'effort, ont été également prônées. En général, une vue incomplète des exigences de la nature humaine, l'ignorance ou le mépris d'une partie des tendances normales de l'homme, ont fait adopter des théories morales peu satisfaisantes pour quiconque considère leur éloignement de la réalité psycho-sociologique.

48 Le naturalisme. — Parce que vivre selon la nature semble normal à la plupart des hommes, on prétend, par exemple, après une énumération imparfaite des vies selon la nature, imposer aux hommes comme tendances directrices de leur conduite les tendances mêmes qui déterminent le cours de l'existence animale.

Épicure et Spencer sont d'accord pour affirmer que la recherche du plaisir étant commune à tous les êtres de la nature, cette recherche doit être le mobile des actions humaines [1]. En admettant que le désir de la jouissance soit le désir prédominant chez la plupart des hommes il ne s'ensuivrait point qu'il doive rester le désir prédominant de tous les êtres raisonnables ; à fortiori, si l'on constate seulement qu'il est une appétition générale dans la série animale. Sans doute, nous ne pouvons creuser un abîme entre l'espèce humaine et les autres espèces vivantes ; nous pouvons croire à la continuité de l'évolution universelle et en particulier de l'évolution animale, et nous devons de plus en plus l'admettre comme une vérité scientifique. Dès lors, nous ne saurions avoir ce préjugé qui fait dire à certains moralistes que précisément parce que tel mode d'action est animal, l'homme doit le considérer comme indigne de lui et adopter plutôt le mode d'action contraire : un tel préjugé participe trop visiblement

---

1. Cf. Spencer, *Les bases de la morale évolutionniste.* Ch. III, p. 38 : « Le plaisir, de quelque nature qu'il soit, et pour n'importe quel être, voilà l'élément essentiel de toute conception de moralité. C'est une forme aussi nécessaire de l'intuition morale que l'espace est une forme nécessaire de l'intuition intellectuelle. »

de l'esprit métaphysique qui a fait imaginer la distinction et l'opposition de la matière, ou de la « chair », et de « l'esprit ».

Mais c'est aussi nier une vérité scientifique, celle du perfectionnement progressif des espèces animales, que s'obstiner à ne voir dans l'homme aucune tendance nouvelle, supérieure à celles qu'éprouvent les animaux. La même difficulté qui fait que les psychologues parviennent si difficilement à s'entendre sur la nature de l'activité mentale rationnelle, fait que les moralistes exagèrent aisément deux tendances contraires, l'une à assimiler complètement la conduite humaine à la conduite animale, l'autre à les distinguer profondément l'une de l'autre. Aussi la solution générale, qui sans résoudre les questions particulières les rend plus abordables, doit-elle être la même.

La raison humaine ne diffère pas foncièrement de l'intelligence animale ; elle n'en est qu'un perfectionnement. Tandis que l'animal associe des images, l'homme dans ses jugements prend conscience de son pouvoir d'association et affirme la valeur objective (attribuée spontanément par l'animal à sa synthèse représentative, elle-même spontanée) de la synthèse réfléchie qu'il effectue. Tandis que l'animal se contente d'inférences pratiques qui lui font fuir le bâton semblable au bâton qui l'a frappé, le feu semblable au feu qui l'a brûlé, l'homme en réfléchissant sur ses opérations mentales, les analyse, en distingue les divers moments pour les juxtaposer après les avoir séparés et effectuer un raisonnement. Tandis que l'animal est susceptible de classer les objets au point de vue de son utilité ou de son agrément particulier, l'homme les classe suivant des tendances plus générales, plus désintéressées, à un point de vue universel : il s'élève ainsi à la notion du nécessaire, de la loi, et dès lors il s'éloigne à pas rapides, grâce à la science, du degré inférieur qui fut son point de départ et qui reste le dernier terme de l'évolution mentale chez les animaux [1].

C'est donc la réflexion, degré supérieur de l'attention portée par un être sur soi-même, qui fait la supériorité de l'homme au point de vue spéculatif. Cette supériorité entraîne une plus grande élévation de sentiments, l'apparition de tendances esthétiques, religieuses, intellectuelles, sociales dont on n'apercevrait que difficilement quelques rudiments dans l'âme des bêtes. Mais de même que l'usage humain de la raison est dans le prolongement de l'intelligence animale et constitue une efflorescence de la nature au point de vue intellectuel, de même les sentiments désintéressés, esthétiques, religieux, etc., dont l'humanité s'honore, ne sont point hors de la nature, en opposition avec les appétits et tendances des animaux, mais en constituent plutôt comme un légitime aboutissant.

Le plaisir résulte de la satisfaction d'une tendance, à la condition que le défaut de satisfaction d'autres tendances n'amène pas une douleur plus vive. L'animal éprouve du plaisir à déployer sans obstacle son

---

1. Cf. ROMANES, *L'évolution mentale chez les animaux*, 2 vol. in-8, Alcan, et l'*Évolution mentale chez l'homme*, 1 vol. in-8, Alcan.

activité instinctive : comme nous l'avons vu, il a un appétit ou un petit nombre d'appétits prédominants qui constituent la source ordinaire de ses joies ou de ses douleurs. Chez l'homme il est loin d'en être de même : l'activité instinctive est à peu près annihilée ; l'instinct de la conservation et l'instinct sexuel ont perdu la plupart de leurs caractères d'activité aveugle, automatique, bien que définie ; les tendances les plus diverses peuvent acquérir la prépondérance selon les individus, les tempéraments, les milieux. Aussi voyons-nous les plaisirs les plus grossiers détruire ou tout au moins émousser chez certains hommes la sensibilité la plus délicate, et même cette sensibilité raffinée devenir le lot du petit nombre. Les uns trouvent leurs plus grandes joies dans l'exercice du pouvoir, dans la domination, les autres dans une quiétude qui ne va sans quelque servilité, d'autres dans le renoncement, la charité, l'amour, et d'autres encore dans un perpétuel divertissement. Quand on prétend que l'homme doit de même que l'animal rechercher son plaisir, on oublie cette différence qu'un degré supérieur d'évolution a mise entre les deux modes d'activité : la poursuite animale et la conduite humaine.

49. **L'hédonisme.** — Le précepte : « Recherchez votre plaisir » peut en outre avoir deux sens. Le premier sens : « Recherchez chacun le plaisir que vous donne l'activité conforme à votre tendance prédominante », nous fournit un précepte d'*anomie* morale, d'anarchie sociale, et nous mène tout droit à un genre de conduite bien inférieur à celui de la brute, car la brute du moins subordonne ses divers intérêts

à l'intérêt vital, sauvegardé par son instiuct, tandis que l'homme qui ne conçoit pas une hiérarchie des plaisirs, une échelle de valeurs et une échelle d'intérêts, est capable de subordonner ses intérêts vitaux à des plaisirs nuisibles.

Mais si l'on donne au précepte le second sens qu'il est susceptible d'avoir : « Recherchez le plaisir le plus conforme à la nature humaine », on formule dès lors un commandement qui réclame de nombreux commentaires, qui ne peut être exécuté qu'au prix de nombreuses réflexions, qui implique des notions élevées et au premier rang de toutes la notion du devoir. Car commander à un homme de rechercher le mode d'activité dans lequel il se complaît, ce n'est à proprement parler rien lui commander ; c'est tout au plus l'approuver de se livrer à l'anarchie morale, l'encourager à persévérer dans une conduite qu'il est par trop aisé d'adopter. Mais lui commander de rechercher le plaisir le plus conforme à la nature humaine, c'est opposer au choix vers lequel l'eût porté son caractère individuel le choix que *doit* faire tout être raisonnable afin d'éprouver un plaisir que tout homme doit chercher à éprouver pour être homme le plus possible.

Or quel est ce plaisir d'après les divers moralistes ? Ont-ils bien analysé la nature humaine ; n'ont-ils pas négligé quelqu'une des indications importantes de la psychologie et de la sociologie en désignant le plaisir suprême ? Telle est la question que nous devons nous poser. En effet nous ne pouvons pas refuser à priori au plaisir une place dans la morale. Le plaisir est un des phénomènes psychiques les plus importants et une morale qui ne tient pas compte du plaisir est purement théorique et vaine : ce n'est pas avec une idée abstraite, nous l'avons vu, que l'on meut les êtres concrets, c'est en suscitant des tendances, et toute tendance aboutit au plaisir ou à la douleur. Or la douleur détermine des mouvements de répulsion ou d'éloignement ; le plaisir, des mouvements de préhension, des appétitions, qui entretiennent la tendance primitive, la font se développer au lieu de la détruire. Pour qu'un précepte agisse sur les hommes, il faut donc que non seulement il corresponde à une tendance, mais encore que cette tendance soit assez forte pour procurer du plaisir, un plaisir autant que possible sans douleur, qui n'exige pas de sacrifice trop pénible, ou qui procure un plaisir intense dans le sacrifice même.

Mais la tendance à éprouver du plaisir et à fuir la douleur n'est pas la première de toutes, ni dans l'ordre psychogénétique, ni dans l'ordre d'importance relative. En effet la tendance que manifeste le nouveau-né, celle qui se rencontre seule presque au plus bas degré de l'idiotie[1], celle qui subsiste la dernière chez les déments, c'est la tendance à se nourrir de tout ce qui se trouve à la portée de l'être (même de choses répugnantes, comme le font certains idiots et certains déments, sans paraître éprouver ni plaisir ni douleur, si ce n'est au moment de la réplétion de l'estomac). Cette tendance est le premier mode

---

1. Nous ne disons pas « au plus bas degré », parce que certains idiots n'ont même pas l'instinct de la conservation sous forme d'instinct de la nutrition.

G.-L. DUPRAT.

déterminé de l'instinct de la conservation, instinct qui suscite plus tard des tendances à la préhension et à la répulsion quand les émotions agréables et les émotions pénibles se sont suffisamment différenciées et sont devenues les signes soit de l'utile ou du bon, soit du nuisible ou du mauvais.

D'ailleurs, la tendance à rechercher le plaisir entre en conflit, à une époque ultérieure, avec l'instinct de la conservation auquel elle était tout d'abord étroitement liée. C'est que les émotions agréables se sont associées avec de nombreux modes d'activité, plus ou moins éloignés des modes convenant simplement à la conservation de l'existence ; c'est que de la tendance à la conservation est née fatalement la tendance au développement qui a amené des innovations les unes utiles, les autres nuisibles ; et il s'est trouvé que certaines innovations nuisibles ont été cependant agréables, parce que le plaisir n'est pas un signe institué par la nature pour avertir l'homme de ce qui est son bien, parce que le plaisir est le résultat psychique de modifications biologiques, de multiples réflexes et autres phénomènes organiques que peut déterminer un poison aussi bien qu'un breuvage sain, l'activité morbide aussi bien que l'activité morale.

50. **L'Épicurisme.** — Épicure semble l'avoir compris, puisqu'il a distribué les désirs en trois classes (1° désirs naturels et nécessaires, 2° désirs qui ne sont que naturels, 3° désirs qui ne sont ni naturels, ni nécessaires) et qu'il n'a admis que la satisfaction des désirs naturels et nécessaires, les plus forts par conséquent, les plus susceptibles de procurer des plaisirs sans douleurs trop amères. Mais l'énumération des désirs

naturels et nécessaires est-elle complète chez Épicure?

On a dit que la doctrine de ce philosophe aboutit à la « morale du pain sec ». Elle est en effet essentiellement négative. Tout plaisir résultant de l'action doit être écarté comme incertain, instable, susceptible de procurer dans l'avenir plus de peine que de joie. Il faut donc que le sage se contente du plaisir en repos qui consiste dans la satisfaction d'une tendance naturelle à faire cesser les besoins les plus pressants, ceux de la nourriture : « Celui qui vit de pain sec et d'eau n'a rien à envier à Jupiter[1]. » Toutefois, il y a dans la doctrine d'Épicure certains indices d'une conception positive du bonheur humain : c'est d'abord la distinction des plaisirs corporels qui ne durent qu'un instant et des plaisirs de l'âme qui sont accrus et perpétués par la prévision et par le souvenir[2]. Sans doute le plaisir de l'âme consiste dans la prévision et dans le souvenir de l'apathie procurée par la satisfaction des désirs naturels et nécessaires du corps; mais il serait étonnant qu'un Grec, aussi peu spéculatives que fussent ses tendances, n'eût pas conçu au-dessus de l'apathie corporelle une ataraxie de l'âme permettant quelques-uns des plaisirs de l'intelligence. Nous trouvons surtout l'indice de cette conception dans la théologie épicurienne où nous voyons les dieux, qui ne sont que des hommes supérieurs, placés dans les « intermondes », y vivre heureux, parce qu'ils sont sans souci, n'ayant pas besoin de sommeil et de nourriture, et parce qu'ils goûtent

---

1. Cf. Diogène Laerce, XI, 130-146.
2. Diogène, 137.

les charmes de la conversation, de la vie intellectuelle la plus relevée. Car ils sont beaux et raisonnables ; ils jouissent de l'intelligence qui au dire d'Épicure lui-même est le plus grand des biens[1].

Quoi qu'il en soit sur ce point particulier, il est hors de doute que la conception épicurienne du plaisir suprême est incomplète, inadéquate aux exigences de la nature humaine. En admettant même qu'Épicure ait prescrit de rechercher le plaisir qui résulte du libre exercice de l'intelligence, on ne saurait oublier qu'il a banni formellement les plaisirs de la vie en société, de la vie de famille, et par conséquent toutes les satisfactions qui peuvent résulter du commerce désintéressé des autres hommes, de l'art et de la politique. Il a mutilé l'existence humaine, l'a privée de la plupart de ses attraits, en a réduit au minimum les exigences. Au lieu de chercher à subordonner les uns aux autres les différents désirs, il les a presque tous supprimés, ne conservant que celui sans lequel la vie individuelle la plus restreinte ne se conçoit plus : le désir de se soustraire à la faim. Il n'a pas même cherché à donner à l'instinct sexuel, pourtant si puissant, si prompt à se venger de quiconque le méconnaît, une légitime satisfaction.

La morale d'Épicure est en résumé une glorification de la paresse, de l'inertie morale tendant à réaliser contre nature l'inertie physique. A la juger au point de vue psychologique, elle apparaît comme le résultat d'une grossière erreur ou tout au moins d'une conception pathologique de la nature humaine.

---

1. *Ibid.*, XI, 131.

Seul l'ascétisme a pu dépasser en ce sens l'épicuréisme.

51. L'utilitarisme. — L'esprit pratique des philosophes anglais leur fit conserver le principe utilitaire de la morale d'Épicure et leur fit rejeter son côté ascétique. Ils ne voulurent point se priver des plaisirs variés de la vie humaine, mais ils s'efforcèrent de choisir des plaisirs susceptibles de leur rapporter, à plus ou moins longue échéance, le bonheur à la fois le plus grand et le plus durable.

Ce fut la raison de cette « arithmétique des plaisirs » que préconisa Bentham, soucieux, comme son compatriote Priestley, d'assurer « le plus grand bonheur du plus grand nombre ». Bien qu'on parlât peu de la solidarité humaine, le fait d'une communauté profonde d'intérêts n'en était pas moins constaté à la fin du xviii° siècle, et déjà on ne songeait plus à séparer le bien-être individuel du bien-être collectif. D'ailleurs la sympathie apparaissait sinon à tous comme un facteur de la moralité, du moins en général comme un phénomène naturel dont il faut tenir compte ; l'égoïsme brutal semblait maladroit même aux individualistes qui voyaient dans le sacrifice de certaines petites satisfactions particulières à la satisfaction commune une opération habile destinée à procurer à l'agent de bien plus grands avantages que ceux qu'il sacrifie.

La moralité devint donc affaire de calcul et choix intelligent des actes les plus propres à sauvegarder les intérêts particuliers et collectifs, le plus possible intimement unis.

Que pourrait-on reprocher à une morale qui tiendrait compte de tous les intérêts humains, depuis les intérêts économiques jusqu'aux intérêts esthétiques, qui s'appliquerait à faire adopter par les hommes tous les modes d'activité utiles à la plus complète satisfaction de nos tendances d'individus et d'être sociaux? Lui reprocherait-on de ne pas démontrer la nécessité de la conduite qu'elle préconise? Elle répondrait victorieusement, quoique d'une façon indirecte, en invoquant les nombreux attraits qu'elle a pour l'être sensible, la puissance que lui confèrent les promesses de bonheur qu'elle peut faire et qu'elle peut tenir; en affirmant qu'il n'y a pas de loi morale au sens du mot loi en général, c'est-à-dire en tant que rapport nécessaire, inéluctable; qu'il y a des préceptes de morale dont on peut toujours contester la valeur et, à plus forte raison, la nécessité; mais que dans la hiérarchie des préceptes moraux, le sommet est occupé par les plus efficaces. Et il n'y en aurait pas de plus efficace que celui qui correspondrait exactement à toutes les tendances humaines, qui n'en froisserait aucune, qui serait susceptible, si on le suivait, de donner le bonheur complet ou du moins le bonheur le plus grand possible.

On ne pourrait donc rien reprocher à une théorie morale qui satisferait à tous les intérêts et prescrirait ce qui est utile à leur pleine sauvegarde. Mais elle devrait être précédée d'une autre théorie ayant pour objet de ramener la diversité des intérêts humains à l'unité d'un système, car l'expérience nous montre qu'ils ne se concilient pas tout seuls.

52. **Intérêt et désir.** — Si vous séparez les intérêts des désirs, vous pourrez sans doute prétendre que

mon intérêt bien entendu est identique au vôtre. Mais vous le prétendrez peut-être à tort à mes yeux, car mon intérêt, c'est ce qui est bon pour moi et cela seul m'apparaît bon qui est conforme à mon désir. Modifiez mon désir, changez mes tendances ; démontrez-moi qu'elles sont mauvaises. Si vous parvenez à me convaincre, si nous parvenons à avoir mêmes désirs ou désirs concordants, nous aurons les mêmes intérêts ou des intérêts, soit complémentaires, soit en harmonie. Mais modifier mes tendances étant précisément l'objet immédiat de la morale, vous tournerez dans un cercle vicieux si vous prétendez faire reposer votre théorie morale sur le postulat de l'harmonie foncière des intérêts ou de leur subordination naturelle.

Tant que la volonté raisonnable, d'accord avec la science, n'intervient pas pour établir de la façon la plus objective possible une échelle des valeurs, une hiérarchie des fins telles qu'une fin devient moyen pour une fin plus haute, à son tour utile à la réalisation d'une fin plus élevée encore ; tant qu'on ne s'élève pas en conséquence aux plus hautes considérations psychologiques et sociologiques, les formules utilitaires restent sans autre portée que celle d'un précepte général trop aisément admis pour rester le seul précepte de la morale : Faites ce qui est utile à la réalisation du bien. Autant vaut dire : Qui veut la fin, veut les moyens ; autant vaut même ne rien dire du tout.

53. L'égoïsme. — En fait, la doctrine utilitaire ne prend un aspect particulier que lorsqu'elle s'oppose à la morale du désintéressement, de la générosité, de l'amour d'autrui pour devenir nettement la morale de l'égoïsme individuel ou collectif[1]. L'utilitaire, dans le vrai sens du mot, ne fait rien par intérêt esthétique ou intellectuel, rien par dévouement à un idéal dont il ignore s'il pourra retirer un avantage ou un plaisir. Le type de l'utilitaire est l'homme d'affaires, l'Anglais qui a sans cesse à la bouche le mot fameux « business », qui en matière d'amour ou de religion ou d'esthétique n'oublie pas de faire ses affaires.

Cet homme arrive vite à être inconséquent avec lui-même, tout comme l'avare qui, d'abord à la recherche de l'or comme moyen de se procurer du plaisir ou du bonheur, ne tarde pas à prendre le moyen pour la fin, la possession de l'or comme principal but de son activité. Stuart Mill l'a bien montré : par un effet de l'association des idées, le moyen s'associe si étroitement à la fin qu'il devient l'unique terme prochain derrière lequel le terme éloigné disparaît; (C'est même ainsi que s'expliquerait la recherche par les hommes de la vertu et de la valeur morale.)

Dès lors l'horizon de l'utilitaire se rétrécit de plus en plus. D'abord désireux de se procurer tous les moyens utiles aux satisfactions les plus hautes, d'ordre

---

[1]. « Je crois, dit avec raison M. Renouvier, *Sc. de la morale*, t. I, p. 194, rester fidèle au langage commun en désignant par le mot intérêt le groupe des fins humaines qui comprend trois sortes de biens ou éléments du bonheur : 1° ceux qui touchent directement la conservation de l'individu ; 2° ceux qui touchent ses puissances d'ordre matériel ou passionnel quand ses passions n'ont que lui-même pour but ; 3° ses moyens ou sa puissance accumulée de se conserver et de jouir. » « L'utilité comme l'intérêt passe au sens collectif, mais sans cesser de s'appliquer à l'individu et à ses biens matériels en dernière analyse. »

intellectuel, esthétique ou social, il en vient peu à peu à rechercher les moyens utiles à la satisfaction d'appétits qui sont communs à l'homme et à l'animal. Stuart Mill fait en vain la fameuse déclaration : « J'aime mieux être un Socrate mécontent qu'un pourceau satisfait » ; la plupart de ses disciples ne tardent pas à considérer Socrate comme un rêveur, un utopiste, un homme qui ne sut pas faire ses affaires, et à préférer à ce sage malheureux l'heureux industriel qui sans élévation d'esprit et de cœur réussit dans ses entreprises, s'enrichit et s'assure une existence de gaieté dans la bonne chère.

De tels utilitaires font bien voir l'insuffisance théorique de l'utilitarisme ; ils montrent l'impuissance pratique d'une doctrine, sensée en définitive, mais qui n'a pas su être rigoureusement systématique. La formule : « Le plus grand bonheur du plus grand nombre » sera une formule vaine tant que le bonheur recherché ne sera pas mieux défini. Le pire des tyrans prétendra faire le bonheur du plus grand nombre de ses sujets en mettant à mort, exilant ou emprisonnant tous ceux qui ne penseront pas comme lui. Le théoricien le plus anarchiste aura de son côté la prétention de rendre le peuple heureux en laissant chacun agir à sa guise.

54. **L'intérêt collectif.** — Le sacrifice de l'intérêt individuel à l'intérêt collectif ne peut être prescrit que lorsque l'intérêt collectif est bien défini. Or l'intérêt collectif est, ou bien tel que quelques-uns des meilleurs penseurs le conçoivent, à l'encontre des opinions de la multitude, ou bien conforme aux aspirations du plus grand nombre. Dans le premier

cas, on peut être bien assuré que la foule méconnaîtra ces intérêts que quelques bons esprits affirment être les siens véritables et on s'y sacrifiera en pure perte, sans trouver d'autre satisfaction que celle du devoir accompli, celle de la conscience. Dans le second cas, on cèdera à l'impulsion de la masse, à la pression de la multitude, plutôt qu'on n'agira moralement ; on se résignera « à bon nombre de pratiques qui ne seront pas moins obligatoires que d'autres, sans que pourtant il soit possible d'apercevoir quels services elles rendent à la communauté [1] ».

Pour que l'utilité collective pût être le principe de l'action morale, il faudrait que dans la plupart des cas elle pût être l'objet d'une représentation assez nette pour déterminer la conduite. Or les calculs utilitaires, fussent-ils exacts, sont de trop savantes combinaisons d'idées pour agir beaucoup sur la volonté... Dès que l'intérêt n'est pas immédiat et sensible, il est trop faiblement pensé pour mettre en branle l'activité [2].

« De plus, rien n'est obscur comme ces questions d'utilité. Pour peu que la situation soit complexe, l'individu ne voit plus clairement où est son propre intérêt... Mais l'évidence est encore bien plus difficile à obtenir quand c'est l'intérêt, non d'un individu, mais d'une société qui est en jeu... Si même on examine les règles dont l'utilité sociale est le mieux

---

1. DURKHEIM, *Division du travail social*, p. 12.
2. Il ne faut pas oublier, en effet, que l'intérêt au point de vue psychologique est inséparable de la tendance et que la tendance la plus vive accompagne les représentations les plus nettes et les plus concrètes.

démontrée, on observe que les services qu'elles rendent ne pouvaient pas être connus à l'avance[1]. »

Donc, non seulement les commandements de la morale n'ont jamais eu en fait « pour fin l'intérêt de la société », mais encore il est impossible effectivement de commander à un homme de prendre pour fin la sauvegarde des véritables intérêts collectifs alors qu'il est incapable de sauvegarder et de connaître ses véritables intérêts personnels. Et si au lieu de véritables intérêts on parle simplement des fins auxquelles s'intéresse un individu à cause de ses tendances, il est hors de doute que spontanément un être sans culture morale, sans notion préalable du devoir, s'intéressera davantage à ce qui correspondra à ses plus fortes tendances, à savoir aux fins les plus prochaines et les plus personnelles. Les fins éloignées et impersonnelles telles que le bien-être de la société humaine dans un millier d'années le laisseront indifférent.

On objecte, il est vrai, qu'en fait il n'y a pas de conflit possible entre la recherche du véritable bonheur individuel et celle du bonheur du plus grand nombre, de sorte qu'il n'est pas nécessaire du tout que l'individu se propose délibérément pour fin le bonheur collectif. « Pour en rester aux actions ayant le devoir pour motif et soumises à la règle utilitaire, c'est, dit STUART MILL[2], mal interpréter cette règle que de penser qu'elle exige que l'homme ait toujours les yeux fixés sur une généralité aussi vaste que le monde ou la société... La pensée des hommes ver-

---

1. DURKHEIM, *ibid.*, p. 14.
2. L'*Utilitarisme*, p. 34 de la trad. franc.

tueux ne doit pas s'égarer au delà d'un cercle limité de personnes, elle ne doit le franchir que pour s'assurer qu'en faisant du bien aux unes elle ne fait pas de tort aux autres... En général les occasions de faire le bien sur une grande échelle, de devenir un bienfaiteur public, sont rares : une personne sur mille peut avoir ces occasions pour elle. Et c'est dans ces occasions seulement qu'on doit chercher le bien public. »

Donc dans tous les autres cas, c'est-à-dire dans presque tous les cas, l'utilitaire pensera, comme le sage épicurien, à lui-même ou tout au plus à un petit cercle d'amis. Pourvu qu'il « s'abstienne de ce qui est manifestement pernicieux pour la société », en étant utile à lui-même, il travaillera à l'utilité commune. Mais alors si son bonheur consiste dans la satisfaction des tendances les plus vulgaires, les plus simples, si seules les choses les plus banales ont de l'intérêt pour lui, et si son type est généralisé dans une société, n'adviendra-t-il pas un mode d'existence sociale d'où seront bannies non seulement toute élévation, toute générosité, mais même toute entente cordiale. Car rien ne divise plus les hommes que les sentiments bas, vulgaires, fatalement égoïstes.

Peut-on prouver cette harmonie de l'utilité commune et de l'utilité individuelle autrement qu'en postulant chez l'individu une grande élévation de pensée, des tendances relativement désintéressées ou du moins des intérêts qui dépassent la sphère des vulgaires intérêts individuels ?

Stuart Mill semble trop compter sur un sens moral développé, affiné chez tous les hommes. « Ceux qui connaissent et *apprécient* deux sortes de manière de vivre donneront, prétend-il, une préférence marquée à celle qui emploiera leurs facultés les plus élevées. Peu de créatures humaines accepteraient d'être changées en animaux les plus bas ;... aucune personne *de cœur et de conscience* ne consentirait à devenir égoïste et basse[1]. » Mais ces personnes susceptibles d'une saine appréciation, ces gens de cœur sont rares. Ce n'est pas eux qui ont le plus besoin de préceptes de morale : l'élévation de leurs sentiments suffirait presque à les rendre pleinement vertueux. C'est la majorité des hommes qui manquent d'une telle élévation, qui à chaque instant demandent à être dirigés, relevés, amenés à la conception d'un idéal de bonheur supérieur à celui qu'ils peuvent imaginer par eux-mêmes. Leur recherche spontanée de l'utile n'est donc d'aucune valeur morale ; leur bonheur n'est pas un bonheur moral.

Ceci est la condamnation définitive de l'utilitarisme : le système n'est bon que pour des êtres éminemment moraux.

55. **Le bonheur intellectuel.** — L'intérêt primordial, personnel ou collectif, semble être celui de la conservation de soi-même. Mais la tendance de l'être à persévérer dans son être, que Spinoza proclamait l'essence même de toute réalité, n'aboutirait qu'à l'immobilité, à la stupeur. Combinée avec la tendance au changement, elle donne naissance au désir d'un développement régulier qui peut être confondu en bien des cas avec le désir du bonheur.

---

[1]. *Op. cit.*, p. 16 et 17.

Qu'est en effet le bonheur sinon la persistance d'un état agréable, la prolongation d'un plaisir sans fatigue, d'un plaisir tout particulier par conséquent, puisque le plaisir en général, (d'après tous les psychologues et d'ailleurs pour des raisons physiologiques d'épuisement nerveux et de modifications dans la composition du sang), est suivi de douleur, se transforme plus ou moins promptement en un sentiment pénible. L'état de bonheur n'admet pas d'émotions violentes, d'excitations trop vives ; il est beaucoup moins compatible avec les agitations sensorielles, la mobilité d'esprit et de corps, qu'avec la vie intellectuelle, contemplative, ou l'activité modérée, la vie paisible. C'est pourquoi la tendance au bonheur s'accommode fort bien de tendances au développement intellectuel, à l'exercice des facultés rationnelles.

Ces dernières tendances, nous l'avons vu, sont humaines et il n'est pas permis d'en méconnaître l'importance. A côté du besoin d'action qui est aussi bien animal qu'humain et qui dérive directement du besoin de se développer pour vivre, est le besoin de penser, de raisonner, d'assigner des causes, de découvrir des lois, de comprendre et d'expliquer, qui est proprement humain et qui suscite chez certains hommes le dévouement à la science, l'amour du vrai, la culture intensive de tous les moyens propres à donner une connaissance satisfaisante des choses et de soi-même. Mais il ne doit pas devenir exclusif.

Aristote a eu à nos yeux le grand mérite, après avoir exposé les principes d'une morale toute théorétique, de reconnaître que cette éthique est plutôt bonne pour des dieux que pour des hommes. « Ce n'est pas en tant qu'homme, mais en tant que quelque chose de divin réside en lui[1] » que l'homme est appelé à vivre de la vie proprement intellectuelle, à jouir du bonheur continu que procure la contemplation de l'intelligible. « Cela dépasse sans doute la nature humaine », car l'homme est un composé, a une âme composée non seulement de fonctions intellectuelles, mais encore de fonctions nutritives, sensitives, appétitives et motrices.

Il n'en est pas moins vrai que pour ARISTOTE l'idéal moral, c'est précisément cette activité de la divinité, qui n'éprouve aucune passion, aucun désir, qui n'a rien à vouloir, n'ayant rien à désirer, qui ignore le monde et se complaît dans l'éternelle contemplation de soi-même. Proposer aux hommes, comme fin lointaine sans doute, mais comme objet suprême du désir qui meut le monde entier (« l'appétition du divin »), cette *perfection tout intellectuelle*, n'est-ce pas préparer le sage, qui n'a encore qu'une sagesse pratique, une « vertu éthique », à se désintéresser de l'action terrestre, à ne vivre plus que pour la pure spéculation ?

ARISTOTE lui-même a ajouté à cette constatation si sage que nous venons de signaler un précepte que des mystiques interpréteront mal, bien qu'en lui-même il soit sans danger : « Il ne faut pas, parce qu'on est homme, avoir, comme certains l'indiquent, le goût des choses humaines, et parce qu'on est mortel, le goût des choses mortelles, mais autant que

---

[1]. Éthique à NICOMAQUE, livre X, ch. VII. Bek., 1177 *b*, 27.

possible il faut se rendre immortel et tout faire pour vivre selon la plus noble partie de notre être[1]. » Or se rendre immortel pour ARISTOTE, ce n'est pas s'assurer une immortalité personnelle, immortalité dont le philosophe grec semble n'avoir pas eu une conception bien nette, c'est réussir à vivre de la vie intellectuelle qui est la vie divine, impérissable.

56. Le mysticisme. — PLOTIN et les néo-platoniciens ont vu dans ce passage de leur maître une confirmation des incitations de PLATON, pour qui l'âme emprisonnée dans le corps devrait tendre sans cesse à s'en échapper et s'efforcer de briser à l'avance les biens qui l'y rattachent.

Le mysticisme qui a pour conséquence l'extase morbide est ainsi l'aboutissant d'une théorie morale qui veut trop élever les regards de l'homme au-dessus des misères humaines. Vouloir entrer en communion avec une divinité qui n'a presque plus rien d'humain, que l'on conçoit sans corps et presque sans âme puisqu'elle n'est qu'un pur esprit, c'est non seulement tenter l'impossible, c'est encore se vouer à la folie.

Le mysticisme ne peut être florissant que dans l'abandon des pensées viriles, dans le renoncement de l'être raisonnable à exercer sa raison, car exercer sa raison c'est juger avec sa volonté qui n'affirme ou ne nie que selon des tendances humaines. Or les tendances humaines, à moins d'être morbides, ne vont pas à l'inconnaissable, à l'être mystérieux, incompréhensible, dont la conception seule demande un effort

---

1. *Ibid.*, 1177 *b*, 31.

qu'un seul mot peut rendre dans notre langue à la condition qu'on lui donne sa pleine acception : l'extravagance.

La morale du mystique est celle des impulsions maladives, des visions hallucinatoires, des conceptions délirantes. Tel est le résultat fatal du déséquilibre des fonctions mentales, qu'il s'agisse d'accorder une prédominance absolue soit à la pure intelligence, soit au pur amour.

Le mysticisme a pris en effet parfois dans les temps modernes une des formes si variées de l'érotisme. Des gens recherchent un amour quintessencié, qui n'ait plus rien d'humain, où il n'entre aucune « passion charnelle » : ils ne réussissent à réaliser en eux ce sentiment bizarre qu'en mutilant l'amour normal. Ce dernier est tout d'abord inséparable de l'instinct sexuel ; mais il y a des perversions de l'instinct sexuel qui ne laissent subsister des multiples caractères de l'impulsion correspondante qu'un petit nombre de traits généraux : dans certains cas, l'amour primitif des individus d'un sexe pour les individus de l'autre sexe devient un vague amour de l'humanité ; dans d'autres cas, un amour non moins vague de la divinité confusément conçue.

De là vient l'aspect morbide de la religion de l'humanité chez certains positivistes et tout d'abord chez Auguste Comte dans la dernière partie de son existence. Cette religion nouvelle, aspirant à remplacer la pratique morale inspirée par des préceptes positifs, ne diffère que fort peu des pratiques éthico-religieuses fondées sur l'amour de Dieu : c'est encore un mysticisme, car elle prétend développer chez l'homme un sentiment qui ne peut normalement avoir place dans son cœur ; l'amour de l'Humanité en général diffère autant de l'amour des êtres concrets qu'en peut différer l'amour de l'inconnaissable, que les hommes conçoivent toujours sous quelque aspect particulier.

On ne peut pas demander à l'homme de sacrifier ses plaisirs, les douceurs de son existence présente, ses tendances, ordinairement dirigées vers des fins prochaines ou des objets actuels, à l'unique désir de la béatitude divine ou du bonheur d'une vague Humanité dans des milliers d'années : ce désir, suscité par des notions confuses ou abstraites n'aura jamais d'efficacité réelle que sur des esprits malades, s'exaltant contre nature, se complaisant à refouler tous les instincts naturels, toutes les inclinations vraiment humaines, et ne pouvant se complaire dans un jeu aussi dangereux que grâce au déséquilibre de leur mentalité.

57. La morale de Spinoza. — Un grand philosophe a proposé aux hommes un amour de Dieu, de la raison et de l'humanité tout ensemble qui pût se substituer à tous les autres sentiments, les détruire tous et assurer à lui seul la béatitude : nous avons suffisamment indiqué Spinoza, l'illustre théoricien de l' « amor Dei intellectualis ».

Toute son Ethique tend à démontrer que les passions humaines sont dues à des visions confuses et notamment à l'ignorance de la vraie cause des phénomènes. Pour éviter l'esclavage des passions, et afin de devenir en même temps vraiment actif et libre, il faut rapporter tous les événements à Dieu, à la substance unique, qui en est la seule cause par l'enchaînement nécessaire des phénomènes. Apercevoir la nécessité de ce qui est, se considérer, soi et tous les autres êtres, comme un mode nécessaire d'un attribut divin, conquérir l'immortalité pour son âme en faisant d'elle une pensée correspondant exactement à « l'idée qui nécessairement en Dieu exprime l'essence du corps humain [1] » ou une « idée qui exprime l'essence du corps *sub specie œternitatis* [2] », voilà quel doit être le principal souci du sage. Comme celui d'ARISTOTE, le disciple de SPINOZA a le devoir de se rendre immortel en fuyant toutes les passions naturelles. « Du troisième genre de connaissance (la connaissance intuitive, adéquate, des choses vues sous l'aspect de l'éternité) naît nécessairement l'amour intellectuel de Dieu. Car de ce genre de connaissance résulte la joie accompagnant la conception de Dieu comme cause, ce qui, par la 5e définition des passions, constitue l'amour de Dieu, en tant que nous le concevons éternel, et c'est là ce que j'appelle l'amour intellectuel de Dieu [3]. »

Cet amour n'est rien de plus que le sentiment qui accompagne la conception d'une nécessité universelle, acceptée, non pas avec résignation comme s'il s'agissait d'un odieux fatalisme, mais avec joie parce que la raison est satisfaite. Une telle philosophie morale n'est-elle pas pour autant d'une grandeur surhumaine ?

Elle se présente cependant dans l'ensemble de l'œuvre de SPINOZA comme une éthique d'une haute

---

1. SPINOZA, Éthique, livre V, propos. XXIII.
2. *Ibid.*, Scholie de la prop. XXIII.
3. *Ibid*, prop. XXXII. Corollaire.

portée sociale, puisque l'amor Dei intellectualis, l'amour de la raison, nous apparaît comme seul capable d'unir les hommes divisés par leurs intérêts particuliers, leurs passions. La politique de Spinoza est bien dans le prolongement de sa morale. Le degré de moralité requis pour que l'âme devienne immortelle n'est donc pas proposé comme un idéal inaccessible : Spinoza a cru à la possibilité de réaliser dans la nature humaine sa conception de l'être vertueux. Il peut paraître surprenant que le penseur qui a si bien analysé les passions de l'homme, qui sans doute les a éprouvées avec intensité, ait accordé à l'amour pur de la raison universelle un si grand pouvoir. Toutefois il ne faut pas oublier que Spinoza est un logicien inflexible, préoccupé de démonstration more geometrico, qui une fois un principe posé va jusqu'au bout des conséquences sans s'inquiéter, autant qu'il conviendrait peut-être, de leur accord avec la réalité. De la tendance de l'être à persévérer dans son être, jointe à l'idée, fausse à son avis, qu'autrui peut favoriser ou contrarier cette tendance essentielle, il fait découler toutes les passions, et de même il fera découler toutes les « actions », toute la moralité, du « conatus » fondamental joint à l'idée que Dieu est l'unique et éternel agent. Aussi Spinoza ne s'inquiète-t-il pas de la nature humaine ; il poursuit sa longue série de démonstrations, de corollaires et de scholies après avoir substitué d'un coup de plume la raison pure à la nature passionnelle de l'homme. Et c'est pourquoi son Éthique est à la fois si belle et si inutile : c'est une de ces nobles œuvres qui suscitent des admirateurs, mais non des disciples.

Exiger des hommes qu'ils renoncent à tous leurs sentiments naturels pour se livrer, soit à la contemplation désintéressée du vrai, comme le veulent Platon et Aristote, soit à l'amour de Dieu, de l'humanité ou de la raison, c'est trop évidemment nous demander un effort surhumain. L'âme brise tous ses ressorts dans une tension extrême ; ou bien il n'y a plus qu'illusion, duperie de soi-même dans une prétendue moralité.

58. La morale stoïcienne. — La systématisation normale n'est pas mieux assurée d'ailleurs par certaines autres théories morales qui développent à l'excès des sentiments analogues.

Le stoïcisme est une doctrine de tension excessive, tension (τόνος) contre tout ce qui pourrait paraître indulgence à l'égard de la nature humaine. Epicure parvenait à une sorte d'ascétisme par un désir excessif d'apathie ; en recherchant l'ataraxie, les Stoïciens parvinrent à mépriser la douleur et à se faire l'état d'âme des martyrs ; par amour de la vertu ils en vinrent à ne la trouver nulle part.

Il ne faut pas être dupe de leur maxime, ζῆν ὁμολογουμένως, devenue bien vite avec les disciples de Cléanthe, si du moins Cléanthe lui-même ne la compléta pas ainsi, ὁμολογουμένως τῇ φύσει ζῆν. Car il ne s'agit pas pour eux de vivre selon la nature humaine, mais bien selon la loi qui régit la nature entière, le λόγος immanent qui est en même temps raison et providence, qui est le principe de l'ordre dans l'univers et doit être dans l'homme le principe de cet ordre, de cette harmonie, de cette beauté qui est essentiellement la vertu. « Nos natures propres sont des parties de la nature universelle, notre *fin* est donc de consentir à la nature[1]. » Introduire le moindre désordre dans l'univers, c'est être vicieux, et dans le vice comme dans la vertu, il n'y a pas de degrés. « Un homme submergé ne se noie pas moins à deux brasses qu'à cent au-dessous de la surface de l'eau. » Ce fut une tardive amélioration de la doctrine que la reconnaissance d'un progrès possible vers la vertu la plus haute, progrès qui fût déjà le signe d'une nature vertueuse. Le sage ne pouvait pas avoir une vertu sans les avoir toutes ; mais où trouver ce sage ?

Tous les hommes étaient donc « fous, impies et esclaves », car les stoïciens avouaient eux-mêmes n'avoir jamais vu leur idéal réalisé. C'est que le sage devait non seulement avoir toutes les vertus, être « le seul juste et pieux, le seul prêtre, le seul savant et le seul poète, l'ami, le citoyen, le général, le magistrat, l'orateur, le dialecticien, le grammairien par excellence » ; mais il devait aussi n'éprouver aucune passion, car la passion est un « mouvement irrationnel de l'âme, une impulsion fougueuse, immodérée, contraire à la nature », dont l'être vertueux est exempt parce qu'il est infaillible[2].

Sans doute, les stoïciens admirent trois bonnes affections : la joie, élévation rationnelle contraire à la volupté, la circonspection et la volonté ; mais l'état idéal n'en fut pas moins à leurs yeux l'impassibilité, l'absence de tout abandon au plaisir comme à la dou-

---

1. Renouvier, *Manuel de philosophie ancienne*, t. II, p. 282.
2. Cf. Diogène, *Vie de Zénon*, VII, 108-118.

leur et ils ne voulurent goûter le bonheur que dans une tension surhumaine. La pitié semble leur avoir été inconnue ; ils louèrent l'amitié, ils la pratiquèrent, donnèrent de nobles exemples de dévouement, de solidarité, et l'on ne saurait oublier que c'est un des des derniers stoïciens qui se proclamait le citoyen du monde, étendant son affection à tout le genre humain ; mais il y avait dans le stoïcisme primitif l'indice certain d'une effrayante dureté de cœur. Que de biens indifférents sur lesquels le sage jette un regard dédaigneux ! Que de maux qu'il prétend négligeables ! La douleur dépend-t-elle de nous ? S'il n'est point en notre pouvoir de l'éviter ou de la faire cesser, elle est donc indifférente, elle ne compte pas, il n'y faut prêter aucune attention. « L'existence de tous les prétendus maux s'explique par les nécessités de l'organisation et de la vie. Ce sont toutes circonstances liées aux grandes causes finales de l'univers et par elles-mêmes indifférentes au sage. »

Cet optimisme qui a eu des conséquences parfois si tragiques ne manque certes pas de grandeur ; mais il manque de vérité. C'est une fausse grandeur que celle de l'homme qui ne veut pas voir sa misère. C'est une psychologie erronée que celle qui ne veut pas voir dans les émotions, dans la plupart des tendances, autant de faits normaux en bien des cas.

Elle demande à la nature humaine, arbitrairement, des sacrifices impossibles.

59. **Le sentiment esthétique.** — Toutefois les stoïciens semblent avoir voulu donner à leur doctrine l'attrait qu'exerce toujours sur l'esprit humain une conception qui a pour centre la notion du beau. Ils avaient

conçu l'univers comme un ordre admirable, comme une réalité pleine d'harmonie et de finalité, où l'esprit humain pouvait trouver mille motifs d'étonnement et de joie esthétique : aussi ne fallait-il pas que l'homme, par une sorte de bouderie déplacée à l'égard de l'immuable destin, vînt tenter de détruire cet ensemble merveilleux ; insensé eût été celui qui, refusant de se conformer à la loi naturelle, se fût efforcé, par un effort contre raison et par conséquent impuissant, de détruire une harmonie divine et éternelle. Rarement, depuis Zénon, Cléanthe et Chrysippe, les moralistes ont eu une tendance aussi marquée à associer étroitement l'idée du bien à celle du beau. Kant, cependant, a fait du sentiment esthétique, résultat d'un accord spontané de la sensibilité et de l'entendement, comme une préparation au sentiment moral. Et il semble qu'il ait eu raison de voir dans l'esthétique « l'antichambre » de la morale. Le sentiment du beau sans doute peut se produire indépendamment de tout sentiment moral. Tout ce qui est beau n'est pas satisfaisant pour notre conscience. L'art vise à engendrer des sentiments qui pour être désintéressés, par comparaison avec les tendances hédonistes et utilitaires, n'en sont pas moins plus proches des satisfactions de l'intelligence que de la satisfaction morale. L'œuvre d'art ou le phénomène naturel digne d'admiration s'adressent surtout à l'imagination et à la raison : à l'une, ils donnent un libre cours dans la carrière des objets concrets, rattachés à la perception actuelle et à l'idée qu'elle évoque tout d'abord ; à l'autre, ils permettent son occupation favorite : la synthèse, la « subsumption » comme le dit Kant d'une multiplicité de données sous l'unité du concept et de la multiplicité des concepts sous l'unité du principe. Ils nous procurent ainsi le *plaisir du jeu*, d'un jeu humain par excellence, ignoré des animaux parce que ceux-ci n'ont pas une raison assez exercée pour éprouver du plaisir à dégager des idées et à leur donner la plus riche expression sensible.

Mais directement en relation avec la conduite est le caractère de « communicabilité » des impressions et plaisirs esthétiques. Guyau l'a fort bien dit : « Lorsque je vois le beau, je voudrais être deux ». La jouissance que l'on éprouve à la contemplation d'une œuvre d'art est de celles, si rares, que l'on aime faire partager à autrui ou éprouver en commun. Plus nombreux sont ceux qui participent à une émotion de ce genre, plus elle est profonde en chacun et cela à cause de la répercussion des émotions d'autrui en soi-même. Il se produit alors, en effet, un de ces phénomènes de sympathie qui sont le point de départ d'un nouvel ordre de tendances : les tendances altruistes.

60. **Les sentiments altruistes.** — La sympathie sous sa forme rudimentaire n'est rien de plus qu'une adaptation physiologique et mentale à un fait d'expression émotionnelle chez autrui. L'animal n'est pas incapable d'en éprouver les effets ; l'homme les éprouve d'autant plus vivement que son âme est plus simple, que ses réactions spontanées sont moins entravées ou inhibées par la réflexion ou les associations empiriques en interférence. Placé en présence d'un être qui manifeste une vive douleur ou un vif plaisir,

l'animal intelligent et « naïf » (si l'on peut désigner par ce mot l'être d'où sont absents les « réducteurs antagonistes » qui mettent obstacle d'ordinaire à la suggestibilité ou à la crédulité) laisse envahir sa claire conscience par la représentation dès lors très vive de l'émotion d'autrui ; et, en vertu de la loi bien connue suivant laquelle l'image prépondérante amène la réalisation du mouvement ou système de mouvements correspondants, on voit le spectateur de la douleur de son semblable, ou bien donner les signes d'une douleur analogue ou bien se mettre en mesure d'écarter la cause de douleur. De même celui qui assiste à l'explosion de la joie d'autrui, s'il est une âme simple, en laquelle les sentiments de jalousie n'ont pas fait leur apparition, ne peut manquer d'éprouver de la joie sans même savoir pourquoi son pareil se réjouit.

Bien des actes de dévouement, d'héroïque sacrifice sont dus à une sympathie aussi instinctive, aussi élémentaire. Que d'hommes se jettent dans les dangers, tête baissée, sans réflexion, pour secourir des êtres qu'ils ne connaissent point, qui ne leur ont jamais inspiré d'affection, et simplement par l'effet d'une impulsion sympathique !

Il n'y a vraiment pas, à ce premier stade du moins, de tendances altruistes ; il n'y a que des impulsions désintéressées. Le vrai désintéressement existe, quoi qu'en aient dit La Rochefoucauld et ses disciples ; mais il est parfois antérieur à tout calcul, à toute réflexion, spontané, presque injustifiable par de froids raisonnements. Tout ce que peut faire l'éducation, c'est de le fortifier en le déclarant conforme à certaines exigences de la raison pratique. Le développement de l'intelligence tend au contraire à l'éliminer, à le remplacer par un calcul foncièrement égoïste de l'intérêt que l'on peut avoir à faire du bien à autrui, des bénéfices que l'on peut espérer pour soi-même si l'on se montre désintéressé.

L'amour d'autrui ne devient une tendance vraiment distincte, et de la sympathie primitive, et de l'égoïsme développé par la réflexion, qu'à l'âge de la puberté, au moment où il y a dans l'organisme comme un trop-plein d'énergie, comme un excès de vitalité. Le besoin de se dépenser sans arrière-pensée égoïste est alors manifeste. C'est le moment des entreprises chevaleresques, des rêves généreux, des illusions parfois ridicules, des espoirs souvent chimériques, illusions et espoirs qui dénotent toutefois plus qu'une grande confiance en soi-même, et le plus vif désir de vivre la vie sociale la plus large, la plus complète possible.

L'amour sexuel n'est qu'un moyen pour une fin plus haute : la procréation et l'amour des enfants. Quand l'homme est parvenu à se constituer une famille, il ne vit plus pour lui-même, mais pour les siens, et il fait dans son dévouement de toutes les heures aux êtres qui lui sont le plus chers l'apprentissage de la vie sociale avec ce qu'elle impose de dévouement à l'intérêt collectif.

Ainsi les tendances sociales ont deux principes dans la nature individuelle : la sympathie spontanée et l'amour, impulsions et besoins qui sont également de nature psycho-physiologique et ne peuvent faire défaut qu'aux êtres incomplets ou anormaux. Le développement des tendances sociales produit l'esprit de famille, l'esprit d'association, l'esprit de secte, le civisme, l'urbanité, le patriotisme, les aspirations humanitaires, les nobles passions politiques, etc., sentiments variés qui jouent le plus grand rôle dans la délibération morale, et qui s'y trouvent le plus souvent en opposition avec les tendances égoïstes à la conservation et au développement de l'être individuel, tendances elles-mêmes opposées les unes aux autres en tant que défensives ou offensives, conservatrices ou innovatrices.

Le développement complet des sentiments sociaux nous éloigne de plus en plus de l'individualisme égoïste.

61. **La générosité.** — Vivre avec ses semblables pour retirer d'eux le plus d'avantages en leur rendant aussi peu de services que possible, est le désir de l'égoïste intelligent, de celui qui a bien compris qu'on ne peut dans une société se procurer le bonheur qu'en faisant quelques sacrifices aux intérêts d'autrui : cet homme calcule avec soin ce que pourront lui rapporter son dévouement à la chose publique, les services qu'il rend à ses semblables, et il ne fait rien qui ne doive rien lui rapporter; cet homme est très fort, très bien armé pour la lutte; mais il lui manque quelque chose d'humain : la générosité.

Guyau[1], en se plaçant à un point de vue strictement naturaliste, a bien vu que « la vie a deux faces : par l'une elle est nutrition et assimilation, par l'autre production et fécondité... La dépense pour autrui

---

1. *Esquisse d'une morale sans obligation ni sanction.* Alcan.

qu'exige la vie sociale n'est pas, tout compte fait, une perte pour l'individu ; c'est un *agrandissement souhaitable* et même une nécessité. La vie est tout entière faite pour rayonner. » L'égoïsme correspond à la nutrition, l'altruisme à la reproduction ; il y a peut-être même plus qu'une correspondance : le besoin d'assimilation domine toute la sphère économique, c'est lui qui détermine l'homme à se livrer à toutes sortes d'industries, c'est lui qui amène la concurrence et la lutte ; mais le besoin de reproduire, d'enfanter, de donner, de rayonner, vient dès le premier moment contrebalancer les effets de l'autre besoin naturel, et c'est lui qui crée à l'origine de la civilisation les jeux, les fêtes, d'où naissent l'art et la religion, c'est lui qui fait la sociabilité animale et humaine.

M. Espinas a montré comment les « sociétés animales » fondées sur l'instinct de la reproduction, sur les soins à donner en commun aux jeunes, peuvent à bien des égards être comparées aux sociétés humaines. L'amour est tout entier à son origine pur désintéressement, abnégation, joie dans le sacrifice spontané, naturel, irréfléchi. L'amour sexuel est à l'opposé même du calcul utilitaire. L'amour paternel ou maternel est déjà chez les animaux tout le contraire de la prudence égoïste. La civilisation a sans doute développé dans l'humanité avec la puissance de réflexion, l'amour de soi-même, la tendance à faire de soi-même le centre de l'univers ; mais à une réflexion ignorante qui encourage un sot orgueil on peut opposer de plus en plus la réflexion scientifique qui montre à l'homme son peu d'importance et lui fait sentir sa vanité. Quel est le penseur qui, voyant son peu d'influence sur le monde, son humble origine, ce qu'il y a d'accidentel dans ses succès, d'illusoire dans les satisfactions qu'il éprouve à « se croire quelqu'un », ne se sent pas porté à renoncer à un égoïsme injustifié ? Beaucoup de science ne nous rend-elle pas ce qu'un peu de science nous ôte : une convenable humilité et une plus grande estime d'autrui ?

Si nous ne nous laissons pas abuser par une fausse conception de l'importance de notre moi, nous voyons en nous grandir spontanément des sentiments généreux, qui nous poussent à nous dépenser bénévolement, à donner sans espoir de retour, à nous sacrifier sans désir d'une récompense. Et à mesure que nous atteignons un degré supérieur de développement mental, nous sentons davantage comme un besoin de dépense, d'action sans calcul, d'activité désintéressée.

« Il y a, dit Guyau [1], dans les hauts plaisirs, une force d'expansion toujours prête à briser l'enveloppe étroite du moi. En face d'eux on se sent insuffisant soi-même, fait seulement pour les transmettre, comme l'atome vibrant de l'éther transmet de proche en proche le rayon de lumière sidérale qui le traverse et dont il ne retient rien qu'un frisson d'un instant.

« C'est tout notre être qui est sociable : la vie ne connaît pas les classifications et les divisions absolues des logiciens et des métaphysiciens : elle ne peut pas être complètement égoïste, quand même elle le voudrait. »

62. **La sociabilité.** — La force d'expansion vitale

---

1. *Op. cit.*

est donc le fondement naturel de la sociabilité ; les modifications de cette force constituent les divers sentiments généreux qui font que les hommes sont non seulement « envahissants, mais envahis », qu'ils ne se contentent pas d'assimiler le plus possible, de s'approprier le plus grand nombre de biens, de s'assurer le plus grand nombre d'avantages, mais dès qu'ils se sentent en possession de quelque bien, de quelque joie, de quelque avantage, qu'ils tendent à les communiquer à leurs semblables, à les partager avec eux. « Nous avons plus de larmes qu'il n'en faut pour nos propres souffrances, plus de joies en réserve que n'en justifie notre propre bonheur [1]. » Seuls les êtres déprimés, congénitalement faibles et impuissants, se replient sur eux-mêmes ; ils n'ont pas plus d'énergie qu'il ne leur en faut pour subsister ; ils sont sans cesse en déficit d'énergie vitale et par conséquent manquent de sociabilité. Mais chez tous ceux à qui la bonne santé, la vigueur, permettent une vie normale, on voit la générosité croître et décroître avec l'exubérance, l'harmonie des processus vitaux. Plus la vie est aisée, plus la joie est sincère et plus aussi la générosité est grande.

L'homme normal est donc généreux et il commence par là même à être sociable. Mais il faut plus encore. La sociabilité n'est pas seulement l'aptitude à vivre avec ses semblables et à mettre en commun les biens, les avantages, les peines et les joies. Elle est aussi aptitude à se soumettre à une règle commune, à vivre d'une vie régulière selon des prescriptions imposées

---

1. Guyau, *ibid.*

à tous par tous. On n'a peut-être pas insisté suffisamment jusqu'ici sur cette marque de sociabilité qui vient d'une tendance essentiellement rationnelle.

Il y a dans la société deux tendances opposées, l'une à l'imitation et l'autre à l'innovation. Au-dessus de ces deux appétitons générales, il faut, si l'on veut expliquer d'une façon satisfaisante la synergie des changements individuels en vue d'une modification collective, placer une tendance à imposer aux autres, et à accepter des autres, des règles de conduite commune et même des règles de conduite individuelle.

En fait, que sont les êtres qui ne reconnaissent pas l'autorité de telles règles, qui sans cesse révoltés contre toute autorité sociale prétendent n'obéir qu'à eux-mêmes, c'est-à-dire ne suivre que leurs caprices ? Ce sont précisément des malades, des instables, sans pouvoir d'arrêt, sans force inhibitrice qui leur permette de coordonner leurs tendances, de systématiser leurs états de conscience successifs. Ils sont considérés comme insociables non pas simplement parce qu'ils ne se soumettent pas à la domination des lois et règles actuellement établies par l'État ou la collectivité, mais plutôt et à bien plus juste titre parce qu'ils ne sauraient supporter le joug d'aucune loi, d'aucun pouvoir et pas même de leur raison. Ils cèdent à une forte contrainte, mais pour un instant seulement ; ils imitent, et parfois très aisément, mais ils imitent successivement des modèles inconciliables. Donc ni la contrainte, ni l'imitation, ne peuvent leur donner de la sociabilité ; c'est une tendance normale qui leur fait défaut.

Il va sans dire que ce nouvel aspect de la sociabilité,

dû à la légalité, bien qu'il ait pour effet par lui-même d'établir la plus grande uniformité dans les sentiments, les tendances et les actes, et d'abord ne se confond pas avec l'esprit d'obéissance, beaucoup plus proche de la basse servilité, de la complaisance pour les puissants, quels qu'ils soient, qui est un signe de faiblesse et qui sied presque exclusivement à l'animal domestique ; et ensuite n'exclut pas des tendances à l'innovation, à la liberté d'esprit, à l'action relativement originale. Il proscrit la bizarrerie, l'originalité outrée qui empêcherait les hommes de s'entendre aussi bien en matière d'art ou de religion ou de politique qu'en toute autre manière d'envisager l'existence et de résoudre les questions pratiques. Il est un obstacle invincible à l'anarchie morale ; mais ne doit pas devenir une cause de routine, de stagnation sociale. Il fait que pour chaque milieu, à chaque moment de la civilisation, il y a un esprit commun, dont les conceptions et les goûts artistiques, aussi bien que les modes et les coutumes les plus simples, doivent porter la marque ; mais il faut aussi qu'il se concilie avec le premier aspect que nous avons reconnu à la sociabilité : l'aspect de générosité qui vient de la tendance à faire participer tous ses semblables à la joie que l'on éprouve, au bien dont on jouit, à l'état d'esprit dans lequel on est.

L'esprit de conformité à une loi commune, d'obéissance aux prescriptions collectives peut précisément servir de réducteur antagoniste à l'esprit d'innovation qui rend parfois la générosité intempestive. Ce n'est qu'en faisant la synthèse des deux tendances que l'on parvient à concevoir cette sociabilité qui dès lors pourrait être définie : l'aptitude à vivre en commun d'après les mêmes règles, mais en faisant participer tous le plus possible aux avantages et aux joies que procure à chacun le degré de perfection auquel il est parvenu.

63. Tendance à l'organisation sociale. — Un degré plus élevé encore de sociabilité peut être atteint par l'être supérieur qui sent en lui assez de force, de talent, d'énergie pour se dévouer à l'œuvre d'organisation sociale.

On pourrait reprendre en la modifiant considérablement la conception leibnizienne d'un être parfait organisant le monde de telle façon que la plus grande harmonie du plus grand nombre d'éléments possible en résulte. Il suffit de transposer du divin à l'humain cette idée de l'activité créatrice ; de se dire que chacun de nous, être raisonnable, aspire au fond de son être à devenir l'organisateur par excellence ; que la fin de l'activité morale est précisément d'ordre architectonique : n'est-il pas naturel dès lors que nous concevions l'obligation de travailler, comme autant de dieux terrestres, à l'édification d'une œuvre dont la portée dépasse notre sphère individuelle, notre milieu et notre temps ?

L'enfant le plus intelligent dans son village cherche à organiser la troupe si hétérogène de ses compagnons ; non seulement il cherche, comme l'ont signalé bien des moralistes-psychologues, à imposer à tous une même règle de jeux et à soumettre tous ses compagnons à l'observation stricte de certains principes de conduite ; mais encore il s'efforce de gouverner, de distribuer les fonctions ou les rôles, de coordonner, organiser, systématiser. Les adultes font de même. L'humanité tout entière a été sans cesse en quête, dès le premier moment de son existence comme espèce raisonnable, d'un pouvoir organisateur. Les gouvernements ne sont pas des organes artificiels, des créations arbitraires de l'imagination, des « inventions » qui eussent pu ne pas se produire; l'idée de gouvernement, inséparable de celle de règle de conduite ou de loi morale, est une des données fondamentales de la raison pratique.

Le devoir d'organiser la société humaine, de systématiser la vie sociale était observé avant d'être connu. Ce devoir apparaît de plus en plus à chaque être raisonnable comme n'incombant pas en particulier à tel ou tel membre du corps social, mais à tout membre du souverain, c'est-à-dire à tout citoyen.

En résumé, nous voyons se superposer aux tendances au plaisir, au bonheur, à l'utilité individuelle et collective les tendances à la joie intellectuelle, à la joie esthétique et enfin la sociabilité, tendance complexe qui embrasse l'altruisme, l'esprit de sacrifice, l'esprit de solidarité, de discipline, d'obéissance aux lois et d'innovation généreuse. Toutes ces tendances, loin d'être incompatibles, forment un système dans l'être moral.

IV

L'INDIVIDU MORAL

65. L'idéal psychologique et la fermeté morale. — Un homme ne peut pas être pleinement moral s'il ne réalise l'idéal psychologique, dans la plus large mesure possible. Il faut commencer par avoir la santé de l'esprit pour atteindre ce degré supérieur : la moralité.

Or, la systématisation normale consiste en une stabilité de certaines tendances qui n'empêchent point les autres de se produire, mais qui leur donnent comme une teinte caractéristique de la personne qui les manifeste, et qui surtout font que les appétitions successives d'un individu forment une série continue, dont les divers moments s'enchaînent bien, s'appellent en quelque sorte les uns les autres. Ces tendances qui sont essentiellement le caractère d'un être ne peuvent qu'être très générales, et leur objet très indéterminé : un sujet a une tendance plus marquée qu'un autre à se souvenir des sons ou des couleurs (type auditif ou type visuel), à associer les idées par contraste ou par ressemblance, à éprouver des émotions violentes ou des émotions gaies, à agir lentement ou vivement ; mais de tels traits de caractère, s'ils prédisposent parfois plutôt à l'activité qu'à la spéculation, à l'art qu'à la science, ne sauraient du moins empêcher que l'on n'éprouve des joies scientifiques et des joies artistiques aussi bien que du bonheur dans certaines relations sociales, amicales ou familiales. S'ils font que l'attention se porte et se maintient plutôt sur des objets d'art que sur des concepts ou des affaires commerciales, ils n'empêchent pas l'esprit de comprendre les raisonnements, de trouver du plaisir à discuter, argumenter, déduire ou se livrer à certains négoces.

Ce qui importe pour le déploiement normal des fonctions mentales, c'est qu'il n'y ait pas de solutions de continuité dans l'activité de l'esprit, solutions dues à une juxtaposition de tendances ou inclinations successives sans lien entre elles. Or la succession des états de conscience est par elle-même, à elle seule, la source d'une vive satisfaction, d'une *joie psychologique,* si l'on peut s'exprimer ainsi, quand elle s'effectue sans soubresauts, sans heurts violents, par une sorte de compénétration des sentiments qui prennent place chacun à son tour dans la claire conscience. Cette joie n'est-elle pas l'indice de l'état normal par excellence et ne doit-elle pas être recherchée par l'agent moral, placé d'abord au point de vue de sa satisfaction personnelle, en tant qu'être purement psychique ?

Pour qu'elle se produise, une certaine fermeté est requise. En effet, ce qui nuit d'ordinaire à la continuité mentale, c'est que l'esprit est livré sans défense à toutes sortes d'influences, ballotté en tous sens, incapable de mettre de l'ordre dans ses représentations, d'effectuer des synthèses complètes, de poursuivre des raisonnements, de conserver prédominantes cer-

G.-L. Duprat.

taines tendances, d'éviter les émotions violentes, les sentiments pénibles et troublants que sont ces émotions-chocs, dont le Dr Janet a si bien montré le pouvoir dissolvant. Quand les tendances s'enchaînent bien, elles opposent comme un obstacle permanent à tout trouble mental, elles donnent à la pensée, à la sensibilité, à l'activité, une assiette solide ; l'individu devient maître de lui, a un caractère ferme.

Rien n'est donc plus nécessaire que la fermeté du caractère et par conséquent de la volonté à l'adaptation normale de l'être à son milieu.

« La moralité est la personne même : par suite on en trouve déjà les traces, je veux dire les éléments et la base, dans une nature riche, forte, dans ce qu'on appelle un tempérament, un caractère. Au contraire, une nature mobile, impressionnable et légère, qu'entraînent en tous sens des émotions contraires, une âme sans consistance et sans fond, *mens momentanea*, manque d'aptitudes morales : il faut l'absoudre du mal, mais il faut aussi lui refuser l'attribut du bien. Il y a donc une moralité naturelle... la conformité des penchants à un frein quelconque ou simplement leur constance[1]. »

Tandis que le monomane est amené à se créer un monde imaginaire dans lequel il croit vivre, ce qui l'empêche de sentir vivement les souffrances qu'entraîne son défaut d'adaptation au milieu ; tandis que l'obstiné est malheureux parce qu'il ne sait pas varier avec les circonstances, l'homme doué d'une volonté ferme réagit aux excitations du dehors d'une

---

1. Cf. Dugas, *Revue phil.*, 1897, XLIV, p. 398.

façon appropriée, bien que toujours ses réactions portent la marque de son caractère ; le cours de ses états de conscience ne perd pas de sa continuité bien que les circonstances extérieures varient et alors même qu'elles se modifieraient de la façon la plus bizarre, la plus inattendue ; il est celui qui sait à la fois se soumettre aux choses et soumettre les choses à lui-même[1]. Non seulement il s'efforce de diriger à l'occasion le cours des événements ; mais il ne manque point de cet art indispensable qui consiste à se plier aux exigences du milieu ; au lieu de se laisser démonter par une rude secousse, de prendre peur et de laisser son esprit s'égarer en des sentiers divers, il prend le temps de se mettre en harmonie avec lui-même et avec le dehors.

Aussi l'être normal n'est-il accessible ni à la peur, ni à la colère, sentiments violents qui trahissent la faiblesse de la volonté ; il n'éprouve pas de ces émotions sympathiques exagérées qui constituent l'enthousiasme plus ou moins délirant et la pitié plus ou moins déprimante et malsaine. Sans se montrer dur pour autrui, jusqu'à la froideur indifférente et cruelle, il garde son sang-froid en présence des plus grandes douleurs, il sait être sévère pour ceux qui ne méritent point d'indulgence et pour lesquels c'est avoir de l'amour que d'avoir de la sévérité. Il sait se garder de la « contagion morale », qui fait les paniques comme les grandes explosions de joie ou de douleur collective ; loin d'être impassible comme le stoïcien

---

1. *Res mihi, me rebus, submittere conor* (citation modifiée).

antique, il se laisse aller à la joie et il peut éprouver de la tristesse, mais toujours avec modération.

65. La modération. — La théorie aristotélicienne du juste milieu entre deux extrêmes repose sur une observation très exacte des conditions d'une sensibilité normale. Pour qu'un sentiment ou une succession de sentiments procure de la joie, il faut que les tendances, qui sont parmi les éléments constitutifs de tout sentiment, soient assez fortes pour déterminer une activité psychique complexe et bien coordonnée. Mais il faut en outre qu'elles ne soient pas si violentes qu'elles rendent le sujet insatiable, avide de jouissances impossibles, de satisfactions irréalisables ; qu'elles détruisent ou éliminent d'autres tendances très normales et dont la disparition ne va pas sans douleur : il faut donc qu'elles soient contrebalancées, modérées, par des appétitions ou inclinations contraires ne manquant ni d'intensité, ni de durée. L'attention volontaire doit au besoin apporter à ces tendances inhibitrices des passions violentes l'intensité et la durée qui leur feraient défaut.

La tempérance devient ainsi un des moyens de réaliser la vie psychique normale. Il est d'abord difficile d'en apporter dans toutes les circonstances ; mais la maîtrise de soi-même peut, comme tout acte, devenir habituelle et exiger avec le temps un moindre effort. On voit des gens chez qui l'apparition d'une tendance est immédiatement suivie d'un effort fait en quelque sorte pour se retenir, pour ne céder à l'appétition qu'après examen : c'est un des effets de la tempérance devenue habituelle.

Toutefois cette tempérance qui engendre la prudence, la modération dans les opinions, la sage lenteur dans l'action, peut avoir des inconvénients : non seulement elle peut devenir méfiance, pusillanimité, penchant à l'inertie, si les tendances positives à l'ardeur, à l'enthousiasme, sont trop énergiquement combattues ; mais encore elle peut nuire à de beaux élans de courage, de confiance, d'amour, etc., plutôt susceptibles d'honorer l'humanité et de procurer de grandes joies sans douleur aucune. La passion n'est pas toujours mauvaise, et on l'a définie à tort une inclination pervertie : il y a de nobles passions, indispensables à l'éclosion et à la manifestation du génie et du talent, non moins nécessaires aux actions morales de la plus haute portée. Prétendra-t-on que le génie intellectuel ou moral est chose anormale et proche de la folie? Sans doute bien des génies, bien des talents paient d'une névrose précoce leur fécondité ; sans doute la suractivité mentale en un domaine particulier nuit à l'équilibre de l'esprit et peut amener un certain désordre dans le système psychique[1] ; mais il peut exister ou du moins on peut concevoir une fécondité exceptionnelle de l'intelligence et de la volonté qui ne soit pas pour autant anormale, qui n'empêche point qu'on puisse parler de tempérance au génie ; car c'est précisément au moment où une tendance prend une portée exceptionnelle que le besoin « d'un réducteur antagoniste » se fait davantage sentir, afin que les limites du normal soient atteintes sans être dépassées, afin que

---

1. Cf. GRASSET, *Conférence sur le génie et la névrose.* Montpellier, 1899.

l'ardeur géniale ne devienne pas excitation morbide et que la belle passion ne se transforme pas en manie aiguë. La tempérance est donc une qualité de l'être normal, qu'il soit homme vulgaire ou homme supérieur : elle est la première garantie de la joie continue, du bonheur.

Mais, ainsi que toutes les autres qualités qui se rattachent à la fermeté du caractère, elle vise encore plutôt à la santé psychologique qu'à la moralité proprement dite. Si celle-ci a pour condition nécessaire l'équilibre de l'esprit, la continuité mentale, la cohésion des tendances essentielles, on ne peut pas dire toutefois que ce soient là des conditions suffisantes de bonne conduite. On peut apporter dans le crime, dans l'immoralité une étonnante fermeté, une exceptionnelle constance, une parfaite lucidité, une sorte de santé de l'esprit. Mais c'est la santé d'un esprit inférieur, que celle du grand criminel dont la conduite est tout à fait cohérente : cet être est normal si on le considère isolément et si on le juge avec les critères propres à la psychologie ; il ne l'est plus si on le considère au point de vue sociologique et moral. En effet il lui manque certaines tendances dont la domination sur un esprit assure la correspondance exacte de la santé psychique et de la santé morale.

Pour qu'un homme exempt de tares névropathiques, de psychopathies, soit un être moral il faut qu'il ait certaines habitudes de penser et d'agir qui décèlent l'action constante sur sa volonté de tendances supérieures, des sentiments tels que l'amour du vrai et du beau, et par dessus tout de ces aptitudes à la vie en commun que nous avons désignées d'un mot : la sociabilité.

67. **Vertu et Vérité.** — Les vertus morales sont précisément les conséquences naturelles de la permanence en un esprit de ces hautes appétitions, systématisées de telle façon qu'il soit difficile d'être dominé par quelqu'une d'entre elles sans l'être en même temps par toutes les autres. Les stoïciens disaient que la vertu est une et que si l'on manque d'une qualité morale on manque de toutes ; malgré l'exagération évidente, ils avaient raison, car la moralité véritable n'existe que pour quiconque est parvenu au sommet d'une hiérarchie de tendances et d'habitudes correspondantes, qui se supportent les unes les autres, se conditionnent et dans leur apparition et dans leur survivance à l'effort qui les a fait naître.

On commence à être vertueux en acquérant, par l'exercice approprié de l'intelligence et la culture scientifique, la tendance persistante à rechercher la vérité, à fuir l'erreur, à détester le mensonge. Le culte du vrai est une condition de la moralité : que serait en effet dans un système social parfait l'individu qui commettrait l'erreur, la répandrait, agirait et pousserait les autres à agir d'après de fausses maximes ? S'il se trompait de bonne foi, il manquerait de santé au point de vue psychologique, ce serait un esprit faux qu'il faudrait s'efforcer de guérir ; s'il mentait et induisait les autres en erreur sciemment, avec une mauvaise foi persistante, il constituerait un facteur de trouble, de désintégration, un élément morbide à éliminer de toute communauté qui aurait pour fin la perfection morale. Car l'erreur et le mensonge sont ennemis de la systématisation rationnelle. La vérité est une des *fins* de l'activité sociale parce qu'elle fait l'accord des pensées, la communion stable des esprits ; c'est aussi une des plus hautes fins de l'activité mentale individuelle parce qu'elle seule fournit une base solide à l'action bien coordonnée et capable de succès. Sans la possession de la vérité, les meilleures intentions sont vaines, la volonté manque de clarté, la conception et la délibération sont privées de leurs bases normales : il n'y a plus de valeur morale pour l'agent, contrairement à ce qu'estiment ceux qui ont pu croire que l'intention suffit.

68. **Le culte du beau.** — On acquiert un plus haut degré de vertu quand on unit à l'amour du vrai le développement des sentiments esthétiques.

Ces sentiments, du moins quand ils sont purs de tout mélange avec des émotions et tendances d'ordre inférieur, ne peuvent manquer d'avoir une heureuse influence sur la conduite. La recherche du beau n'est pas sans parenté avec la recherche du bien, et c'est d'ailleurs pourquoi si souvent on appelle les bonnes actions de belles actions : sans doute, il y a dans cette terminologie une confusion possible, parce que les faits de l'ordre moral ont une beauté particulière[1], qui peut susciter l'admiration sans pour cela répondre au goût esthétique ; mais il n'en est pas moins vrai qu'en bien des cas, c'est parce qu'ils satisfont notre désir d'ordre, d'harmonie, de beauté, que des actes qui ont une valeur morale sont en outre, et souvent même tout d'abord, déclarés beaux.

---

1. Voir plus haut, § 59.

Sauf les stoïciens et Kant, dont nous parlons plus haut, les moralistes ont trop rarement insisté sur ce que le désir d'accomplir des actions belles, répondant à des tendances esthétiques, a eu d'effets moraux et est susceptible d'heureuses conséquences dans la conduite humaine. Il y a toutefois des actes qui nous déplaisent, des lignes de conduite qui nous répugnent parce qu'une certaine beauté en est absente. La rectitude morale est un peu comme une ligne architecturale qui plaît à l'œil parce qu'elle ne lui demande pas trop d'effort, et parce que cependant elle lui fait embrasser une assez grande diversité ; nous aimons voir se dérouler une série d'actions qui, différentes, tendant à différentes fins, ont cependant une caractéristique commune et décèlent toutes un même sentiment profond.

Souvent le désintéressement, à l'égard de tous les avantages matériels ou des fins ordinaires de nos actions, n'est possible que grâce à l'intérêt esthétique que nous présentent certains moyens ou certaines fins. Nous touchons alors au désintéressement complet sans le réaliser toutefois ; d'ailleurs le réaliser serait sans doute pernicieux, funeste à l'action, tandis qu'en approcher de si près donne incontestablement à la conduite un cachet d'élévation éminemment humaine.

Le raffinement des tendances esthétiques, la pureté des plaisirs correspondants, ne peuvent que contribuer au raffinement des tendances qui déterminent notre action. S'habituer à n'admettre autant que possible que ce qui est vraiment beau, dans la contemplation comme dans la conduite, à repousser avec énergie ce dont la laideur cause une impression pénible était un des premiers principes de la morale grecque, de la morale vraiment adoptée par le peuple le plus intelligent, le plus libre d'esprit, le plus séduisant de l'antiquité.

Pourquoi le bien prendrait-il nécessairement un aspect austère? Pourquoi chercherions-nous à lui enlever tout attrait et surtout cet attrait esthétique, qui n'existe que pour la nature humaine et qui est d'autant plus grand que l'on s'adresse à des esprits plus élevés? Le beau sans doute n'est pas toujours le bien, on ne doit même pas s'inquiéter du bien quand on admire le beau ; mais pourquoi le bien ne serait-il pas beau? L'acte charitable de l'homme qui va relever dans la boue un blessé déguenillé, hâve, repoussant, cet acte s'il fait partie d'une série d'actions du même genre, ne séduira-t-il pas notre sens esthétique, frappé de l'harmonie que présentent les différents moments de cette conduite entre eux et avec le reste de l'existence d'un honnête homme ?

Quel est le propre du beau? Rendre sensible une idée en la manifestant par l'unité dans la plus grande diversité d'éléments concrets, voilà ce que répondent Leibnitz, Kant et Hegel réunis ; et si la réponse est incomplète, elle n'en fournit pas moins un des principaux éléments d'une réponse totale. Or la conduite n'est-elle pas propre à manifester par une diversité d'éléments concrets, par des actes, l'unité d'une idée, d'un principe, d'un idéal? Ne doit-elle donc pas toujours être belle?

On ajoutera si l'on veut bien à la réponse donnée par de grands philosophes celle de psychologues et de sociologues qui voient dans le beau : le triomphe de l'homme sur les obstacles mis à la réalisation de sa conception, — l'expression d'idées sociales, religieuses ou politiques, tant que la religion et la politique fournissent l'objet des préoccupations les plus communes, — la manifestation d'une puissance originale qui frappe par la nouveauté d'une synthèse hardie, sans être trop hardie et nous déplaire, — la richesse, l'exubérance de la vie engendrant le jeu, ajoutant le luxe au bien-être, la générosité et l'expansion à la lutte pour l'existence. Toutes ces conceptions qu'ont de l'art MM. SPENCER, GUYAU, TARDE et tant d'autres, ne trouvent-elles pas quelque chose de correspondant dans les actions morales les plus hautes, celles qui sont comme l'efflorescence de l'activité humaine?

Et n'est-ce pas la preuve que les sentiments esthétiques doivent être cultivés, développés, portés à leur plus haut degré de puissance chez l'être dont on veut faire un agent moral, afin que sa conduite soit au plus haut degré esthétique? Le sentiment du beau, celui du sublime ne doivent donc pas faire défaut à l'homme qui tend à réaliser un idéal humain.

Au dire de M. CHABOT[1], c'est seulement dans la conception esthétique du bien que le sujet moral « peut être pris tout entier, sentiment et raison, imagination et volonté, et dévouer toutes les forces de la nature à l'œuvre de la moralité ». L'action bonne est celle qui sous la tyrannie du devoir est connue, sentie, exécutée comme la plus belle de celles qui étaient possibles. L'homme de bien est un artiste qui n'a pas le droit de ne pas l'être.

1. *Nature et moralité*. Alcan, 1897.

Mais, nous l'avons vu à mainte reprise, c'est un artiste qui travaille à une œuvre sociale, à une œuvre de solidarité qui exige du dévouement, et non pas un dévouement accidentel, mais un sacrifice constant de soi-même aux autres. Les vertus du père, de la mère, du frère dans la famille, celles de l'ouvrier dans l'atelier ou l'usine, celles du citoyen dans la ville ou dans l'État, celles de l'individu dans l'humanité, sont d'autant plus grandes que les diverses fonctions sociales sont plus régulièrement remplies avec plus de désintéressement, avec un souci plus grand de concourir à une œuvre morale, avec plus de succès dans la lutte incessante contre les difficultés naturelles ou artificielles qui mettent obstacle au progrès humain.

L'être moral est ainsi en définitive l'homme qui s'efforce de se conserver à lui-même ou d'acquérir la santé de l'esprit, de développer toutes ses aptitudes à une vie large et féconde, de travailler à l'ordre social, à l'organisation complète, esthétique, rationnelle de l'humanité. Cet être est vertueux et il mérite le bonheur.

69. La joie. — Nous devons, en effet, faire au bonheur, à la joie, une place dans l'activité morale. L'homme ne peut pas renoncer à la joie sans violenter sa nature, sans-aller à l'encontre de ses plus chers désirs : le plus souvent, s'il y renonce, c'est poussé par la crainte, soit par celle qu'inspire un maître auquel on obéit avec résignation ou avec douleur, soit par la crainte d'une souffrance ultérieure hors de proportion avec le plaisir actuellement éprouvé.

Nous voulons donc rechercher tout ce qui est propre à nous procurer la joie *la meilleure* que nous puissions éprouver. Dans l'espoir de nous procurer un bonheur plus grand, nous renoncerons à certaines tendances innées ou acquises; mais il faut que ce bonheur plus grand soit défini, afin qu'il exerce un attrait ; il faut qu'il soit vraiment le plus grand possible pour l'être normal, afin que l'individu ait dans sa recherche l'assurance que ses semblables reconnaissent à peu près tous la valeur objective de ses maximes pratiques, l'approuvent, l'encouragent, l'aideront au besoin et dans un cas pareil agiront comme lui.

L'action morale dépend donc de l'établissement d'une hiérarchie des joies conforme aux tendances de la nature humaine. Mais on peut éprouver de la joie dans l'accomplissement d'actes habituels, qui, primitivement, ont été accomplis par contrainte, puis sont devenus avec l'accoutumance la matière de véritables besoins ; de sorte qu'une tendance à les accomplir s'est formée, de plus en plus forte, et telle en définitive que le sujet éprouverait de la peine s'il ne la satisfaisait point et qu'il trouve du plaisir à la satisfaire.

A fortiori y a-t-il un grand nombre de joies qui proviennent de l'habitude prise autrefois d'accomplir des actes plutôt agréables dès le premier moment. Cette habitude a eu pour conséquence le développement excessif de la tendance primitivement satisfaite qui a bientôt entravé ou empêché le développement de tendances plus élevées, qui eussent procuré des joies meilleures. De sorte que ces dernières joies n'étant éprouvées que très faiblement ou ne pouvant pas être goûtées, ou bien apparaisssent d'ordre inférieur ou bien sont incapables de devenir l'objet d'un choix volontaire.

Ce sont ces joies dont parle M. Brunschvicg[1] quand il dit avec raison qu'elles « ne nous demandent aucun effort, aucune initiative : il nous suffit de nous abandonner à l'impression agréable qui nous vient du dehors. Telle l'habitude de l'enfant paresseux qui ne sait que jouer... C'est un besoin impérieux de renouveler les actes qui étaient autrefois la source de la joie, et qui ne procurent plus que cette joie *de fuir tout effort*, de se laisser vivre dans la répétition d'actes faciles et uniformes, qui ne rapportent guère, mais n'ont rien coûté ».

Nous concevons aisément que l'animal en général se contente de tels plaisirs : la prédominance en lui de l'activité instinctive sur l'activité intelligente, de l'automatisme et de la répétition sur l'invention, l'y contraignent presque. Toutefois il éprouve de la joie dans le jeu qui est peut-être ce qu'il y a dans l'activité animale de plus proche de l'activité humaine proprement dite. Dans le jeu, il essaie de varier ses plaisirs et il n'y a pas d'effort qui lui coûte pour parvenir à une nouvelle espèce de joies. La recherche de la moindre résistance est du moins peu apparente ici; plus net est le désir de déployer sa force, de se dépenser en pure perte, sans chercher la satisfaction des besoins matériels, sauf dans les cas, fréquents il est vrai, où le jeu a pour fin la satisfaction de l'instinct sexuel.

De même l'enfant se livre souvent à des travaux pénibles, étant donné ses forces, son âge, pour s'assurer une joie qui tient surtout au sentiment de la difficulté vaincue. Ce sentiment a eu une si grande im-

---

1. *L'ordre des joies*, in *Morale sociale*, p. 217.

portance dans l'évolution intellectuelle et pratique de l'homme qu'on a pu y voir comme l'une des émotions constitutives du plaisir esthétique. D'ailleurs le plaisir du jeu et le sentiment esthétique ne sont-ils pas intimement unis, surtout à l'origine de la civilisation, au premier stade de ce développement ininterrompu de l'intelligence de plus en plus raisonnable et de l'activité de plus en plus réfléchie, intentionnelle, volontaire ?

70. **Le risque et l'exercice.** — Il faut donc tenir le plus grand compte de ce plaisir que procure la poursuite, la lutte, plaisir qui fait naître « l'amour du risque » auquel Guyau a fait jouer un rôle important dans sa théorie morale. La joie humaine de la recherche contraste avec le misonéisme animal : il y a dans notre curiosité plus qu'un désir de connaître pour répondre d'une façon plus efficace à nos nombreux besoins ; il y a la satisfaction d'une tendance naturelle à l'homme, une tendance à d'incessants progrès en triomphant de résistances aveugles. L'enfant aime les obstacles, il s'en crée, pour avoir le plaisir de les surmonter. Pourrions-nous oublier cette précieuse indication d'un ordre de joies supérieur à celui des joies en repos tant prisées d'Épicure ?

« Une fois que les doigts sont assouplis, dit M. Brunschvicg[1], comme si le mécanisme du jeu avait pu y pénétrer, une fois que les difficultés du métier sont vaincues, alors le pianiste laisse se dégager ce qui s'adresse à l'esprit dans la musique exécutée, ce qui est la part de l'intelligence et du sentiment. Au lieu de rétrécir peu à peu le cercle de l'activité,

---

1. *Op. cit.*, p. 218.

l'habitude permet à l'esprit, assuré de la docilité de l'organisme, de faire son œuvre propre et de se développer régulièrement, toujours capable de comprendre davantage à mesure qu'il a davantage compris. »

A côté de ces joies intellectuelles « qui peuvent se renouveler et s'élargir, à mesure que se renouvelle et s'élargit la sphère de l'activité », sont les joies sociales, qui viennent élargir encore le champ des difficultés à vaincre, la sphère des joies qu'un être raisonnable peut se procurer. Ce n'est donc pas la vie rétrécie, humble et mesquine, cette sorte d'engourdissement que les épicuriens déguisaient sous le nom d'apathie, qui convient à la nature de l'homme : c'est la vie la plus large possible, celle dont l'activité scientifique, esthétique, sociale, recule sans cesse les bornes, l'entourant comme d'horizons mobiles que l'on sait bien devoir s'éloigner encore, s'éloigner toujours, pour procurer encore et sans fin l'occasion de nouveaux triomphes et de nouvelles joies. A cette question : Quelles sont les joies inférieures, quelles sont les joies supérieures ? nous pouvons donc répondre sans hésitation : Les joies inférieures sont celles qui, rétrécissant sans cesse le champ de l'activité humaine, créent des besoins dont l'homme ne peut s'affranchir pour goûter d'autres joies. Les joies supérieures sont, au contraire, celles qui n'asservissent jamais l'homme, qui lui procurent une activité ample et féconde, le font vivre avec le plus d'intensité possible dans le milieu le plus vaste et le plus varié. Leur notion couronne notre conception de l'idéal moral au point de vue psychologique.

V

LE DÉTERMINISME DES ACTIONS IMMORALES

70. La faute. — Nous pouvons maintenant mieux comprendre comment il arrive si fréquemment à tous les hommes de commettre des fautes, de verser dans le crime. Les tendances à coordonner sont si nombreuses, les sentiments qui doivent prédominer ont si peu d'attraits sensibles, la joie morale est si peu commune, et la vertu si difficile à réaliser, que l'on ne doit pas s'étonner de la misère morale de l'humanité.

Entrons dans le détail des causes déterminantes du crime ou de la faute : nous allons voir combien les erreurs de conduite tiennent à des défectuosités de la nature physiologique, mentale ou sociale, et combien peu il est nécessaire de faire intervenir le choix vicieux d'une volonté libre pour expliquer la méchanceté foncière ou accidentelle de certains hommes.

La loi civile qualifie crime ou délit toute infraction à ses prescriptions. La faute est toute infraction à une loi morale ; mais tandis que les lois civiles sont nettement stipulées, les lois morales restent souvent indéterminées. On ne peut même pas appeler faute tout ce qui est contraire aux exigences de la conscience collective, car cette opinion variable de la multitude, à laquelle se conforment ceux qui ont une bonne réputation, n'est pas toujours telle qu'il faille la respecter, qu'on puisse même la suivre fidèlement, puisqu'elle aboutit parfois à des inconséquences et que ses variations font légitime aujourd'hui ce qui hier encore était interdit.

A quelle marque reconnaître la faute, si l'on ne peut pas toujours considérer comme un manquement moral ce qui est manquement aux prescriptions de la conscience collective, que ces prescriptions soient formulées en lois ou qu'elles restent sans formule, bien qu'impérieuses ?

La plupart des actions que l'on regarde comme vicieuses ou simplement défectueuses ne sont tenues pour telles que parce qu'elles choquent des habitudes, des préjugés, des notions acceptées sans critique, des sentiments répandus dans la multitude par l'éducation, la tradition, l'imitation. Ce qui est considéré comme obligatoire tient son apparente nécessité morale le plus souvent de la coutume qui transforme en devoirs rigoureux des règles de conduite transitoires et souvent équivoques.

Le devoir étant malaisé à déterminer, la faute n'est pas moins difficile à définir. Toutefois, nous avons raisonné jusqu'ici dans l'hypothèse d'une nécessité morale d'agir selon la raison et la nature humaine, psychologique et sociologique ; de donner en conséquence un prolongement rationnel au développement naturel de notre être, — étant donné d'ailleurs qu'il nous est impossible d'adopter une conduite qui ne tiendrait pas compte des exigences de la nature humaine.

La faute peut donc être définie d'une façon très générale : toute action contraire à notre nature et à l'évolution sociale. Le vice est par conséquent l'habitude de réaliser des actes qui se rattachent à une conduite que l'étude psycho-sociologique de l'homme ne peut légitimer. Mais cette notion de la faute et du vice est trop vague encore.

La conduite doit être systématique. Quand on parle communément d'une « ligne de conduite » on exprime d'une façon métaphorique le lien qui existe entre les différents moments d'une activité méthodique comme doit l'être l'activité morale. Étant donné que l'action morale est un acte volontaire ou la reproduction habituelle d'un acte volontaire, que tout acte de cette nature n'est tel que par l'intervention du caractère dans la délibération et dans le choix, qu'il découle par conséquent de la personnalité de l'agent, une et identique à elle-même, ne s'ensuit-il pas que la conduite doit être une et identique à elle-même à la façon du moi dont l'unité n'empêche pas la complexité et dont l'identité n'empêche pas le développement? Ce qui reste identique dans l'agent, ce sont les tendances caractéristiques les plus essentielles, et ce qui reste identique dans la conduite ce sont les manifestations de ces tendances. Mais il ne faut pas qu'au même instant s'accomplissent des actes contradictoires, ni qu'à deux moments différents les actions accomplies montrent, par leur radicale opposition qu'elles ne font pas partie du même devenir.

Cependant la conduite peut être, comme nous l'avons vu, systématique et profondément vicieuse à la fois. L'homme qui persiste à s'avancer dans une mauvaise voie peut ne présenter ni instabilité mentale, ni rien d'anormal au point de vue psychologique. La marque de sa mauvaise conduite sera alors non plus un défaut de systématisation intrinsèque, mais un désaccord irrémédiable avec le système social dans lequel il vit. Sans doute il peut se faire qu'un homme de la plus haute valeur morale, un Socrate par exemple, se trouve en désaccord avec le système social de son temps ; mais le désaccord n'est que transitoire, il est appelé à disparaître par l'amélioration du milieu, d'abord défavorable, mais qui, peu à peu, se met en harmonie avec la conduite de l'homme vertueux. Si l'harmonie ne s'établit pas toujours, du moins elle peut s'établir, et le sociologue qui connaîtrait le déterminisme des faits sociaux, qui serait susceptible de prévoir, autant qu'on le pourra jamais, le cours des événements, pourrait affirmer qu'une conduite est bonne quand elle serait conciliable avec un des systèmes sociaux possibles dans un avenir tout proche ou en voie de réalisation dès le moment présent.

La conduite répréhensible l'est donc parce qu'elle est — ou bien intrinsèquement asystématique, contradictoire ou incoordonnée, soit dans le présent, soit dans son devenir, — ou bien en contradiction avec les lois de la nature et du devenir psychologiques et sociologiques. Parce qu'elle est telle, on peut affirmer avec la plus complète assurance qu'elle prive l'agent d'un bonheur durable, de cette joie morale qui, telle que nous l'avons définie, ne détruit jamais l'aptitude à une joie plus haute.

Entrons maintenant dans le détail des fautes pour rechercher ensuite les causes de l'immoralité que ces fautes décèlent.

71. **Crimes et criminels.** — Allons-nous classer les fautes selon leur gravité au point de vue légal, ou au point de vue sociologique ou au point de vue psychologique? Car ce sont bien là trois points de vue différents. La faute, aux yeux du législateur et du juge, est grave ou légère selon qu'elle froisse plus ou moins la « conscience sociale »; c'est-à-dire selon qu'elle décèle une volonté, une tendance en opposition plus ou moins tranchée avec les sentiments collectifs, les traditions, les mœurs, l'esprit de la loi. Mais la considération de ces sentiments, de ces traditions, de cet esprit participe d'une tendance éminemment conservatrice : c'est parce que le souci de conserver les mœurs anciennes était prédominant chez les juifs et à Athènes, par exemple, qu'on lapida les novateurs et qu'on obligea Socrate à boire la ciguë, quelque peu de gravité réelle qu'aient eu leurs actes au point de vue strictement moral.

La faute aux yeux du sociologue n'est grave, comme nous venons de le voir, que si elle risque de détruire l'équilibre social et la continuité du devenir collectif; aux yeux du psychologue elle n'est grave que si elle nuit à la santé de l'esprit, à la stabilité de la vie mentale et à la régularité de l'évolution psychique. Le moraliste, qui a les intérêts du sociologue et du psychologue à tenir à la fois, ne peut pas faire abstraction de la personne, et s'il ne peut pas s'abstenir de considérer l'individu dans son milieu social, il ne saurait se dispenser de voir l'acte dans l'agent, de concevoir l'action d'une part avec ses effets sociaux, d'autre part avec ses facteurs psychologiques et sociologiques.

C'est pourquoi au lieu de classer les crimes et les délits selon le degré de gravité que leur assigne la loi, ou même selon les institutions sociales lésées par le délinquant, les criminalistes contemporains s'efforcent de faire une classification des criminels.

LOMBROSO a fait du criminel un être abstrait, analogue, comme le remarque E. FERRI[1], à l'homme moyen de QUÉTELET. Son délinquant est une synthèse de tous les vices, défauts ou aptitudes, difformités ou anomalies, observables chez divers types, assez différents pour qu'on oppose à l'illustre anthropologiste italien l'œuvre des GALL, FRÉGIER, FERRUS, DESPINE, MAUDSLEY, MORSELLI, SERGI et FERRI, parmi tant d'autres qui ont tenté d'établir une classification des criminels. *Gall* distinguait les passionnés des instinctifs, originairement vicieux ; *Frégier*, dans ses réflexions sur les mémoires de VIDOCQ, séparait les voleurs de profession des voleurs d'occasion ou par nécessité. *E. Ferri* rappelle l'énumération, sans aucune portée scientifique d'ailleurs, faite par *Du Camp* des multiples variétés de « gens de basse pègre » et de « haute pègre ». *Ferrus* classait les délinquants selon leur degré de développement intellectuel : 1° ceux qui ont une intelligence médiocre et des tendances mauvaises congénitales ; 2° ceux qui ont une intelli-

---

1. Cf. FERRI, *Sociologia criminale*, 4ᵉ édit. Bocca, éditeurs. Turin, 1900, p. 194 sqq.

gence médiocre, mais ne sont amenés à la débauche, au vagabondage et au crime que par inertie mentale et faiblesse du sens moral ; 3° ceux qu'un défaut d'organisation cérébrale rend impropres à toute occupation sérieuse, soit pervers, énergiques, intelligents, faisant le mal de façon systématique, soit vicieux, à l'esprit obtus, incapables de résister à des impulsions mauvaises, soit enfin criminels sans avoir mesuré la portée de leurs actes. *Despine* distinguait les criminels de sang-froid, les passionnés, les gens moralement anormaux, sans aliénation mentale ou avec aliénation mentale. *Hurel*[1], qui a surtout étudié des détenus, les a répartis en trois groupes : les non-vicieux, qui ont agi sous le coup d'une émotion violente et subite, — les rebelles, maîtres ès art criminel, — et les inertes, abrutis, parfois dominés par leurs compagnons plus foncièrement vicieux.

E. Ferri s'est attaché à montrer l'existence de deux grandes classes de criminels : les *criminels-nés*, incorrigibles, chez qui la faute est une habitude, et les *délinquants d'occasion* chez qui font plus ou moins défaut les caractères anatomiques et psycho-pathologiques du criminel de Lombroso. En 1880, il a admis cinq catégories qui se rattachent aux deux types principaux, celles des criminels aliénés, criminels-nés, délinquants par habitude, délinquants d'occasion et délinquants par passion.

M. Le Bon établit lui aussi l'existence de deux

---

1. *Coup d'œil psychologique sur la maison de Gaillon.* Ann. med. psych., 1875.

classes fondamentales : celle des criminels par disposition héréditaire (criminels-nés, impulsifs, de caractère débile, intelligents privés de sens moral) et celle des criminels par suite d'une lésion acquise du sens moral (par alcoolisme, paralysie générale, lésions cérébrales, etc.).

M. Laccassagne distingue les criminels par sentiment ou par instinct, vicieux par hérédité ou par habitude acquise, les délinquants d'occasion ou par passion, et les délinquants aliénés.

Il est inutile de multiplier les analyses de tant de classifications, faites à tant de points de vue différents, et parmi lesquelles celles de Maudsley, Garofalo, Sergi, Yvernès se distinguent encore les unes des autres par des considérations étiologiques ou psychologiques ou sociologiques qui prises séparément ont toutes leur importance [1].

72. **Classification et description sommaire.** — De leur examen comparatif, dit E. Ferri, il résulte : 1° qu'il faut abandonner la conception ancienne du criminel de type uniforme ; 2° que la distinction du criminel d'occasion susceptible d'être amendé, et du délinquant par instinct, par tendance héréditaire, incorrigible, est généralement acceptée, ainsi que la subdivision en délinquants d'occasion — passionnés — criminels-nés et criminels-aliénés.

La classification fondée sur l'étiologie de la faute et du crime semble donc devoir servir de base à la description des caractères essentiels à chaque type

---

1. Cf. un exposé complet et impartial de ces diverses théories dans l'ouvrage de Ferri, *Sociologia criminale*, 4ᵉ édit., 1900.

criminel, que ces caractères soient psychologiques ou sociologiques.

Le criminel-né se présente comme « sauvage, brutal, fourbe, paresseux, incapable de distinguer le vol ou le crime de tout genre d'activité honnête » ; délinquant, dit Frégier[1], comme d'autres sont bons travailleurs, redoutant davantage la peine qu'il n'en est affecté quand il la subit, car il considère la prison comme un asile où sa subsistance est assurée dans l'oisiveté ; récidiviste toujours impénitent.

Le criminel par habitude est un caractère faible qui souvent a éprouvé une impulsion morbide, a été encouragé à la récidive parfois par l'impunité assurée à des actes légèrement délictueux, parfois par une « mauvaise compagnie ». L'emprisonnement, la vie en commun avec des êtres sans moralité a été funeste à son sens moral, perverti ou complètement détruit. « L'emprisonnement en cellule l'a hébété, l'alcoolisme l'a abruti ; l'abandon qu'a fait de lui la société, dès ses premières fautes, l'a jeté dans l'oisiveté, l'a exposé à toutes sortes de tentations[2] ». La précocité et la tendance à la récidive le caractérisent. Ce type est celui de beaucoup de jeunes gens moralement abandonnés par leurs familles ou bien élevés au sein du vice et de la prostitution : c'est celui qui de plus en plus répandu rend de plus en plus inquiétante, la criminalité juvénile.

73. **Le criminel par accident.** — Le criminel par accident et le criminel passionné se distinguent du

1. *Les classes dangereuses*. Bruxelles, 1840, p. 175.
2. E. Ferri, *op. cit.*, p. 228.

criminel né et du délinquant chez qui le crime est devenu habituel, par une sorte d'impuissance à résister à certaines impulsions dont la nature psychopathologique est évidente. Les premiers n'éprouvent aucune répugnance à faire le mal, les seconds le font parfois malgré leur répugnance ou du moins malgré leurs tendances habituelles à s'abstenir d'actions délictueuses et criminelles. Ceux-ci d'ordinaire présentent, dans la plupart des circonstances de leur vie, le caractère des êtres normaux d'intelligence variable; cependant à bien les examiner on découvre vite en eux une volonté débile, une instabilité mentale parfois généralisée, parfois purement intellectuelle ou émotionnelle. C'est précisément cette absence de fermeté dans le caractère qui fait qu'ils ne résistent pas, soit à la « tempête psychologique », comme Ferri appelle le désordre de l'esprit causé par une forte passion, soit à l'impulsion soudaine, due à la sympathie instinctive, à l'imitation ou à la contagion morale, soit enfin à l'obsession généralement subconsciente qui, lentement, amène la crise inéluctable dans laquelle parfois sombrent l'honneur et la moralité d'un individu. Les passionnés se font parfois remarquer par leur exaltation continuelle, leur irritabilité, leur promptitude à réagir violemment, même à des excitations légères ; d'autres fois encore, ils ne sont exagérés dans leurs sentiments, leurs manières, leur langage, leurs réactions, leurs tendances, qu'en un point seulement ; très sensés en ce qui concerne toutes les autres questions, ils font preuve de manque de jugement, manque de tact, manque de retenue toutes les fois que l'objet de leur passion

est en cause ; ils sont prêts à faire explosion si on les
« touche à l'endroit sensible ».

Passionnés et délinquants par accident peuvent récidiver fréquemment, quoi qu'en pensent certains criminalistes, désireux surtout d'opposer à cet égard les deux principales classes de criminels ; en effet, rien ne les garantit contre un retour involontaire à de nouveaux délits ; mais à chaque faute ils montrent un vif repentir, un regret sincère de la mauvaise action dont leur faiblesse est cause et qu'ils attribueraient volontiers au destin, à une force supérieure à eux, tant ils ont conscience de n'avoir pas agi selon les tendances foncières de leur être. Il y a donc lieu de les distinguer profondément de ces brutes dont l'hérédité ou l'habitude ont oblitéré le sens moral. Mais ne faut-il pas rapprocher les uns et les autres des criminels aliénés ?

74. **Les criminels aliénés.** — Ceux-ci ne forment-ils pas une classe très complexe où l'on pourrait établir de nombreuses subdivisions correspondant à tous les genres d'immoralité ? N'y trouverait-on pas l'analogue non seulement du criminel-né, du criminel par habitude, du passionné, du délinquant par accident, mais encore de tout être qui a des vices moins odieux que ceux du criminel, ou qui, simplement, commet accidentellement des fautes, des actes immoraux ? Tous les faits d'immoralité ne sont-ils pas des cas d'une « folie-morale » plus ou moins atténuée ?

On désigne, généralement, par ces mots, « folie morale », un genre particulier d'infirmité mentale qui consiste spécialement en un défaut ou un trouble du « sens moral », sans que les fonctions intellectuelles soient nécessairement troublées. C'est pourquoi Pritchard l'a appelé « imbécillité morale » avec beaucoup plus d'à propos que n'en a montré Verga en l'appelant « manie raisonnante »; car il ne s'agit pas tant de la conservation du pouvoir de raisonner, qui, dans certains cas, peut être très affaibli, que de la débilité du pouvoir d'agir d'une façon rationnelle, systématique. Certains aliénistes anglo-américains ont préféré aux dénominations de folie morale, imbécillité morale, manie raisonnante, celle de « folie affective », dont Savage et Hughes ont usé.

A vrai dire, la « folie morale » semble n'être qu'une entité morbide correspondant aux nombreux rapports de la conduite avec des formes très variées d'aliénation mentale. Il y a sans doute des cas spécialement intéressants dans lesquels à une remarquable activité des fonctions intellectuelles correspond par une curieuse anomalie une conduite exceptionnellement vicieuse; mais comment établir une séparation entre ces cas et ceux dans lesquels on voit progressivement l'inaptitude à la vie morale s'associer à des degrés de plus en plus bas de vie intellectuelle? N'y a-t-il pas une série continue dont la pure « imbécillité morale » constitue le dernier terme tandis que l'imbécillité commune ou l'idiotie constitue le terme opposé? Peut-on constater une différence essentielle entre l'immoralité de l'idiot et celle du « fou moral »?

75. **Immoralité de l'imbécile.** — A la brutalité, la fourberie, la paresse du criminel-né correspondent les tendances de certains imbéciles, qui sont, au dire de

M. Sollier[1], des paresseux, méchants, esprits faux, êtres antisociaux, et, au dire de M. Legrain[2], des êtres sournois et vicieux, poussés par une sorte d'instinct destructeur (bien que certains puissent être doux, débonnaires, bienfaisants[3]). Or, ne doit-on pas considérer l'idiotie et l'imbécillité comme les degrés inférieurs de cette dégénérescence qui fait que certains aliénés ont un devenir moral analogue au développement anormal des criminels endurcis, persistant dans l'immoralité en dépit des peines même les plus sévères ? Entre l'imbécile et le « fou moral », il n'y a qu'une différence de degré, point de différence de nature : le premier est un « dégénéré », parce que l'arrêt de développement qu'il a subi l'a privé de certaines facultés intellectuelles en même temps que des affections supérieures et de tout sentiment moral ; le second est un dégénéré chez qui l'arrêt de développement a porté sur un plus petit nombre de fonctions mentales, de sorte que des modes élevés de l'intelligence ont pu apparaître sans que des modes correspondants de la sensibilité et de l'activité aient pu effectuer leur évolution normale. M. Magnan a considéré l'imbécile comme « un idiot chez qui certains centres de la région cérébrale antérieure ont été respectés », qui est en conséquence « capable de déterminations idéomotrices », susceptible de « pénétrer dans le domaine

1. *Psychologie de l'idiot et de l'imbécile.* Alcan, 1891.
2. *Du délire chez les dégénérés.*
3. François Dr..., imbécile, âgé de 40 ans, veille avec la plus grande sollicitude sur son frère et sa sœur idiots, il leur prodigue les soins les plus assidus et se montre pour tous d'une bonté exemplaire (Observation prise à l'asile d'Alençon).

du contrôle intellectuel », de s'élever parfois jusqu'à posséder de curieuses aptitudes, jusqu'à devenir ce que Voisin appelle un « génie partiel [1] ». Quand il ne lui manque que des aptitudes morales, il ne présente plus les caractères de l'imbécillité commune ; il n'y a plus chez lui qu' « imbécillité morale ». Son immoralité a-t-elle besoin de s'expliquer autrement ici qu'en des cas où le degré atteint par l'intelligence est bien moindre ?

76. **Les dégénérés intelligents.** — Le dégénéré intelligent, comme le criminel par habitude est précoce dans le vice ; il fait le mal pour le mal avec une sorte de jouissance morbide ; il est fier de devenir sans cesse plus pervers et il fait étalage de son immoralité. Prompt à l'imitation des mauvaises actions, il contracte de bonne heure des habitudes vicieuses qui seront autant de points d'attache pour des mœurs dépravées.

Br... a 18 ans [2] ; il appartient à une famille de déséquilibrés ; son père est alcoolique, sa mère est prostituée ; son frère aîné, actuellement déserteur, a été envoyé aux compagnies de discipline ; un autre frère est enfermé dans une maison de correction. Dès l'âge de neuf ans il a essayé d'égaler l'immoralité de sa mère ; il en est

1. Magnan, *Leçons cliniques sur les maladies mentales.* Alcan, 1897.
2. Nous devons à l'amabilité de M. le Dr Journiac, médecin-directeur de l'Asile d'aliénés d'Auxerre, qui a bien voulu nous associer à ses recherches sur l'aliénation mentale, d'avoir pu prendre des observations sur les cas de folie morale dont nous parlons ici.

résulté une tendance morbide à la satisfaction de l'instinct sexuel, qui a poussé le jeune homme, âgé de 13 ans, à des aggressions brutales dirigées contre des femmes et des jeunes filles. A l'heure présente, Br... n'a pas de plus grande joie que celle qu'il éprouve à raconter ses faits de perversité sexuelle : il ne montre aucun remords, n'a nullement conscience de la répulsion que peuvent inspirer ses attentats et tout son passé délictueux. Le 28 mars 1900, il a réussi à s'évader pendant quelques heures et a commis de nouveaux méfaits. Le 22 avril, il passe en promenade devant un groupe de dames et de demoiselles dont il désire se faire remarquer : il n'y réussit pas et constate avec dépit qu'un aliéné mégalomane attire davantage les regards du groupe féminin ; il se prend alors à crier, gesticuler, sauter, faire des pirouettes sur le sable, puis comme pris d'un accès de fureur, il frappe ses gardiens, défonce les panneaux des portes, pour se calmer soudain quand il constate enfin qu'on l'a remarqué.

Plusieurs fois, et encore pour se faire remarquer, il a fait mine de se suicider et un jour il s'est même réellement pendu, dupe de son propre jeu.

Voici donc un dégénéré chez qui l'instinct sexuel et la vanité jouent le principal rôle ; il n'éprouve pas de sentiments affectueux, il n'a ni pudeur, ni retenue, ni sentiments religieux, ni sens esthétique ; il est fourbe, dissimulé, vindicatif, incapable de ressentir du regret ou du remords, insensible aux reproches, au mépris, aux paroles affectueuses. Il a fait un assez long séjour dans une maison de correction, et sa méchanceté foncière s'y est accrue au contact de nombreux petits vauriens dont il raconte les prouesses avec admiration. Il fréquentait surtout les plus grands afin d'apprendre d'eux le plus possible de mauvais tours. C'est un monstre au point de vue moral, mais un monstre d'aspect intelligent. Pourquoi est-il si profondément vicieux, sinon parce que sa constitution physique et mentale, sa capacité cérébrale n'ont pas permis le développement de ces sentiments affectueux, esthétiques, sociaux, sans lesquels, nous l'avons vu, la moralité ne peut pas exister ? S'il peut servir d'exemple de délinquant par habitudes vicieuses, ne voit-on pas que les criminels de ce genre seraient justement rapprochés, au moins pour la plupart, des aliénés, criminels ou non, qu'une dégénérescence congénitale ou acquise fait enfermer dans les asiles..., quand il se trouve des médecins pour la signaler.

77. **Les déséquilibrés.** — Il y a, parmi les criminels dont nous parlons, un assez grand nombre de gens qui font montre de sentiments élevés et à qui, semble-t-il, ne fait point défaut ce développement mental qui permet de juger sainement et de sentir vivement l'immoralité des actions délictueuses. Ceux-ci sont comparables à d'autres aliénés dont Fr... peut nous fournir le type.

Fr... est l'aîné d'une famille de huit enfants qui ne compte aucun autre déséquilibré, mais deux ou trois membres de moralité douteuse. C'est un homme bien élevé, qui a reçu une solide instruction secondaire, qui comprend très bien tous les raisonnements qu'on oppose aux siens et discute avec beaucoup de sagacité, mais qui se sert visiblement de ses aptitudes intellectuelles pour justifier « après coup » les actes qu'il commet.

Il a abusé de la confiance d'un employé des postes

pour se faire remettre des lettres adressées à deux de ses frères avec qui il « avait des difficultés » ; il a écrit des lettres de menaces à des gens qui en ont été vivement émus et qui ont cru, non sans raison peut-être, à des tentatives de chantage ; il a attiré sur lui l'attention du public par des actes inconsidérés ou délictueux, pour créer des embarras à sa famille parce qu'elle lui refusait de l'argent.

Fr... est donc, au point de vue pratique, un être antisocial, un délinquant qui ne reculerait probablement pas à l'occasion devant le crime.

Il a menacé, à maintes reprises, ses médecins de cruelles représailles, s'il quitte jamais leur établissement ; il est haineux, vindicatif. Bref, tous ses actes démentent ses paroles ; mais comme il a beaucoup d'intelligence, il explique à merveille toutes ses démarches, sait les présenter sous le jour le plus favorable, et s'il ne les justifie pas complètement, du moins il en atténue tellement la portée qu'il peut se croire absous et qu'assurément il n'éprouve aucun remords.

Or, à bien l'observer, on constate que les sentiments dont il fait un brillant exposé, dont on le croirait profondément pénétré, ne sont qu'à « fleur de peau » ; il n'est jamais vraiment ému ni par la souffrance, ni par le bonheur d'autrui, il est incapable d'une action généreuse, d'un mouvement désintéressé. Il a la conception abstraite des sentiments dont il parle, mais il ne les éprouve plus. N'est-ce pas un cas remarquable de « faillite » de la partie affective d'un être, de beaucoup antérieure à la faillite intellectuelle qui ne se produira, sans doute, que fort tard ?

Et cette observation ne peut-elle pas servir à expliquer comment des criminels, sans anomalie mentale apparente, n'ont guère plus de moyens que des imbéciles ou des dégénérés inférieurs pour réagir contre leurs appétits grossiers, les tendances croissantes à l'activité vicieuse et immorale ?

78. **Les impulsifs.** — Nous pouvons passer maintenant à une classe intermédiaire entre celle des criminels par habitudes vicieuses invétérées et celle des criminels d'occasion : celle des impulsifs, obsédés ou non. On ne peut guère refuser de reconnaître la parenté de ces enfants malfaisants, de ces êtres souvent si dangereux qui, soudain, sans qu'on puisse s'y attendre, commettent les plus grands crimes, avec certains aliénés dont une jeune fille, P<small>L</small>..., va nous montrer le caractère et le mode d'action.

P<small>L</small>... est une jeune fille de quinze ans qui, le 20 juillet 1899, a mis le feu volontairement à une meule de paille, et qui, le 18 août de la même année, a tenté d'étouffer l'enfant de ses maîtres, âgé de treize mois. Elle n'a avoué ces deux crimes que le 26 août, ayant *tout fait* jusque-là pour écarter les soupçons ; depuis, elle n'a, semble-t-il, éprouvé aucun remords, n'a manifesté aucun regret, et quand on l'interroge au sujet de ces faits, elle en parle avec une étonnante *placidité*. Tout au plus est-elle ennuyée qu'on se permette d'y revenir si souvent. Elle a déclaré au juge d'instruction n'avoir pas été émue au moment du second crime ; des témoins affirment qu'elle n'a montré aucune émotion quand on lui a annoncé la découverte du méfait.

Ce qui est le plus surprenant, c'est qu'elle n'a jamais témoigné le moindre sentiment d'hostilité à l'égard de ses maîtres, qu'elle reconnaît avoir toujours été bien traitée par eux, qu'elle affirme n'avoir en rien agi par colère ou par esprit de vengeance, et qu'il semble bien en effet que, n'ayant jamais eu de reproches, ni même le plus léger ennui dans la maison, elle n'a pu être poussée à ses méfaits par aucun mauvais sentiment.

Mais si elle n'avait pas de haine, si elle n'a pas agi sous l'influence de la colère, du moins elle n'a pu être retenue par aucun sentiment affectueux, car elle se montre incapable d'en éprouver. Elle n'aime pas les animaux, elle n'éprouve aucun des plaisirs des jeunes filles de son âge ou même des enfants moins âgés ; elle prétend n'avoir jamais étranglé des oiseaux, ni fait noyer des chats, « mais qu'on le fasse ou qu'on ne le fasse pas devant elle, cela lui est bien indifférent. » A propos de tout elle montre la même indifférence ; elle n'a pas voulu assister à une soirée musicale : « çà ne lui déplaisait pas, mais çà ne lui plaisait pas » ; elle ne se dérangerait ni pour voir un beau tableau, ni pour entendre de beaux chants.

Cette absence d'intérêt pour la plupart des objets qui attirent l'attention d'un enfant normal a fait de PL... une mauvaise écolière, n'apprenant rien, ne conservant aucun souvenir des leçons reçues. Elle sait bien cependant que certaines actions sont malhonnêtes ou criminelles, elle a compris qu'il y a des méfaits qui sont répugnants pour la conscience de la plupart des hommes : une preuve, c'est qu'elle n'ignore pas l'inconduite de sa mère, qu'elle sait bien pour quels motifs le père a quitté sa famille et vit au loin, et que cependant elle se refuse à donner la moindre explication à ce sujet. Ce n'est pas sans doute qu'elle réprouve personnellement les actes de sa mère, c'est plutôt qu'elle a appris, par expérience et dès son jeune âge, que c'était chose dont il ne faut pas parler. De même elle en vient à ne plus vouloir parler de ses propres crimes, et elle affecte de ne se souvenir de rien, pas même du nom de son ancien maître.

L'indifférence en matière morale, qui nous semble bien établie dans le cas présent, a permis à des impulsions subites de naître et de se développer avec leurs conséquences. Pl... a mainte fois affirmé qu'elle n'a eu l'idée d'étouffer l'enfant qu'en franchissant le seuil de la cour qu'elle devait traverser, pour venir de l'étable (où elle était tranquillement occupée à traire le lait avec sa maîtresse et un domestique) à la maison d'habitation, où elle devait aller chercher un petit récipient. Elle a pénétré dans la chambre où dormait sa petite victime, elle l'a placée entre deux « lits de plumes », puis elle a enlevé un carreau de vitre qui tenait à peine, a ouvert la fenêtre avec précaution, l'a laissée ouverte, pour faire accroire à l'irruption d'un malfaiteur du dehors, « ennemi de la maison ». Dans la journée, elle est allée à la cave renverser le beurre et le lait pour confirmer la croyance, qu'elle a fait naître effectivement, à la présence d'un malfaiteur étranger.

L'impulsion n'a donc pas été suivie d'oubli, elle ne fait pas partie d'un moment où la conscience est moins claire, où la personnalité subit une modification transitoire, où il se produit comme une aliénation mentale passagère ; elle s'intègre aisément, sans crise, dans le cours de l'existence et, bien qu'elle semble inexplicable par la totalité des antécédents, elle explique toute une série de conséquences : un nouveau délit, une longue dissimulation qui ne semble en rien pénible, malgré les soupçons que fait peser sur la jeune criminelle, le domestique qui, seul, a vu plus clair que les autres gens de la maison.

L'impulsion incendiaire a eu de tous points le même caractère que l'impulsion homicide. Aucun caractère hystériforme, point de somnambulisme, rien que de l'instabilité mentale et une absence à peu près complète de sentiments sociaux : le crime a donc plutôt des causes déficientes que des causes efficientes.

Il en est de même de toutes les fautes commises par bien des dégénérés; tels, les impulsifs qui frappent des parents ou des amis de la maison plutôt que des étrangers et des ennemis. Au point de vue moral, ils n'ont guère plus de valeur que les faibles d'esprit, les imbéciles, les idiots, qui n'ont point de conduite systématique, qui sont plus ou moins incapables de coordonner leurs désirs et leurs actions, qui ont subi un arrêt de développement non seulement dans leurs facultés intellectuelles, mais dans leurs sentiments, leurs tendances et leur aptitude à éprouver des émotions ; qui enfin seraient plutôt portés à l'activité automatique et instinctive qu'à l'activité intelligente et réfléchie, mais qui malheureusement n'ont ni les instincts fixes et puissants de l'animal, ni les habitudes encore tenaces de certains aliénés ou gens du monde, vrais automates en matière de politesse et de bonnes mœurs.

G.-L. Duprat.

Pour M. Dallemagne étant donné que « tout acte individuel de la vie normale, toute manifestation sociale par conséquent, relève directement ou indirectement des trois grandes fonctions, nutritive, génésique et intellectuelle », le crime est dû à l'inassouvissement ou à l'assouvissement incomplet de l'un quelconque des grands besoins qui se rapportent à ces grandes fonctions. « Les fonctions inassouvies créent dans leur centre respectif une tension qui, objectivement, rend la décharge consécutive plus violente et plus spontanée, et subjectivement donne naissance à toute la gamme de sensations qui vont du simple malaise indéfinissable à la douleur qui affole et masque la conscience ». Ceci est l'explication même des impulsions morbides en mainte circonstance ; mais il y a dans le crime, autre chose que des impulsions, autre chose que l'automatisme de centres variés ; il y a l'incapacité fonctionnelle de certains centres, l'inhibition temporaire ou définitive de certaines fonctions, l'incoordination de certaines autres, bref l'instabilité mentale, avec l'obnubilation ou la disparition progressive, qui en sont la conséquence, de représentations, de tendances et de sentiments indispensables à l'équilibre mental et moral. Dès lors point de raisonnement aboutissant à des conclusions morales ; il n'y a plus de place qu'à l'occasion pour des calculs ingénieux, déterminés par une affection ou une inclination d'ordre inférieur.

Les délits de vagabondage constituent le genre le plus simple d'effets immoraux de l'instabilité pathologique. Plus de sentiment familial, plus d'amour du travail, plus de respect pour la loi, pour l'autorité, pour la dignité humaine, plus de tendances sociales, esthétiques, religieuses, si jamais ces divers modes affectifs ont existé dans l'esprit du vagabond ; rien qu'une inclination morbide à changer sans cesse de résidence et à subsister par les bienfaits du hasard. Que de mauvaises habitudes, que de mauvaises tendances naissent alors, peu susceptibles d'être refrénées, car elles ne rencontrent pas d'obstacle dans un sens moral qui ne s'est pas formé ou qui a disparu. Aussi le danger que les vagabonds font courir à la société est-il considérable, bien que pris individuellement ces pauvres gens soient plutôt amorphes que méchants.

79. **Les obsédés.** — Si nous quittons les dégénérés inférieurs, si nous sortons de « l'imbécillité morale », caractérisée, comme nous venons de le voir, par la faiblesse des *facteurs affectifs* de la détermination morale, nous trouvons encore des impulsifs et des obsédés, mais d'un nouveau genre : ce sont des gens qui résistent plus ou moins longtemps à leurs tendances morbides, qui en voient le caractère immoral ou absurde, mais qui n'ont de soulagement qu'après y avoir cédé.

Un grand nombre d'actions criminelles ou immorales ne résultent-elles pas d'obsessions ? On peut d'autant moins le nier que celles-ci sont le plus souvent subconscientes et qu'elles ne sont décelées aux yeux du psychologue que par le mouvement impulsif, réprouvé aussitôt qu'accompli, mais inévitable. Quand elles deviennent conscientes, bien souvent elles sont déjà trop fortes pour être efficacement combattues.

X..., est poursuivi pour attentats à la pudeur. Sa

manie « exhibitionniste » s'affirme à périodes à peu près régulières et dans des circonstances bien déterminées ; il a comme des bouffées de chaleur, une sorte d'angoisse excessivement pénible ; il cesse d'être maître de lui et se laisse aller à des manifestations qui ne lui procurent d'autre plaisir que celui de le délivrer de l'obsession.

Tantôt la lutte contre les idées obsédantes dure de longs mois, tantôt quelques jours, quelques heures, quelques instants seulement. Certaines gens éprouvent des impulsions irrésistibles à injurier leurs parents, à frapper leur meilleur ami, à jeter leur verre, leur assiette à la figure de leurs hôtes, à briser quelque menu objet. Ces êtres occupent une zone intermédiaire entre la santé morale et la folie affective[1]. Pour donner une explication satisfaisante de leur conduite, il faut évidemment rattacher l'étude de leur cas à celle des « idées fixes », si nombreuses dans l'hystérie, la neurasthénie et dans tous ces modes de la folie des dégénérés que l'on appelait autrefois des monomanies.

Il semble que l' « idée fixe » relève de la pathologie de l'attention[2]. Dans l'attention normale, une idée, un sentiment, une image, une représentation quelconque est maintenue pendant un temps plus ou moins long dans la clarté de l'aperception consciente ; pendant ce temps elle est inhibitrice de tout

---

1. Cf. Cullere, *Les frontières de la folie*. Paris, 1888.
2. Nous ne pouvons que résumer ici les principaux résultats auxquels nous sommes parvenu dans notre étude sur l'*instabilité mentale*. Alcan, 1899. Cf. en particulier, p. 206 sqq., *La stabilité morbide*.

processus mental qui porterait atteinte à sa suprématie ; par sa durée, elle assure sa distinction et elle ne disparaît que lorsque vient la représentation qu'elle annonçait, préparait, et dans laquelle elle se convertit en quelque sorte par une fusion des moments successifs de la vie consciente. Pour qu'il en soit ainsi, il faut qu'une très forte tendance domine le devenir mental ; pour que les représentations successives soient aussi riches que le comporte l'adaptation normale d'un être à son milieu, il faut que les tendances dominatrices d'un esprit soient fécondes, forment un faisceau solide d'appétitions nombreuses et en harmonie avec les diverses conditions d'une existence convenable. Mais si ces tendances ne forment plus un tout harmonieux, si elles ont été dissociées par exemple par ces « émotions-chocs » dont MM. JANET et RAYMOND ont montré la puissance malfaisante, il n'y a plus de place pour l'attention normale.

Il arrive alors que des tendances incoordonnées dominent tour à tour le devenir conscient, que d'autres tendances sourdement aspirent à les remplacer, et persistent dans le domaine subconscient, tandis que les premières disparaissent promptement, sans avoir eu d'action durable. Parmi ces tendances qui demeurent et croissent en puissance dans l'esprit, il faut ranger en première ligne celles qui ont pour base des sensations organiques, telles que l'instinct sexuel : ce qui explique d'ailleurs la fréquence des obsessions et impulsions qui se rattachent à cet appétit prédominant dans la vie animale.

Qu'une occasion favorable se présente, et aussitôt la tendance subconsciente, de subordonnée qu'elle était, devient souveraine et détermine l'impulsion irrésistible. Si elle rencontre quelque obstacle, le sujet en prend plus ou moins conscience et pendant qu'il a ainsi une sorte de demi-aperception, l'obsession dure et la lutte pénible s'ensuit. Si l'obstacle est très grand, la tendance est oubliée, bien que prête à reparaître. De là les obsessions si variées quant à l'effet psychologique et à la durée.

M. Pierre Janet admet que la « stabilité morbide », à laquelle se réduit l'idée fixe, est bien la conséquence de la disparition de l'attention normale. Toutefois il donne le nom de « désagrégation mentale » à cette discontinuité psychologique qui de son propre aveu [1] favorise et permet les impulsions et les obsessions, et que nous préférons appeler « instabilité mentale » : le terme d'ailleurs importe peu [2].

C'est également à l'instabilité mentale, à la discontinuité de notre vie psychologique, entraînée par la ruine de nos tendances normales, que sont dus les fautes et les crimes auxquels sont entraînés les « passionnés » et les « délinquants d'occasion ». Le désir ne devient passion, n'acquiert une puissance excessive et bientôt tyrannique, que par l'inconstance des appétitions ou répulsions qui normalement lui servent de « réducteurs antagonistes ».

80. **Exagération de bons sentiments.** — Il y a des dégénérés qui deviennent délinquants par exagération morbide de sentiments, très louables sans doute, mais

---

1. Cf. Pierre Janet, *Névroses et idées fixes*, p. 34, 53, 68, 217, 218.
2. Cf. l'*Instabilité mentale*, p. 216.

qui les rendent d'une susceptibilité excessive. Tel est le cas de Be. un jeune homme de trente-deux ans qui a été condamné à deux reprises à dix années de prison et a été interné en dernier lieu à l'asile des aliénés criminels de Gaillon d'où il est sorti avec la réputation d'un être violent et dangereux. Il fait preuve à l'heure présente d'une grande sensibilité, d'un vif désir de mener la vie honnête, d'une réelle aptitude à éprouver les émotions les plus délicates et à s'inspirer de sentiments élevés. Il ne manque donc ni d'intelligence, ni de bonne volonté, ni d'inclinations au bien, de générosité, de sociabilité, de tendances affectueuses. On est étonné d'entendre ce délinquant si sévèrement puni exprimer avec ardeur les désirs du plus parfait honnête homme et l'on se demande comment il a pu se rendre complice d'abord d'un vol qualifié, ensuite d'une agression brutale, enfin d'actes de violence qui ont motivé la défiance de l'administration pénitentiaire et des médecins aliénistes à son égard.

Mais on constate vite son extrême susceptibilité. Un rien le froisse. On sent qu'il n'est pas fait pour cette existence où tant de heurts se produisent, où tant de mécomptes, d'injustices, doivent être facilement et promptement oubliés. Il a la haine de la société qui a fait de lui un être dégradé à jamais aux yeux des autres et à ses propres yeux. A 18 ans, il a été condamné pour vagabondage et mendicité à six jours de prison. Dès lors il n'a « plus rien fait de bon », dit-il ; il a eu « honte de se présenter quelque part pour demander du travail » et il est devenu la proie de quelques malandrins qui en ont fait leur complice. Pris de vertige, il n'a pas su se ressaisir;

aboulique, il n'a pas pu résister ; violent, précisément parce qu'il est aboulique et que les réactions de la colère ne trouvent pas chez lui de réducteur antagoniste, il a achevé de se mettre au ban de la société.

Be. réunit en lui le délinquant d'occasion et le criminel passionné. Or la facilité avec laquelle le « vertige moral » s'empare de lui est vraiment remarquable : un mot d'encouragement, un éloge, le rend capable d'un dévouement extrême et dans certains cas le fanatise. Mais un signe quelconque de désapprobation le rebute, et alors pour un rien, sur une plaisanterie, une taquinerie de ses compagnons ou de ses gardiens, il perd la tête et frappe ou brise avec une violence dont on ne le croirait pas capable ; une légère contrariété le met hors de lui, tout comme le moindre témoignage de satisfaction. Il est très suggestible et la lecture de certains livres plutôt à la portée des enfants, tels que les ouvrages de Jules Verne, l'a fait délirer pendant son séjour à Gaillon : il croyait avoir inventé et il imaginait vaguement un vaisseau-fantôme destiné à assurer la victoire aux flottes françaises par la frayeur qu'il inspirerait aux marins ennemis.

81. **Le vertige moral.** — On conçoit qu'une telle aptitude à éprouver vivement les impressions les plus diverses et à céder à toutes sortes de suggestions fassent des êtres les mieux intentionnés des délinquants, des criminels, lorque, étant dans la misère, par exemple, l'occasion se présente à eux de s'assurer du bien-être pour quelque temps : l'idée du vol, du meurtre les fascine ; ils oublient tout le reste, n'éprouvent plus de sentiments honnêtes, ne peuvent plus réflé-

chir : c'est comme une aliénation mentale passagère. D'autre part, leur émotivité excessive les prédispose à la peur, à la colère, à l'amour exagéré, à tous les sentiments violents aux explosions brusques de la passion.

« Nous sommes amenés, dit M. Renouvier, à marquer d'un caractère commun et les états où la personnalité est comme anéantie, ses fonctions cessant d'être réfléchies et volontaires sur tous les points à la fois, et ceux (qu'il faut supposer habituels cependant) où le vertige a lieu sur un point quelconque dont le jugement exigerait mûre réflexion et une volonté bien informée, grâce à l'appel des motifs de toutes sortes... Mais, même dans la veille, en pleine raison, qui n'a éprouvé quelque tentation vertigineuse, d'une espèce ou d'une autre, de celles qui de proche en proche conduiraient à l'abîme un homme dont la conscience ne se détournerait pas ? »

C'est en effet le manque de frein, de pouvoir personnel sur ses propres états de conscience, qui caractérise le dégénéré et explique ses actes délictueux. Un « vertige moral » analogue peut s'emparer des gens sains d'esprit, dans certains cas particuliers où la fatigue cérébrale est trop grande : il excuse de même bien des fautes graves ou légères ; il fournit l'explication du suicide, fait malheureusement trop fréquent et que le sens populaire, même en dehors de toute croyance religieuse, considère comme l'analogue du crime ou de la folie, au point que les enfants d'un suicidé sont fréquemment rangés dans la catégorie des gens porteurs de tares névropathiques.

« Ce n'est généralement pas le chagrin qui en est

la cause, avons-nous dit ailleurs ; c'est plutôt la fatigue intellectuelle, les émotions excessives, la lutte contre des passions trop vives. L'instinct sexuel mal satisfait ou trop longtemps refréné inspire à certains jeunes gens des tristesses sans raison qui surviennent soudain et s'en vont subitement, bien distinctes par conséquent de la mélancolie, mais souvent funestes. D'après Laupt, le désir de la mort vient par crises au milieu d'une vie heureuse. Il naît à la suite d'une sensation « de désespoir infini », d'abandon complet de toute énergie morale survenant tout à coup et terrassant.

L'impulsion au suicide est donc bien un cas de vertige moral. Et qui n'a ressenti au cours de son existence, ce découragement profond, cette ruine de toute énergie physiologique et mentale, qui fait que pour un moment la vie n'a plus de prix? Bref, qui peut se dire assuré de ne devenir jamais fou ou criminel ?

82. **Le type criminel.** — Contre cette assimilation, des gens d'ordinaire sains d'esprit et des criminels ou des aliénés, se dresse l'objection tirée de la théorie d'après laquelle tous les délinquants présentent des stigmates *distinctifs* de dégénérescence.

Lombroso a insisté en effet sur les stigmates physiologiques du criminel-né. Il y aurait un type anatomique que reproduiraient avec plus ou moins d'exactitude tous les êtres prédisposés ou même voués au crime. Mais on a nié la présence de ces stigmates chez tous les dégénérés criminels. « On démontra, dit M. Legrain[1],

---

1. *L'anthropologie criminelle au Congrès de Bruxelles en 1892.* Extrait de la *Revue scient.*, p. 14.

M. Magnan entre autres, que le crime pouvait aller sans stigmates physiques, que des individus porteurs des monstruosités les plus significatives pouvaient n'avoir aucune tendance vicieuse... Le type du criminel-né a été scientifiquement attaqué par MM. Houzé et Warnots, de l'Université de Bruxelles. Le type anatomique du criminel-né est un produit hybride, composé en réunissant des caractères puisés à des sources différentes ; c'est un type artificiel à rejeter... M. Struelens n'a trouvé les stigmates accusateurs du crime que dans une proportion de 3 p o/o sur cinq mille individus examinés... M. Manouvrier a donné aux stigmates physiques des criminels leur véritable valeur : il a fait sentir la différence qui existe entre une matière sociologique telle que le crime et une matière physiologique directement contiguë à l'anatomie et relevable de cette science ».

Toutefois on ne saurait méconnaître que le crime a parfois des conditions psychologiques étroitement liées à des phénomènes physiologiques et qui peuvent avoir des rapports bien définis avec des particularités anatomiques. Ceci admis en faveur de la thèse de Lombroso, il reste à signaler la multitude de cas dans lesquels les troubles psychiques ne s'accompagnent pas de troubles physiologiques sensibles et a fortiori de modifications anatomiques. La dégénérescence a une infinité de degrés auxquels des stigmates bien nets n'apparaissent point. D'autre part, tous les dégénérés ne sont pas des criminels ; on s'exposerait à de graves erreurs en affirmant les prédispositions au crime ou au délit, au vagabondage, au suicide, des gens qui ont précisément les mêmes stigmates que les plus grands criminels, et qui cependant ne commettront pas dans leur existence un seul acte délictueux.

Le « type criminel » est donc non seulement comme nous l'avons dit plus haut, une entité, mais encore une fiction ; on trouve simplement un type de dégénérés plus particulièrement répandu parmi les criminels. Il n'y a pas une classe spéciale de délinquants, nettement séparée de la majorité des êtres qui s'abstiennent d'ordinaire de tout délit. Tous les hommes peuvent être temporairement criminels comme ils peuvent être temporairement aliénés. Il suffit qu'au vertige mental, à l'instabilité morbide vienne se surajouter l'influence de ce qu'on peut appeler les causes sociales du crime ou de la folie.

83. **Effets immoraux de la solidarité.** — La solidarité humaine peut être, nous l'avons vu, un précieux auxiliaire pour la « raison pratique » ; mais elle peut être un sérieux obstacle à la vertu. Il y a une solidarité des criminels comme une solidarité des honnêtes gens. Quand on appartient à une société pervertie, dont les tendances perverses s'accentuent chaque jour par suite de la dissolution, de la ruine, de toutes les institutions qui faisaient jadis sa grandeur et sa force, on ne peut ni concevoir des fins aussi hautes, ni éprouver des tendances aussi variées et aussi fortes que si l'on appartenait à une société en voie de progrès. Il faudrait un être surhumain pour lutter avec succès contre la perversité ambiante. L'homme le meilleur doit se résigner à n'agir que de la façon la meilleure possible dans des circonstances données sans jamais viser à l'action absolument bonne ; quant à l'homme de caractère faible, de volonté débile, dont l'intelligence

et la sensibilité n'ont pas pu se développer normalement, il est bien vite victime de la perversité ambiante.

Lombroso a remarqué qu'en général le criminel n'aime pas la solitude et ne peut vivre sans compagnons ; le besoin d'entrer en relations avec des êtres susceptibles de le guider, de le diriger, de le dominer sans cesse, constitue comme l'a remarqué M. Pierre Janet, un des traits du caractère de l'hystérique et du faible d'esprit. Les intelligences débiles sont donc plus exposées encore que les esprits normaux à l'influence pernicieuse de certaines compagnies, de certaines sectes, ou de la foule, ou de collectivités moralement dégradées. On a constaté qu'au Brésil, chez les métis qui présentent en général un caractère très marqué de férocité atavique, chez qui la barbarie semble croître par l'effet d'une sorte de déséquilibre social, les crimes sont monstrueux et accomplis le plus souvent par les êtres les moins intelligents. Dans les milieux les plus propices à l'éclosion du vice, dans les bas-quartiers des grandes villes, des bandes de malfaiteurs se forment par un recrutement aisé et prompt de tous les êtres inférieurs qui ont grandi dans une commune pénurie d'enseignements moraux, et une complète absence de sentiments élevés.

La secte criminelle tire parti de l'instinct de sociabilité, de la solidarité et des tendances à l'obéissance : elle exerce parfois une véritable tyrannie sur ses membres et même sur ses chefs, dociles instruments de la collectivité, qui exercent à leur tour la plus brutale ou la plus insidieuse des contraintes sur les individus hésitants ou passifs.

La foule est comme un torrent qui entraîne tout sur son passage. Quand on fait partie d'une multitude, assemblée fortuite ou assemblée élue, on ne s'appartient plus aussi complètement, on a moins de clarté dans l'intelligence, moins d'élévation dans les sentiments, moins de fermeté dans la volonté, moins de valeur à tous les points de vue que lorsqu'on pense, sent et agit isolément. On peut sans doute céder à de nobles entraînements, éprouver et communiquer aux autres de belles passions ; mais d'ordinaire on risque de se laisser entraîner et passionner par des visions confuses qui ne correspondent ni à ce qu'on pourrait concevoir de meilleur, ni à ce qu'on aimerait le mieux si l'on avait la libre disposition de soi-même.

84. **Effets de l'hérédité, de l'alcoolisme, des troubles sociaux en général.** — En dehors des influences exercées par la secte criminelle et la foule, l'hérédité joue un rôle si considérable dans la détermination de nos tendances fondamentales qu'on ne peut méconnaître la part prise dans la genèse du crime ou de la faute par les ascendants, et par le milieu social dans lequel ils ont vécu.

La dégénérescence, en tant qu'affaiblissement partiel ou général des facultés d'adaptation de l'être à son milieu, de la puissance de travail et de la résistance aux troubles nerveux ou psychiques, a souvent des causes sociales, et surtout lorsqu'elle affecte un grand nombre d'individus du même âge et du même milieu. Au premier rang des causes sociales de dégénérescence il faut placer [1] l'alcoolisme, les préju-

1. Cf. notre étude sur les *Causes sociales de la folie*. Alcan, 1901.

gés contraires à un choix convenable dans le mariage, le surmenage intellectuel, le surmenage professionnel.

« Le choix d'un époux ou d'une épouse, dit M. Goblot[1], (à propos de notre étude sur les influences déterminantes de la folie), est déterminé beaucoup trop par des convenances mondaines et des intérêts matériels... Comment l'homme en arrive-t-il à se soucier si peu de trouver dans sa femme de la santé, de la beauté, de l'intelligence et du cœur? Quel est donc le mystère de cette étrange séduction de l'alcool, séduction qui continue à s'exercer malgré la connaissance du danger ?... Comment le désir de parvenir, de s'enrichir et de s'élever, en se privant pour cela de toute jouissance et de tout repos, peut-il être si puissant qu'il fasse échec à l'instinct de conservation? Voilà d'intéressants problèmes de psychologie sociale. »

On ne peut avoir la prétention de les résoudre en un jour, ces problèmes excessivement complexes. Mais on peut affirmer sans crainte de se tromper que les causes cherchées ne sont pas seulement psychologiques, que les phénomènes morbides ainsi signalés sont dus, bien plus encore qu'à des perversions individuelles, à un état social de trouble, de désintégration. Précisément parce qu'une sorte de fatalité semble peser sur les individus, parce que les volontés particulières sont impuissantes à réagir contre un courant néfaste, on peut estimer que ce courant emprunte sa force au déterminisme sociologique.

On constate d'ailleurs que la criminalité et l'immo-

---

[1]. *Revue philos.*, octobre 1900.

ralité augmentent dans toutes les périodes de troubles politiques et d' « anomie » sociale. M. Durkheim a montré que le suicide a pour cause principale l'état variable de désintégration de la société, que la fréquence des suicides est en raison inverse de la puissance d'organisation politico-religieuse, de sorte que les collectivités catholiques, plus fortement « intégrées » que les communautés protestantes, mettent plus d'obstacles que celles-ci à la propagation du suicide. Ce que M. Durkheim dit du suicide on peut le répéter de tous les actes immoraux.

85. **Conclusion de la deuxième partie.** — Il est donc hors de doute qu'une saine organisation sociale peut apporter un remède à l'immoralité. Si l'on considère en outre que seules des considérations sociologiques peuvent donner une détermination complète à l'obligation morale en assignant une fin suprême à la conduite raisonnable, on sera convaincu de la nécessité des recherches éthico-sociologiques qui vont suivre. *Elles ont en effet pour objet de nous amener à une conception de la Société idéale de laquelle seraient extirpées les principales causes du crime ou de la faute, qui sont foncièrement identiques aux causes sociales de la folie.*

TROISIÈME PARTIE

L'IDÉAL SOCIAL

Sommaire :

I. *L'évolution sociale.* — 86. L'état présent de la sociologie et la morale relative. — 87. Statique et dynamique sociales. — 88. L'évolution de la famille. — 89. Le matriarcat et la condition primitive de la femme. — 90. La condition primitive des enfants. — 91. La patria potestas et la dissolution de la famille. — 91. L'avenir de la famille. — 92. L'État et les sociétés animales. — 93. La vie politique et la lutte des classes. — 94. L'égalitarisme. — 95. Les gouvernements. — 96. La ploutocratie. — 97. L'évolution politique et le droit. — 98. Le droit contractuel.

II. *L'évolution sociale (suite).* — 99. L'état économique primitif. — 100. L'évolution économique. — 101. La division du travail. — 102. L'association. — 103. La propriété individuelle. — 104. L'esclavage et l'industrialisme. — 105. Le capital et le travail. — 106. Les sentiments collectifs. — 107. Sentiments primitifs. — 108. Développement de la sociabilité. — 109. La religion. — 110. Ensemble des prévisions sociologiques.

III. *L'idéal social. Lutte ou amour?* — 111. Individualisme et renoncement. — 112. Le surhomme. — 113. Le sacrifice des faibles. — 114. L'évangile de Tolstoï. — 115. Renoncement. — 116. Conséquences de la non-résistance au mal. — 117. Nécessité de la lutte. — 118. L'arbitraire. — 119. Les humbles. — 120. L'aristocratie. — 121. Importance de la théorie des droits.

IV. *Les droits.* — 122. Fondement des droits. — 123. Le droit naturel. — 124. Droit et liberté métaphysique. — 125. Droits et fonction sociale. — 126. Justice et dévouement. — 127. Justice et

charité. — 128. Le droit de propriété. — 129. La part de la collectivité. — 130. Propriété et innovation. — 131. La transmission héréditaire des biens. — 132. Conclusion.
V. *L'État.* — 133. Rôle de l'État. — 134. Théories de la souveraineté. — 135. Résumé. — 136. La souveraineté relative et le contrat social. — 137. Les devoirs et les droits de l'État. — 138. L'État et les associations. — 140. L'État éducateur.
VI. *L'organisation économique.* — 141. La concurrence. — 142. Subordination de l'ordre économique. — 143. Le rôle de l'État, l'Étatisme et la corvée. — 144. L'impôt. — 145. La solidarité dans l'ordre économique. — 146. Le salariat. — 147. La coopération. — 148. Le travail des femmes et des enfants. — 149. La valeur de l'ouvrier. — 150. Ses droits et ses devoirs.
VII. *La famille, l'amitié, les sentiments collectifs.* — 151. Les droits de la femme. — 152. Le mariage. — 153. Co-éducation et égalité des sexes. — 154. Le divorce et les devoirs envers les enfants. — 155. Les devoirs des enfants. — 156. L'amitié et la fraternité. — 157. Conduite de l'homme à l'égard de l'animal. — 158. Les sentiments vraiment humains.

I

L'ÉVOLUTION SOCIALE

86. L'état présent de la sociologie. — L'œuvre sociologique n'est pas assez avancée pour qu'on puisse enregistrer ici comme résultats définitivement acquis à la science tout un ensemble de données sur ce qu'on pourrait appeler l'anatomie, la psychologie et l'ontogénie des sociétés. On ne peut dire encore quels sont les organes et les fonctions indispensables à la vie sociale avec autant de précision et de certitude qu'on peut le faire pour les organes et fonctions nécessaires à l'activité psychique ou biologique. Cependant les idées sociologiques sont déjà assez répandues pour qu'on ne croie plus, comme au xviiiᵉ siècle on semblait le supposer encore, que la vie sociale est quelque chose d'artificiel, est le produit d'une invention humaine, l'effet d'un contrat social qui eût pu ne pas se produire. On sait que les relations sociales font partie des relations naturelles, qu'il en est de nécessaires, qu'il y a des lois propres à la vie collective et à l'évolution des sociétés, bref, que tous ces rapports dont nous ignorons la majeure partie seront un jour établis et constitueront l'objet d'une véritable science.

On peut prétendre qu'il serait en conséquence plus prudent d'ajourner jusqu'à ce jour plus ou moins prochain, la solution du problème que nous nous posons ici, celui de l'organisation morale de la vie sociale, attendu que cette solution ne peut être apportée que par des gens bien informés des lois de la vie et de l'évolution collectives. Mais aucune science n'est achevée, alors qu'elle sert déjà de fondement à une théorie pratique ; la médecine est contemporaine des premières recherches physiologiques, et si l'on devait attendre pour agir d'être parfaitement instruit on n'agirait jamais. Il y aurait ce grand danger à ne pas donner dès à présent, quelle que soit l'indigence actuelle de la sociologie, une solution même provisoire aux problèmes pratiques qui se posent à nous, que la morale continuerait à être purement individuelle, à ne concerner qu'un être abstrait, alors que l'être social tient de plus en plus de place dans notre personnalité. Laisser subsister la morale traditionnelle, c'est laisser subsister un fantôme sans action sur les mœurs.

Mieux vaut donc lui substituer une solution conforme à la vérité scientifique d'aujourd'hui, que d'ailleurs la vérité scientifique de demain, il ne faut pas se le dissimuler, viendra montrer trop étroite, trop éloignée encore de satisfaire aux exigences de la réalité. Ce n'est nullement faire aveu de scepticisme que de croire à une transformation perpétuelle des théories morales. Il n'y a que les choses inertes qui n'évoluent pas. La morale, théorie de l'activité sociale et de la vie individuelle ou collective en société, doit être mouvante comme la vie elle-même ; comme l'être vivant, elle doit évoluer, suivant les progrès de l'esprit humain et en particulier ceux de la science. Les logiciens peuvent se vanter d'avoir un art qui n'a pas changé depuis Aristote : ou bien la logique n'a pas suivi les progrès de la méthode scientifique, ou bien elle n'a aucun rapport avec cette méthode et par conséquent n'a pas d'objet ; elle est un art inutile. Mieux vaut admettre qu'elle a changé et qu'elle se modifiera encore. La morale de même a changé et changera : tout au plus le moraliste le mieux informé peut-il se vanter d'écrire pour sa génération, à moins qu'il ne se tienne dans la sphère des banalités et des théories générales, valables comme les types classiques, ces immortelles abstractions, pour tous les temps et pour tous les lieux.

87. **Statique et dynamique sociales.** — Auguste Comte a distingué dans la science sociale l'étude de la *statique* de l'étude de la *dynamique*. En adoptant cette vue un peu modifiée, il semble légitime de considérer séparément l'ensemble des fonctions ou organes indispensables à toute vie sociale et l'évolution sociale proprement dite ; de faire d'un côté l'anato-

mie et la physiologie, et d'autre part l'ontogénie des sociétés. Mais quelles sont les principales institutions indispensables à la vie sociale? Ce sont évidemment celles qui répondent à des tendances essentielles à tout agrégat humain; et seule la sociologie comparée peut nous les indiquer.

Dans toutes les civilisations on trouve des institutions religieuses, et on les constate à l'origine même de la vie sociale; partout elles sont étroitement unies aux tendances intellectuelles (qui deviendront des tendances scientifiques), et aux tendances politiques. Ces dernières (scientifiques et politiques) se séparent des premières et donnent naissance à des institutions toutes différentes, mais dont la nécessité, dont l'universalité n'est pas contestable, bien quelles aient été souvent enveloppées à l'origine dans des institutions religieuses[1]. Il en est de même des tendances esthétiques, des tendances aux fêtes, aux jeux, aux manifestations collectives de joie ou de douleur.

En dehors de la vie religieuse il n'existe guère au début que les relations sexuelles et la vie économique. Les institutions correspondant à l'appétit sexuel n'ont pas tardé à apparaître, s'il est vrai qu'il y ait jamais eu une phase sociale de complète promiscuité : l'exogamie et l'endogamie primitives montrent quelle importance sociale avaient prise les tendances à la réglementation des unions entre personnes de sexe différent. Quant aux phénomènes de la vie économique, ils sont devenus d'une complexité sans cesse

1. Voir au début de cet ouvrage, § 5.

croissante après avoir relevé tout d'abord d'une simple tendance à la recherche en commun des aliments et des abris. L'échange est devenu le commerce avec ses multiples institutions. L'esclavage, le servage, la domesticité, le salariat, l'association contrainte ou libre, ont successivement été les conséquences de l'organisation sociale du travail ; mais on ne peut dire d'aucune de ces institutions prise en particulier qu'elle est d'une telle nécessité sociale qu'elle ne doive jamais disparaître : tout au contraire son apparition en certains lieux et à certains temps seulement, ses incessantes transformations, sont pour chacune d'elles des indices de son caractère transitoire.

Il en est de même des diverses formes de propriété, des diverses institutions juridiques qui, ainsi que les formes variées de gouvernement, n'ont qu'une importance relative aux yeux de quiconque recherche ce qu'il y a de plus stable dans toute société.

La première évolution de la vie économique a donné naissance dans certaines circonstances à de fortes tendances à la vie et à l'organisation militaires; mais on ne peut pas affirmer que toutes les sociétés ont passé par la phase militaire avant d'entrer dans la phase industrielle ; les institutions militaires peuvent ne correspondre qu'à des besoins passagers ou constituer de simples phénomènes de survivance.

On voit combien peu il reste, sous la variété des institutions sociales transitoires, de tendances profondes ; mais l'*amour* et la *faim*, qui, selon le mot de Schiller, ne sauraient manquer de mener le monde pendant que les philosophes et moralistes disputent, nous obligent à poser le problème de l'organisation morale des relations sexuelles et des relations économiques ; les sentiments désintéressés, les besoins de l'esprit et du cœur, les tendances religieuses, esthétiques, scientifiques, ne nous obligent à rien de moins qu'à rechercher les moyens de vivre en société en accordant à ces sentiments, besoins et tendances, une légitime satisfaction. Enfin l'existence universelle d'une contrainte sociale, d'un pouvoir et d'une organisation politique, fait que nous ne saurions nous dispenser d'étudier les rapports de l'État avec les individus, d'examiner la vie politique au point de vue moral.

Pour cela, nous devons au préalable considérer l'évolution du Droit et des mœurs dans la famille, la cité et l'État ; l'évolution économique et l'évolution des sentiments.

A. — *La famille.*

88. L'évolution de la famille. — Auguste COMTE a considéré la famille comme l'unité sociale par excellence ; avant lui et après lui la plupart des moralistes ont insisté sur les rapports étroits de la vie familiale et de la vie sociale, comme si la famille était le prototype de toute organisation collective fondée sur des rapports naturels. On sait qu'ARISTOTE compare dans sa Politique les diverses sortes de gouvernement aux divers modes d'autorité susceptibles de se réaliser dans la famille par la subordination de la femme au mari, des enfants au père et des esclaves au maître. Le père est donc considéré comme un monarque, de par la nature. Beaucoup de modernes ont partagé sur ce point l'erreur d'Aristote et ont pensé que le type familial est un, immuable.

L'évolution sociale des divers peuples montre au contraire que l'aspect de la famille varie sans cesse. La sociologie contemporaine a même essayé de subordonner l'évolution de la famille à la loi générale posée par Spencer en vertu de laquelle tout passe de l'homogène à l'hétérogène, de l'indéfini au défini, du simple au complexe, etc.; aussi a-t-on admis souvent comme état primitif, antérieur à la vie de famille, une sorte de promiscuité des sexes.

Bachofen[1], en 1861, exposa la doctrine d'après laquelle à l'état de promiscuité dut succéder le matriarcat, régime de la domination féminine ou plutôt de la prépondérance au point de vue juridique des relations fondées sur la parenté par les femmes. De nombreux auteurs ont donné des preuves directes ou indirectes de l'existence d'une phase matriarcale : le lévirat, l'ambil anak[2], etc. D'après M. Durkheim, comme d'après Mac Lennan[3], à la promiscuité aurait succédé, dans l'organisation par clans, un rudiment d'institutions familiales avec polyandrie endogamique ou exogamique; la polygamie ne serait venue que beaucoup plus tard, précédant immédiatement la famille monogamique des peuples actuellement les plus civilisés.

Cependant les avis sont très partagés sur l'origine de la famille. Il peut se faire tout d'abord que l'état

1. Cf. *Das Mutterrecht*.
2. Cf. Mazzarella, *La condisione giuridica del marito nel famiglia matriarcale*.
3. *Studies on ancient history*. Londres, 1878.

de promiscuité soit au moins antérieur à la formation des sociétés humaines : déjà dans les sociétés animales on trouve, comme l'a montré M. Espinas, des formes très stables d'existence conjugale : « la plupart des oiseaux sont monogames [1] », le mâle et la femelle éprouvent l'un pour l'autre une affection désintéressée qui survit à l'entraînement des premières rencontres et qui prolonge bien au delà la durée de leur union [2].

Comment la stabilité des unions sexuelles qui croît avec le degré d'intelligence des animaux n'aurait-elle pas été possible dès l'origine, du moins dans quelques races humaines? Il est vraisemblable que, comme le pense M. Lalande [3], après Darwin et Sumner Maine, « la famille vient directement, toute différenciée et toute formée, des conditions physiologiques propres à la reproduction [4] ».

89. **Le matriarcat et la condition primitive de la femme.** — Aux arguments des disciples de Bachofen, qui admettent une phase matriarcale, nécessairement antérieure à la phase patriarcale, on oppose cette opinion que les formes matriarcales et l' « ambil anak » en particulier, bien qu'observé par Mazzarella dans plus de 130 peuplades appartenant aux races les plus

---

1. *Sociétés animales*, p. 424.
2. *Ibid.*, p. 429.
3. *La dissolution opposée à l'évolution*, p. 312.
4. Au dire de Marro, *Trans. of Ethn. Soc.*, XI, p. 35, « chez les Andamanes, la femme qui essaie de résister aux droits conjugaux de quelque membre que ce soit de la tribu, s'expose à une grave punition. » Est-ce là un vestige de la prétendue promiscuité primitive ? N'est-ce pas plutôt un fait de décadence ?

G. L. Duprat.

diverses de toutes les contrées du monde, sont des formes perverties de l'institution familiale primitive, des modes postérieurs aux modes normaux d'existence familiale, des produits de la dissolution sociale.

On peut en outre admettre non pas un début unique dans l'évolution familiale, mais plusieurs sortes de début correspondant aux divers types de famille primitive. Grosse[1] semble avoir distingué avec raison la famille des peuples chasseurs de celle des peuples pasteurs ou agriculteurs, soit inférieurs, soit supérieurs. De même que l'existence ou la non-existence du matriarcat, l'exogamie ou l'endogamie ont dû dépendre de conditions économiques toutes différentes dont s'est profondément ressentie la condition sociale et juridique, si variable, de la femme, aux divers moments de la civilisation.

M. Letourneau[2] estime que dans *toutes* les sociétés primitives, la femme représente l'animal domestique, la bête de somme des sociétés plus avancées, qu'elle est traitée comme une esclave et que c'est une des raisons pour lesquelles l'esclavage s'est établi si tard aux cours de l'évolution sociale.

En Australie, dans les clans, l'esclavage est inconnu ; les femmes sont réduites en servitude, excédées de besogne, maltraitées. L'assimilation avec la bête de somme est complète. Schurtz[3] confirme ce témoignage. D'après Ratzel[4], le fait que la femme

1. *Die Formen der Familie.* Leipzig, 1896.
2. *L'évolution de l'esclavage*, 1897, p. 27 sqq.
3. *Katechismus der Völkerkunde*, 1893, p. 139.
4. *Völkerkunde*, II, p. 66 sqq.

est considérée comme une « *commodité* » pour son mari n'est pas particulier à l'Australie : elle est prise sans son consentement chez les Dieyerie, les indigènes de Powell's Creek, d'Herbert River, de la côte Ouest du golfe de Carpentaria ; elle est échangée au gré de ses frères ou de ses parents ; ensuite elle peut être vendue ou échangée par son mari quand elle ne travaille plus à son gré ; elle peut être tuée sans intervention juridique aucune, quand elle ne peut plus travailler ou quand les ressources viennent à manquer pour la nourrir ; enfin, après la mort du mari, elle devient la propriété du frère de celui-ci.

Mais le Dr Nieboer [1] se refuse « à ne voir que ces mauvais côtés ». Parfois, en Australie même, les vœux des femmes sont pris en considération et pour leur mariage et dans la vie de famille. Il y a de nombreux cas de femmes ayant pris un réel ascendant sur leur mari. Le lévirat existe au dire de Fraser et de Dawson chez les indigènes de N. S. Wales et de W. Victoria. « Quand un homme marié meurt, son frère est obligé d'épouser la veuve si elle a une famille, de la protéger et de prendre soin des enfants de son frère. » Voici donc un mélange de mœurs en apparence très opposées : les unes favorables à la thèse de la toute-puissance du mari, les autres plutôt contraires. Toutefois ce sont les marques d'asservissement primitif de la femme qui prédominent, et cela aussi bien dans les tribus de l'Amérique du Nord que dans les clans d'Australie. Les femmes des Indiens Ojibway,

---

[1]. Dr Nieboer, *Slavery as an industrial systems Ethnological researches*. La Haye, 1900.

d'après Jones, font les travaux les plus durs, reçoivent la pire nourriture et ont à peine une place dans le wigwam. Mackenzie[1] cite de nombreux exemples de l'esclavage dans lequel sont tenues les femmes des autres tribus indiennes, des Sioux, des Apaches, etc. Dans la Mélanésie, la condition des femmes est la plus dure servitude. Elles sont estimées d'après le travail qu'elles peuvent fournir. La polygamie n'est, en Océanie, bien souvent qu'un moyen pour des fins purement économiques.

Aussi, d'après le Dr Nieboer, partout où la situation des femmes est plus relevée, c'est que la richesse ou l'aisance permettent de confier à des esclaves ou des serviteurs les travaux auxquels sont ailleurs assujetties les femmes. Il ne serait donc pas étonnant qu'en un grand nombre de points l'évolution familiale ait débuté par l'esclavage féminin, et qu'en quelques points seulement la femme ait eu, dès le début, une situation sociale et juridique, sinon supérieure, au moins égale à celle de l'homme. D'ailleurs, l'existence du régime matriarcal ne saurait prouver la supériorité primitive de la femme sur l'homme. Que la transmission des biens se fasse d'abord par la ligne féminine, que les enfants restent attachés à leur mère et soumis par conséquent à l'autorité des parents immédiats de celle-ci, qu'en somme, la vie familiale tout entière ait pour pivot la maternité, rien de plus naturel, surtout chez les peuples guerriers et chasseurs, où les hommes sont sans cesse hors du foyer.

1. Voyages from Montreal through the Continent of North-American (1802), t. I, p. 147 sqq.; t. II, p. 15 sqq.

Il est non moins naturel qu'il n'en soit pas de même pour les peuples agriculteurs et que les mœurs patriarcales s'établissent sinon d'emblée, du moins beaucoup plutôt chez ceux-ci que chez ceux-là.

Quant à l'asservissement de l'homme, à la situation faite par l'ambil anak, et dans laquelle le mari est le domestique, l'esclave, sans aucun droit sur ses enfants, on conçoit qu'un tel mode d'existence familiale ait pu, ait dû être réalisé partout où des hommes valides quittaient isolément leur clan pauvre, incapable de leur fournir travail et nourriture, pour se rendre en des pays riches, prospères, où ils étaient traités en étrangers et par conséquent privés de tous droits, même sur leurs enfants. Il ne s'ensuit pas, comme l'estime M. Mazzarella, que partout l'ambil anak ait constitué une phase nécessaire de l'évolution familiale.

On peut donc admettre qu'au début des civilisations diverses la condition de la femme a été dans la plupart des cas une condition inférieure.

90. **Condition primitive des enfants.** — N'était-ce pas aussi celle des enfants ? On semble s'être beaucoup moins préoccupé, dans les milieux où la théorie du matriarcat a pris une si grande importance, de la condition des enfants que de celle des parents. Cependant le Dr Steinmetz, récemment, a réuni dans une intéressante étude[1] les données des ouvrages de Bancroft, Krause, Burckhardt, Von Middendorf, Sohm, Puchta, etc., sur la question. Il a montré

---

1. *Das Verhältniss zwischen Eltern und Kindern bei den Naturvölkern.* (*Zeitsch. für Socialwissenschaft*, I.)

quel degré de développement a atteint chez les sauvages ce qui chez les Romains s'appela la « patria potestas ». Von Martens[1] dit « qu'à Flores, les enfants des plus riches familles sont traités comme des esclaves aussi longtemps que leur père vit et qu'ils figurent comme esclaves aussi bien aux fêtes publiques qu'aux funérailles de leur père ; ce qui est évidemment le signe extérieur d'une puissance paternelle rigoureuse ». Les Apaches, les Botocudos, les Bédouins, les Samojèdes ont, comme l'eurent les anciens Romains, droit de vie ou de mort (jus vitæ ac necis) sur leurs enfants. Ils s'en servent pour leur bien-être comme de choses ou d'animaux domestiques. Partout où le régime matriarcal subsiste, les enfants doivent entière obéissance et dévouement complet spécialement à leur oncle maternel qui a sur eux infiniment plus de droits que le père : ils lui doivent tout et n'ont droit à rien.

91. **La patria potestas et la dissolution de la famille.** — Le point de départ de l'évolution familiale semble donc bien être le *despotisme du chef de famille*, l'asservissement des éléments composants, femme et enfants dans la plupart des cas, mari et enfants dans des circonstances sinon anormales et exceptionnelles, du moins plus rares. De plus, à l'origine, la famille avait des limites mal définies ; elle était comprise dans un agrégat plus ou moins vaste et comprenait elle-même très souvent des serviteurs dont la condition et le sort n'étaient guère différents

---

1. Banda, Timor und Flores. *Zeitschrift der Gesellschaft*, 1889.

de ceux des autres membres, unis par « les liens du sang ». A mesure que se fortifie l'autorité du chef nous voyons la famille former un tout beaucoup plus indépendant, qui a ses traditions, ses dieux, son culte et ses rites, son gouvernement : elle devient comme une « maison » bien close, fermée à la plupart des influences extérieures, se suffisant presque à elle-même. Puis la grande famille se dissout pour faire place aux petites familles, à éléments peu nombreux et ayant entre eux des relations de parenté de mieux en mieux définies. Le pouvoir paternel, la puissance maritale faiblissent ; et, à l'heure présente, la famille dont la cohésion repose purement et simplement sur l'autorité du chef est en pleine voie de dissolution dans les pays les plus civilisés, ceux qu'on peut considérer comme parvenus au stade le plus avancé de l'évolution commune.

« Au temps des guerres puniques, dit M. LALANDE[1], le respect de la famille est au moins égal au respect de l'État. Au foyer domestique règne toujours la discipline. » De nos jours le respect des parents et du mari perd son caractère antique emprunté surtout à la crainte du tyran. La femme s'est progressivement affranchie de l'étroite tutelle dans laquelle la tenait la puissance maritale, consacrée par les mœurs et la loi, de plus en plus honnie comme brutale et illégitime. L'évolution de la famille se poursuit ainsi dans le sens d'une décadence de l'autorité et d'un accroissement de la liberté individuelle.

Jadis la propriété familiale restait indivise et ne

---

1. *La dissolution opposée à l'évolution*, p. 325.

cessait pas d'appartenir, théoriquement du moins, à la famille représentée par l'ancêtre ou par l'aîné des enfants qui avait la charge de subvenir aux besoins de tous les autres membres ; de plus en plus la propriété devient individuelle. Jadis certaines professions étaient héréditaires et les enfants étaient tenus d'assurer la continuité de la gestion des charges publiques en acceptant, le plus souvent contraints, un métier dont ils n'avaient pas le choix ; de nos jours l'indépendance des enfants dans le choix d'une profession est à peu près complète. La femme est de moins en moins enfermée dans le gynécée ; elle prend sa part du travail social et bientôt de tous les actes de la vie publique.

92. **L'avenir de la famille.** — Que peut-on donc prévoir dans un avenir prochain, sinon une dissolution encore plus complète de la famille, une homogénéité plus grande de tous ses éléments, une disparition progressive de tous les vestiges des anciens « patria potestas » et « jus maritale », une indépendance de plus en plus marquée des différents membres qui auront toujours entre eux des liens juridiques, économiques et moraux, mais qui seront de moins en moins gênés par ces liens dans leur action civile et dans l'exercice de leurs aptitudes ? En définitive la solidarité familiale qui jadis faisait les enfants « coupables jusqu'à la trentième génération » des fautes de leurs ancêtres, qui faisait de l' « honneur de la famille » un si puissant mobile sur des esprits attachés aux traditions, mettra de moins en moins obstacle à une solidarité plus large, à la formation de groupements libres et étendus.

B. — *L'État.*

92. Les Sociétés animales. — L'existence d'une organisation sociale chez les animaux inférieurs à l'homme a été démontrée par M. Espinas dans son beau livre des « Sociétés animales ». Mais le même auteur a montré la diversité des principes de vie commune depuis celui du parasitisme jusqu'à celui de la société conjugale. Ne peut-on pas supposer que les sociétés humaines se sont constituées sur d'autres bases que les « Sociétés animales »? Sans doute, il y a continuité dans l'évolution du règne animal et il y a entre les modes inférieurs et les modes humains d'organisation sociale un passage marqué par de nombreux intermédiaires. Mais il vient un moment où des considérations morales et rationnelles interviennent, où la Société se constitue juridiquement, où l'organisation, de spontanée devient réfléchie, où les êtres vivant en commun prennent conscience de leur aptitude à l'action collective régulière, et des exigences de ce mode de vie, et de la possibilité d'y apporter des modifications durables en vue du progrès. N'est-ce pas à ce moment que l'organisation devient vraiment sociale parce qu'elle est proprement humaine?

Certains auteurs prétendent, il est vrai, qu'il y a déjà chez les animaux un genre d'institutions juridiques dont témoigne, au dire du Dr Ballion[1], la mise à mort délibérée, solennelle, revêtant tous les carac-

---

[1]. *La mort chez les animaux*, 1900.

tères d'une exécution judiciaire. Cependant les idées de droit, de justice, de loi et de violation de la loi, d'obligation, d'actes permis ou défendus, ne peuvent provenir que de la réflexion morale et elles sont indispensables pour convertir en faits politiques des faits que l'on peut rattacher à une phase « pré-sociale », faits de réaction et de contrainte collectives, de vie en commun, sans qu'il y ait autre fondement à l'existence commune que l'imitation, la sympathie spontanée, et ce que M. Durkheim appelle la « solidarité mécanique ».

93. **La vie politique et la lutte des classes.** — Lorsque l'observation de certaines règles délibérément posées est exigée dans l'accomplissement d'actes jusqu'alors abandonnés à l'arbitraire individuel, lorsque la loi remplace la coutume, quelles que soient l'origine de la loi et la puissance qui l'édicte pourvu que naisse chez tous un sentiment d'obligation, lorsqu'un pouvoir s'établit, alors commence la vie politique et alors seulement il peut être question de moralité ou d'immoralité dans l'État.

Or l'influence du « pouvoir » se fait sentir de bonne heure dans l'évolution de la race humaine. Nous ne connaissons aucune peuplade, aucune tribu, aucun clan, dans lequel il n'y ait une volonté collective qui ne s'exprime par des prescriptions verbales ou écrites, mais bien connues de tous et qui constituent déjà la loi. La forme de gouvernement importe relativement peu, et, à la suite de Platon et d'Aristote, on a peut-être accordé trop d'importance à l'opposition parfois bien superficielle entre la forme monarchique, la forme aristocratique et la forme démocratique. Ce qui importe beaucoup plus c'est l'esprit du gouvernement, c'est la conception des rapports à créer ou à maintenir entre l'État et les individus. Y a-t-il correspondance entre l'État et la nation? Y a-t-il opposition, et par conséquent, l'État, c'est-à-dire l'organe de coercition et de gouvernement, le détenteur du pouvoir, est-il une portion seulement de la nation? et y a-t-il entre lui et la foule des intermédiaires? Ces intermédiaires constituent-ils des classes ou des castes et y a-il un droit variable selon ces castes? Voilà ce qu'il importe de considérer dans l'évolution sociale.

Il semble qu'en général le pouvoir ait appartenu d'abord à la foule, montrant son autorité surtout à l'occasion de représailles à exercer contre quelqu'un des siens, pour outrages aux sentiments publics. Plus l'outrage était grand, plus il portait atteinte à des sentiments profonds, et plus la réaction sociale était violente, plus il y avait d'unité dans l'exercice du pouvoir collectif. Le droit pénal était alors, comme l'a montré M. DURKHEIM, à peu près tout le droit. L'organisation politique, religieuse, économique et familiale, forma pendant longtemps en bien des tribus un tout indivis, non encore différencié. Comment des classes distinctes, les unes dominatrices, les autres asservies, purent-elles se constituer et donner naissance à ces luttes politiques qui, se poursuivant sans interruption, amenèrent l'accumulation des injustices et des crimes, firent naître les rivalités et les conquêtes, suscitèrent la formation de nationalités distinctes et le plus souvent ennemies? Il est hors de doute que l'*accroissement de la densité* dans les diverses populations fut une des principales causes de ces grands mouvements politiques et militaires qui mêlèrent les unes aux autres les différentes races et assurèrent pour longtemps la domination des plus forts.

La formation et la disparition des castes ou classes distinctes constituant comme nous l'avons vu le phénomène le plus important de l'évolution sociale, on voit successivement prédominer des castes religieuses, des castes militaires, des castes ploutocratiques, selon que l'évolution des pays est plus ou moins avancée.

Mais le régime des castes, florissant dans l'antiquité, aussi bien chez les peuples européens que chez les Égyptiens, a disparu progressivement. La prédominance passagère d'une secte a remplacé la suprématie constante d'une caste en des collectivités sans organisation politique stable telles que les tribus sémitiques et arabes. Dans les nations modernes, la « lutte des classes » semble elle-même s'atténuer tous les jours. M. Lalande[1] signale avec raison « la liaison croissante des hommes entre eux, et, à chaque progrès de leur développement, une assimilation correspondante des volontés, des idées et des sentiments d'abord contradictoires ». L'homogénéité l'emporte sur la diversité : des « tendances unitaires poussent les hommes dans la pratique à détruire même les différences que la nature leur donne toutes faites... Toutes les marques extérieures de spécialisation, portées jadis avec orgueil, tombent en discrédit ». L'assimilation se fait partout, dans la famille comme dans les États, dans le costume comme dans la linguistique ;

---

1. *La dissolution opposée à l'évolution.* Alcan, 1898.

des intérêts communs unissent des gens d'origines très diverses, d'incessants rapprochements se font entre les individus de toutes les sphères sociales, de sorte que l'on peut considérer les diverses « classes » de la société comme des formes surannées dans lesquelles personne ne consentira bientôt plus à entrer.

94. **L'égalitarisme.** — M. Bouglé [1] constate et explique le développement, dans les sociétés occidentales modernes, des idées égalitaires, absentes de la conscience sociale des anciens. Dans l'antiquité, comme l'a dit Fustel de Coulanges, « la cité était la seule force vive ; rien au-dessus, rien au-dessous ». Ce n'est qu'à la fin du monde romain, sous l'influence du stoïcisme et du christianisme que l'individu apparaît comme une fin et devient un centre plus ou moins indépendant, « le point d'entre-croisement de cercles très nombreux et très divers qui concourent à distinguer sa personnalité des autres ». L'égalitarisme se développe à mesure que la densité de la population, la mobilité sociale, la rapidité et la fréquence des communications, l'homogénéité coexistant avec une grande différenciation, croissent en une nation ou un ensemble de nations. « Les sociétés qui s'unifient en même temps qu'elles se compliquent, dont les unités s'assimilent en même temps qu'elles se distinguent et se concentrent en même temps qu'elles se multiplient, doivent ouvrir les esprits à l'égalitarisme. » Or de telles conditions sont réalisées dans les sociétés occidentales modernes. On peut donc

---

1. *Les idées égalitaires.* Alcan, 1899.

prévoir que « les habitudes d'esprit anti-égalitaires seront ébranlées à la fois par l'assimilation qui unit les membres d'un groupe à ceux d'un autre et par la différenciation qui oppose les uns aux autres les membres d'un autre groupe ». La lutte des classes, la prédominance d'une caste sur d'autres castes, sont des phénomènes sociaux appelés à disparaître.

Mais pour que les idées égalitaires triomphent, puisqu'il faut que l'unité et la diversité progressent *pari passu*, une centralisation croissante du pouvoir directeur et coercitif, est nécessaire. Un gouvernement centralisé augmente la densité, établit l'uniformité, « tend à combattre toutes les espèces de groupements à la fois compacts et exclusifs qui découpent une société en masses nettement distinctes [1]. » Quel est donc l'avenir de la forme gouvernementale que l'évolution a amenée de nos jours ?

95. **Les gouvernements.** — M. Coste après un examen approfondi des données historiques [2] croit pouvoir admettre comme nécessaire la succession, au point de vue politique, des gouvernements *absolu* ou patriarcal, *militari-religieux, administratif, parlementaire, représentatif* et *juridique*. Il voit dans cette évolution une diminution progressive de l'asservissement, une marche continue vers la suppression de l'arbitraire et la protection effective de la loi. Il y a eu moins de servitude sous un gouvernement militaire que sous un régime absolu de patriarcat, parce

---

1. Bouglé, *op. cit.*
2. Ad. Coste, *L'expérience des peuples et les prévisions qu'elle autorise.* Paris, Alcan, 1900, p. 186-193.

que dans l'état militaire on subit une discipline, tandis que dans les formes sociales primitives on subit un régime d'arbitraire (qu'il soit collectif ou individuel). Il y a moins d'oppression sous le régime administratif que sous le régime militaire, moins d'entraves à la liberté individuelle sous le régime représentatif que sous le régime administratif ; enfin sous un régime juridique « la plus complète liberté possible entraîne l'admissibilité de tous, non pas seulement aux fonctions publiques, mais à toutes les fonctions sociales, ce qui doit aboutir dans un temps donné au rapprochement le plus avantageux pour la société et les individus entre la tâche à remplir et l'homme, d'où qu'il vienne, qui s'y trouve le plus apte ». Donc, plus de favoritisme, par conséquent plus de castes, plus de classes hostiles les unes aux autres, plus d'entraves à la libre expansion de la valeur individuelle, plus d'opposition entre l'État et la nation si ce n'est une opposition juridique de gouvernement à gouvernés : voilà le terme d'une évolution plusieurs fois séculaire.

96. **La ploutocratie.** — M. BROOKS ADAMS[1], qui croit moins à une évolution qu'à une série de « ricorsi » à la façon de ceux qu'a conçus VICO, montre cependant la puissance prépondérante de l'argent dans l'évolution politique. M. AD. COSTE reconnaît que « la confusion est presque inévitable, du parlementarisme (soit monarchique dans la forme, soit républicain) avec la ploutocratie » ; mais il prévoit avec plus d'optimisme une période prochaine dans

---

1. *La loi de la civilisation et de la décadence.* Alcan, 1899.

laquelle la puissance des partis et de la classe bourgeoise, la puissance de la richesse, céderont devant la puissance de l'intelligence et de la libre association. M. Brooks Adams semble trop tenir compte de cette entité, la race, dont il veut qu'au bout de trois ou quatre générations le sang épuisé ait besoin de se purifier, de se renouveler au contact d'une race nouvelle, afin de recommencer le cycle fatal qui débute par le militarisme et aboutit à une inéluctable décadence, à un abaissement du niveau moral par la ploutocratie triomphante. Les races nouvelles ne pénètrent que lentement dans le grand courant qui entraîne les nations civilisées ; les éléments des unes et des autres se mêlent peu à peu, de sorte qu'il n'y a pas à proprement parler de race qui commence et de race qui finisse. De plus, il n'y a pas deux « races » ou deux groupes de nations qui aient une évolution semblable et on ne peut pas inférer de la décomposition lente du monde byzantin ou du monde romain la fatale décadence de la civilisation européenne d'aujourd'hui. Le développement industriel sera probablement un obstacle à l'influence pernicieuse de l'argent. Il sera aussi un obstacle sans doute à l'incessante lutte des classes qui apparaît inévitable, éternelle, aux yeux d'un sociologue allemand, M. Zenker [1]. Sa conception de l'État comme une hiérarchie de castes maintenues dans l'obéissance par la puissance brutale d'une caste, prédominante pour un temps seulement, semble provenir d'une vue incomplète de l'évolution sociale.

---

1. *Naturliche Entwicklungessschgchte Gesellschaft*. Berlin, 1899.

L'idée d'un règne de la loi et du droit, opposé au règne de la force et de l'argent, a fait d'incontestables progrès et est devenue partie intégrante de la consicence sociale des peuples civilisés.

97. L'évolution politique et le droit. — Que l'évolution politique se poursuive dans le sens d'une plus grande indépendance de l'individu à l'égard de tout pouvoir arbitraire, c'est ce que montre l'évolution du droit.

Comme nous l'avons vu plus haut, le droit fut d'abord pénal dans sa presque totalité. Les dommages causés aux individus échappaient à toute répression quand ils ne constituaient pas des offenses aux sentiments collectifs, et on pourrait citer de fréquents exemples de crimes contre les individus, de meurtres, jugés beaucoup moins sévèrement par des sociétés primitives que l'oubli d'une prescription rituelle qui nous semble tout à fait insignifiant aujourd'hui. Il y a donc dans le droit primitif une indication sûre de l'importance prise par le Pouvoir et du peu de cas fait des personnes, des droits individuels. On peut dire que ceux-ci n'existent pas à proprement parler, car l'individu est comme noyé dans la masse sociale : il ne se dégage pas encore du milieu assez pour opposer sa force morale à la force brutale de la collectivité. Aussi certains historiens du droit ont-ils appelé, comme FRAGAPANE[1], cette phase sociale « préjuridique », parce qu'elle semble dominée par la vengeance individuelle ou collective.

1. FRAGAPANE, *Il problema delle origine del diritto*. Rome, Lœscher, 1896.

Toutefois la vengeance collective s'exerce déjà, non pas seulement en tant que pure réaction passionnelle, mais encore en tant que moyen de préservation sociale, de conservation des traditions, des rites, des usages, des sentiments et tendances, qui sont l'âme de la vie en commun. C'est « l'esprit social », comme le dit M. Tanon[1], « qui engendre par sa seule force tout le droit » ; et il ne le peut « que dans les sociétés naissantes où la simplicité et l'uniformité des conditions de la vie et de la culture impriment chez tous les membres de la communauté les mêmes manières de penser et de sentir, et leur font embrasser et concevoir, dans des vues uniformes tout l'ensemble de la vie morale et juridique. » C'est ainsi qu'il y a vraiment un droit dans la première phase de la vie sociale, et que ce droit est le point de départ de l'évolution que nous devons examiner.

C'est ce droit pénal fondé sur la contrainte sociale qui permet la seconde et la troisième phases indiquées par Fragapane : la « phase juridique arbitrale », celle du talion et de la composition ; — et la « phase juridique exécutive » celle de l'intervention impérative du pouvoir en vue d'une sanction coercitive.

98. **Le droit contractuel.** — Au cours de ces deux phases, l'importance prise par l'individu paraît de plus en plus grande; le droit contractuel à sanction restitutive s'oppose progressivement au droit pénal, à sanction purement répressive. Les mœurs commerciales, le développement des relations entre peuplades, tribus et nations, durent contribuer sans cesse à

---

1. Tanon, *L'évolution du droit*. Alcan, 1900, p. 74.

l'extension de ce droit qui faisait dépendre un grand nombre de déterminations pratiques du contrat librement consenti et non plus de la volonté arbitraire du souverain. Les obligations imposées par la loi devenaient ainsi beaucoup moins nombreuses que les obligations acceptées à la suite d'un accord entre individus. Le droit civil s'opposait victorieusement au droit criminel : de nos jours le premier a acquis une incontestable prépondérance.

En effet le simple contrat entre individus ne suffit pas pour constituer un acte juridique : il n'y a fait juridique qu'autant que l'appui des pouvoirs publics est assuré au contrat en vue de son exécution. Pour qu'il le soit, il faut que le contrat soit établi dans les formes, sous les conditions et dans les limites fixées par la loi. Or on voit de plus en plus la loi pénétrer dans le domaine de la vie privée et de la volonté individuelle, pour réglementer les modes d'action les plus variés et leur donner ainsi à tous une valeur sociale et une sanction légale. Tandis que jadis et dès le début de l'évolution, la puissance collective déterminait le plus possible la « matière » des actions, annihilant ainsi la volonté individuelle, maintenant par la force l'homogénéité primitive, on voit de nos jours le pouvoir s'efforcer de plus en plus d'imposer une « forme » commune à tous les actes, mais, en donnant une forme légale, s'abstenir de plus en plus de déterminer la matière des obligations, laissant ce soin aux individus que le contrat lie à leur gré. Dans le mariage en France, par exemple, ce n'est qu'à défaut de conventions antérieures que la loi impose un régime bien défini. Ainsi la vie sociale pénètre de plus en plus la vie individuelle, mais la contrainte sociale s'exerce de moins en moins par là même sur la volonté individuelle. Le développement de la liberté du citoyen est ainsi intimement lié au développement de la légalité.

Aussi voit-on les peuples les plus avancés dans la voie de la civilisation accorder à l'État les attributions les plus multiples tout en portant au plus haut degré la liberté individuelle, tandis que les peuples orientaux sont ceux où l'on constate à la foi le peu d'importance des fonctions sociales de l'État et le faible développement des libertés individuelles.

L'avenir appartient donc vraiment à l'individu toujours plus indépendant de tout pouvoir arbitraire, sous le contrôle et la protection de l'État.

II

L'ÉVOLUTION SOCIALE (*suite*).

C. *L'évolution économique.*

99. L'évolution primitive. — On admettait naguère que l'humanité primitive avait effectué son progrès économique en passant de la chasse ou de la pêche à la vie nomade des pasteurs pour parvenir à la vie agricole. Cependant « sur plus de la moitié du globe, dit Dargun[1], la vie pastorale n'a pas constitué

---

[1]. L. DARGUN, *Ursprung und Entwicklungsgeschichte des Eigenthums*, 1884. *Zeitschr. f. Vergl. Rechtswiss*, V,

le stade de transition entre la chasse et l'agriculture, et en conséquence les populations de tant de pays n'ont point connu le régime de propriété propre aux pasteurs : il faut y comprendre celles de l'Amérique, de l'Australie et de la Polynésie d'une part ; — celles, en majeure partie du moins, de l'Asie et de l'Afrique... Il faut donc cesser d'admettre les trois stades traditionnels comme se succédant nécessairement par le fait du progrès humain. De plus toutes les tribus pastorales que nous connaissons s'adonnent à l'agriculture quoique très négligemment ; les hordes de pasteurs nomades sont plus civilisées dans l'ensemble que beaucoup de tribus agricoles, ce qui permet de supposer que la vie pastorale est postérieure à l'agriculture primitive ». Ce sont des vues aujourd'hui généralement acceptées, et Grosse distingue dans chacun des groupes de pasteurs, chasseurs ou agriculteurs, les *inférieurs* et les *supérieurs*, afin de bien marquer que ces groupes correspondent plutôt à des genres différents d'existence qu'à des degrés d'une même évolution.

100. **L'évolution économique.** — Qu'ils soient chasseurs, pasteurs ou agriculteurs, les peuples primitifs ont une activité économique très peu complexe. Ce n'est, semble-t-il, qu'au stade supérieur de la vie agricole primitive qu'apparaissent l'*exportation*, le commerce ou l'échange avec des tribus plus ou moins lointaines. La division du travail, la séparation des métiers, la vie ouvrière ne viennent que plus tard. Le développement de l'activité industrielle est donc plus caractéristique d'une haute civilisation que l'extension de la vie commerciale et l'importance des

échanges, bien que le commerce ne puisse évidemment atteindre un haut degré de développement que par les progrès de l'industrie.

M. Coste[1] divise l'évolution économique en cinq périodes principales :

« 1° Production patriarcale ou indivision de l'activité productive ; absence d'échange monétaire, propriété domaniale inaliénable *(jus utendi)* ;

2° Séparation des métiers : production domestique et production artisane, commerce local ; propriété foncière inaliénable *(jus abutendi)* ;

3° Division du travail et emploi des moteurs naturels dans les manufactures ; commerce réglementé interprovincial et colonial ; propriété commerciale des capitaux ;

4° Mécanisation du travail et emploi des moteurs physico-chimiques dans les machino-factures et les entreprises de transport ; commerce international conventionnel ; propriété des valeurs mobilières ;

5° Création des organismes économiques par la combinaison de l'action publique, de la protection syndicale, de l'association anonyme des capitaux et de l'activité individuelle intéressée; libre échange ; propriété de collaboration pour les travailleurs sur la plus-value des fonds productifs qui leur est imputable ».

101. La division du travail. — L'évolution économique serait donc caractérisée par un accroissement de la production, des échanges de plus en plus actifs, une suppression progressive de toutes les causes de déperdition (entraves à la liberté du travail, tyra-

---

[1]. *Op. cit.*, p. 336.

nie administrative, fraudes, crises ruineuses, réglementation artificielle) — enfin, par une intervention de plus en plus grande de la collectivité, de l'État, en vue de la protection des individus et de l'utilisation de leurs aptitudes.

Le fait capital de cette évolution, au siècle dernier, a été l'introduction de la machine avec sa puissance qui centuple celle de l'homme, ses incessants perfectionnements qui placent entre les mains de l'ouvrier la plus grande variété d'instruments, entraînant ainsi une grande diversité de fonctions et une croissante division du travail. On ne peut guère prévoir à quel point « le machinisme » est appelé à transformer l'industrie et par conséquent à modifier la vie économique. Mais il semble bien que l'ère de la rude concurrence entre individus sera bientôt close. « L'individualisme économique, dit M. Coste [1], a grandement raison de célébrer la fécondité et la nécessité de l'action personnelle ; mais il a tort de laisser croire quelquefois qu'elle se suffit à elle-même. Il appartient à la sociologie de montrer que le progrès économique consiste précisément dans la coopération de mieux en mieux concertée de l'action publique, des capitaux associés et du travail individualisé, sans aucune usurpation d'un des éléments sur les autres ». La concurrence, préconisée par les économistes orthodoxes, a montré au cours du xixe siècle combien elle est impuissante et coûteuse : elle accumule les ruines, les déchets, qu'une action concertée évite. La division du travail, la spécialisation des tâches et par

---

1. *Op. cit.*, p. 342.

conséquent des aptitudes, tout en donnant une valeur croissante à l'individu, rendent de plus en plus urgente la coopération, la solidarité de tous les facteurs de richesse, de tous les éléments de la vie économique. M. Durkheim a bien montré « la solidarité organique » croissant avec la division du travail et amenant avec elle un accroissement de cette liberté individuelle que les partisans de la concurrence sauvegardent si mal en voulant la conserver entière.

La division du travail et la solidarité permettent un progrès indéfini de la « machino-facture » sans que personne ait à en redouter les conséquences : la force brutale chez l'homme vaudra de moins en moins; la puissance intellectuelle, l'habileté technique, seront de plus en plus appréciées. Car on ne saurait prétendre qu'une machine, aussi perfectionnée fût-elle, pourra être dirigée par un ouvrier ignorant et maladroit aussi bien que par un ouvrier habile, susceptible de faire rendre le maximum de travail utile, de réparer à l'occasion les rouages qu'il connaît et dont il se sert avec d'autant plus de précision qu'il les connaît mieux. On a dit que le fusil à longue portée a rendu inutile la valeur, le courage sur les champs de bataille ; mais il a rendu plus précieuse l'intelligence. De même, la machine rend vaine la force brutale ; elle rend encore plus estimables les qualités de l'esprit et celles qu'un long apprentissage, une constante discipline font acquérir au corps. Au point de vue purement sociologique, elle rapproche les uns des autres les ouvriers d'une même œuvre, toujours plus complexe ; elle fait du vaste atelier, de la grande usine, de la cité industrielle, un tout de plus en plus unifié. Elle oppose radicalement l'organisation ouvrière d'aujourd'hui, avec ses syndicats, à celle du moyen âge, du temps où les corporations soumettaient l'activité industrielle à la domination de de quelques règles étroites et immuables et ne laissaient à l'individu aucun droit à l'initiative, aucun moyen d'acquérir une valeur personnelle.

102. **L'association.** — Les syndicats de nos jours tendent, dit-on [1], à la « souveraineté économique », c'est-à-dire à une réglementation des prix, des salaires des heures de travail, etc., réglementation qui s'imposerait à tous les ouvriers, à tous les intéressés et viendrait ainsi, semble-t-il porter atteinte à la liberté individuelle. M. Yves Guyot est d'accord avec M. Paul Boncour pour prévoir une tendance croissante à la « tyrannie socialiste ». Rien n'est plus naturel à une foule, organisée soudain en associations puissantes, que de prétendre exercer une contrainte sans limites sur l'individu désarmé. Les instincts de la foule sont foncièrement des instincts d'oppression. On a déjà vu les syndicats ouvriers en France poursuivre de leur haine des dissidents et n'échouer dans d'illégitimes revendications que grâce à l'intervention de la justice.

Mais de tels faits sont des phénomènes plutôt de régression que d'évolution. Pour juger sainement de l'avenir des syndicats, il faut s'élever au-dessus de certains accidents, événements malheureux, tendances passagères. Les associations se détruiraient elles-mêmes par une insupportable tyrannie ; on pourrait

---

1. J.-P. Boncour, *Le fédéralisme économique*. Préface de M. Waldeck-Rousseau. Alcan, 1900.

donc prédire leur disparition à brève échéance si elles n'avaient pas d'autres aptitudes que celle qu'une courte expérience permet de leur reconnaître actuellement.

Heureusement, les syndicats ont d'autres raisons d'être que la tendance de la foule à dominer, à opprimer les individus. De même qu'au point de vue politique l'évolution s'est faite dans le sens d'une organisation du pouvoir, telle que la Loi, expression de la raison, se substitue à l'arbitraire individuel ou collectif, de même au point de vue économique l'avenir montrera sans doute un passage plus ou moins rapide de la « tyrannie socialiste » à la liberté légitime des syndiqués. En effet, la fin de l'association est « l'expression de la solidarité professionnelle » et la mise en pratique de cette solidarité qui a cherché sans cesse à s'affirmer dans les siècles passés, notamment au XIXe siècle, malgré les obstacles de toutes sortes mis par le pouvoir central à son développement. Il y a un groupement naturel, dit M. Jay[1] « qui naît de la communauté de résidence, un second qui dérive de la communauté d'occupation... Dans les deux cas il s'établit des relations spéciales, il se crée des besoins similaires, il surgit des concurrences forcées, des connexions et des oppositions d'intérêt, tout un ensemble de rapports dont la *coordination* suivant un régime régulier est *nécessaire* pour procurer la *sauvegarde à tous et à chacun la faculté de poursuivre sa fin* ».

Comme le montre M. Paul Boncour l'aspect de la solidarité professionnelle varie suivant les diverses

---

1. *Évolution du régime légal du travail*, p. 16.

professions. Mais partout elle se retrouve et c'est elle qui justifie pleinement l'organisation syndicale, qui donne la plus sûre indication sur l'avenir des associations économiques.

La liberté individuelle ne semble donc pas menacée par l'organisation de la force collective. Bien au contraire, elle n'en est que mieux assurée si les syndicats se bornent à défendre les droits communs, l'indépendance commune. D'ailleurs ne voit-on pas déjà une tendance à substituer, à la pression violente exercée parfois sur les individus par quelques meneurs, en cas de grève, un mode du suffrage universel, un referendum, ayant pour principe la libre expression de la volonté individuelle et pour fin l'établissement méthodique d'une règle commune?

M. Paul Boncour prévoit un avenir plus brillant encore pour les associations de toutes sortes et en particulier pour les syndicats de travailleurs : d'après lui, le jour viendra où ces groupements professionnels seront revêtus par la loi de droits semblables à ceux d'autres associations étrangères (le droit de poursuivre au civil et au criminel, de mettre en mouvement l'action publique dans les délits qui relèvent de leur compétence) ; où à ce rôle moralisateur ils ajouteront une collaboration féconde à la confection des lois qui concernent le travail, l'industrie, le commerce, à l'exécution de ces mêmes lois, à l'organisation politique et économique du pays. La fédération des syndicats de toutes sortes pourrait servir de base à la représentation générale des intérêts et des tendances d'une nation [1].

1. Paul Boncour, *Le fédéralisme économique*, p. 354-377.

Si les associations professionnelles parviennent un jour à un tel degré de coordination et de valeur politique ou juridique, il en résultera indubitablement pour chaque pays un équilibre tout nouveau des forces économiques et en particulier un nouveau mode de répartition de la richesse entre les travailleurs.

103. L'esclavage et la propriété. — La répartition des biens, soit naturels, soit acquis par le travail fut pendant longtemps faite d'après des principes qui ne sauraient être admis de nos jours. Nous voyons, presque au début de l'évolution sociale, l'esclavage priver certains individus de toute possession, bien que ces mêmes individus fussent les seuls travailleurs, les seuls producteurs de la richesse.

Sans doute, l'esclavage ne fut pas un fait universel dans l'humanité ; de nombreuses peuplades ont ignoré l'asservissement des hommes par leurs semblables ; s'il faut en croire le Dr Nieboer, dont l'étude est très documentée sur ce point, les tribus militaires ont beaucoup moins été portées à instituer l'esclavage que les tribus industrielles et commerçantes ; mais on peut considérer surtout l'asservissement d'individus, ou de peuples entiers, comme un « système industriel » très répandu.

Le procédé a été très général ; on voit partout où la vie économique a cessé de consister en des échanges directs ou en une consommation immédiate des produits naturels, partout où l'industrie et le commerce se sont développés, apparaître une tendance des plus forts à subjuguer les plus faibles afin d'obtenir d'eux le plus de travail possible avec le minimum de frais, de dépenses ou de salaires.

Or cette tendance progressivement disparaît. De plus en plus il se produit un échange de services par l'intermédiaire de l'argent, et par conséquent une accumulation, entre les mains du plus grand nombre d'individus, de moyens d'échange qui constituent la propriété privée.

Le progrès industriel a affranchi l'ouvrier. La complexité croissante des moyens de production, la multiplicité des inventions, la nécessité de tirer profit de toutes les ressources naturelles en des régions où seuls peuvent vivre les hommes industrieux, ont rendu indispensable la division du travail. Les difficultés de la lutte pour l'existence ont fait certains peuples plus hardis, plus novateurs, et plus enclins à apprécier l'adresse, l'esprit d'invention, la valeur technique. Tandis que les nations qui résidaient sur un sol riche, en des plaines fertiles, continuaient à se laisser vivre sans effort et cherchaient à conserver un nombre considérable d'esclaves, les peuples qui habitaient un sol pauvre, des régions montagneuses, faisaient appel à toutes les énergies, et dans l'accomplissement de la tâche commune s'habituaient à l'égalité de tous devant la loi, concevaient l'aptitude de tous à la possession en général, et le droit de chacun à posséder les fruits de son travail.

Ainsi l'industrialisme a servi, comme le montre bien Spencer, au développement de la propriété individuelle. En outre, comme le dit le philosophe anglais, la diversité et l'importance des biens mobiliers possédés par des individus augmentant à mesure que l'industrialisme croît, la terre se trouve peu à peu assimilée au produit du travail et se confond avec la propriété mobilière primitive, de sorte que la propriété foncière est soumise elle aussi à une évolution qui tend à rendre de plus en plus strictement individuels tous les biens de la nature, toutes les richesses naturelles et artificielles.

104. **La propriété.** — Les peuplades nomades n'ont guère pu connaître d'autre propriété individuelle que celle des armes et d'un petit nombre d'objets mobiliers ; les peuples guerriers y ont ajouté la possession des parts de butin ; les peuples agriculteurs, qui semblent les plus aptes cependant à concevoir la propriété foncière, n'ont généralement pas admis au début qu'une partie du sol commun soit exclusivement réservée à un individu. Ce n'est qu'avec les progrès de l'art agricole que s'établit une possession temporaire. « Le fonds, dit M. DE LAVELEYE[1], continue à rester la propriété collective du clan, à qui il fait retour de temps en temps, afin qu'on puisse procéder à un nouveau partage. C'est le système en vigueur aujourd'hui dans la commune russe ; c'était au temps de TACITE, celui de la tribu germanique ».

D'après M. KOVALEWSKY, le communisme agraire primitif a été ruiné d'abord par la densité croissante de la population, ensuite par des institutions politiques telles que la féodalité, ou des événements sociaux tels que le triomphe de la bourgeoisie. A vrai dire, le communisme des hordes sauvages n'a jamais

---

[1]. *De la propriété et de ses formes primitives.* Alcan, 1877, 2ᵉ édit., p. 5. — Sur l'évolution de la propriété, voir DARGUN, *Ursprung und Entwicklungsgeschichte des Eigensthums* (1884); LETOURNEAU, *L'évolution de la propriété* (1896).

été que le défaut de propriété individuelle, et ne saurait être défini que négativement, car, comme le remarque M. Zenker[1], l'esprit des premiers hommes n'est pas assez complexe pour comprendre d'emblée la possession collective. C'est en l'absence de toute possession que la propriété individuelle s'est établie sans avoir à lutter contre un prétendu collectivisme antérieur. La force, l'habileté à manier les armes et à triompher dans les combats, comme le prétend Spencer, ont pu être au début la raison de l'attribution, à certains hommes, d'avantages spéciaux qui ont dégénéré en propriété foncière.

A mesure que l'habileté technique, la valeur intellectuelle ou morale, ont acquis une portée plus considérable, et ont rivalisé dans l'estime publique avec la valeur guerrière, les possessions privées ont pu devenir plus nombreuses chez les peuples qui avaient débuté par le régime militaire. Chez les autres, la mise en rapport, par le travail, des biens naturels, du sol, des carrières, des mines, etc. ont permis des usurpations plus ou moins durables[2].

Mais il faut surtout considérer que l'évolution de la propriété foncière a dû passer par un stade qui lui est propre : la possession par la famille plutôt que par l'individu. De nos jours encore, dans les peuples les plus civilisés, subsistent des traces profondes de cette possession des biens immobiliers par la collectivité à laquelle l'individu se rattache immédiatement.

---

1. *Die Gesellschaft*, vol. I, p. 80.
2. Ainsi le droit de propriété actuel est sorti en 1789 du droit domanial prépondérant au moyen âge.

Quand ce n'est pas la famille, c'est la congrégation, c'est le groupement chargé de pourvoir à la continuité d'une possession indivise. Voilà à proprement parler la phase collectiviste de l'évolution sociale ; ce n'est point la première, ce n'est point la plus récente ; elle est intermédiaire entre le communisme inconscient du début et l'individualisme actuel[1].

La propriété tend donc et surtout à cause des conditions actuelles du travail à devenir de plus en plus personnelle. Toutefois il semble que l'individualisme ne soit pas ici antagoniste d'une certaine possession collective, celle des syndicats, des associations diverses, de tous les groupements qui ont pour fin une œuvre commune à divers individus. La propriété individuelle n'a rien à craindre du développement d'une telle propriété collective, qui est peut-être la forme de possession appelée à réaliser dans l'avenir les plus grandes entreprises, les plus efficaces au point de vue économique.

105. **Le capital et le travail.** — L'industrialisme n'a pas seulement favorisé l'établissement de la propriété individuelle ; il a aussi, par l'accumulation des capitaux qu'ont rendue nécessaire les grandes entreprises industrielles, créé un conflit entre le capital et le travail. Le problème du juste rapport à établir entre le revenu du capitaliste et le gain du travailleur est essentiellement moderne, on pourrait même dire récent, car il n'a été posé que du moment où le nombre, la variété, la puissance des machines, ont modifié

---

1. On constate même sous le régime féodal une « tenure » familiale, généralement préférée à la tenure individuelle. Cf. H. Sée. « Les classes rurales et le régime domanial en France au moyen âge » (Giard et Brière 1901).

si profondément l'ensemble des phénomènes économiques de la production.

La suppression des anciennes corporations, tout en ruinant bien des abus, bien des privilèges injustifiés, a jeté le désarroi parmi les ouvriers auxquels le droit d'association, de coalition, de coopération, a été longtemps dénié. Le capital s'est trouvé tout puissant en face du travail désarmé. Il s'en est suivi des abus indiscutables, et des fortunes énormes ont été réalisées par des capitalistes qui assurément avaient moins de droits que leurs ouvriers à la possession d'un gain vraiment commun.

Mais une évolution bien marquée tend à rendre de plus en plus solidaires le capital et le travail : la participation des ouvriers aux bénéfices, la coopération sous toutes ses formes, semblent devoir faire peu à peu de chaque travailleur un petit capitaliste intéressé à la fois à l'élévation des salaires et à l'augmentation des dividendes.

On peut prévoir que les associations ouvrières prendront un tel essor que les conflits entre représentants du capital et du travail seront réglés d'une façon toujours plus pacifique, étant donnée la force respective des deux parties.

D. *L'évolution des sentiments.*

106. **Les sentiments collectifs.** — Comme on l'a déjà signalé à mainte reprise, les premiers sentiments qui se sont développés dans l'humanité ont pris en général la forme de sentiments religieux; à ceux-ci n'ont pas manqué de s'ajouter le plus souvent des

sentiments esthétiques dont le développement a été favorisé par les fêtes, les jeux, les cérémonies en honneur chez tous les peuples. Etant donnée l'homogénéité sociale déjà indiquée, il n'est pas étonnant que les sentiments communs aient eu un degré incomparable de vivacité et d'énergie, aient fait l'union des consciences, aient donné aux manifestations collectives l'appui de la presque unanimité. Le fanatisme, avec ses explosions de haine contre toute hétérodoxie, en était la conséquence. Et comme les sentiments sociaux ne faisaient avec les sentiments religieux qu'un seul tout, on conçoit la puissance des prêtres associés aux chefs, ou celle des chefs, des magistrats, des patriarches, qui avaient revêtu un caractère religieux. Les mœurs établies par l'autorité religieuse ou sanctionnées par elle ne pouvaient manquer de se perpétuer ; la fidèle observation des prescriptions éthico-religieuses assura d'ailleurs le salut de bien des peuples, grâce au caractère foncièrement hygiénique ou moral ou politique de ces préceptes, souvent empreints d'une haute sagesse, d'une grande prudence. Le culte totémique, le respect des objets tabou, ont eu, on ne saurait le méconnaître, un rôle utile dans la civilisation générale.

La vivacité des sentiments socio-religieux fit la profondeur des sentiments esthétiques qui s'affirmèrent parfois de si imposante façon, au début, par exemple, des civilisations hindoue, égyptienne, grecque, chrétienne.

107. **Différenciation des sentiments primitifs.** — La dissolution du sentiment religieux primitif a rompu le lien qui unissait la théologie (avec son cor-

tège de magie, de sorcellerie, d'astrologie et de médecine), la politique, l'art et la science. L'histoire du développement des sentiments artistiques et scientifiques est celle de la civilisation universelle, souvent interrompue, toujours reprise par les différents peuples qui successivement ont marché à la tête de l'humanité. On constate aisément que le fanatisme religieux disparaît progressivement à mesure qu'un peuple avance dans la voie de la civilisation ; que l'art de ce peuple cesse de viser au sublime pour s'attacher davantage à la beauté et à la grâce, que l'amour de la science, le culte de la vérité, croissent en même temps que les sentiments de sociabilité.

Le développement des tendances scientifiques et de la sociabilité caractérise notre époque : on peut donc prévoir un apaisement progressif des haines politico-religieuses, simples survivances des temps passés ; une orientation nouvelle de l'art, imprégné de sentiments généreux, altruistes, *sociaux*, et une extension considérable du domaine du savoir, ainsi que de la sphère des œuvres sociales, des institutions de solidarité, de mutualité, d'organisation politique, etc.

108. **Évolution de la sociabilité.** — Le terme de « sociabilité », suffisant pour désigner une tendance individuelle, est trop vague pour désigner ce fait complexe qui semble appelé à jouer un rôle prépondérant dans l'avenir le plus prochain : pour en préciser la conception, il suffit d'en considérer l'évolution.

La contrainte exercée primitivement par la « conscience sociale » sur les consciences individuelles, ne se trahit pas seulement par l'obéissance aux chefs, aux prêtres, au pouvoir politique, mais encore, nous l'avons vu, par une disposition constante de tous les individus à se soumettre à la règle commune, à adopter les mœurs, les façons de penser, de parler et d'agir qu'a déterminées la coutume, la tradition. C'est même cette disposition constante et naturelle qui fait si grande, dès le premier moment, la puissance de la volonté collective. Elle peut s'expliquer par une sorte de sympathie instinctive ou d'imitation spontanée, fait qui par sa promptitude et sa diffusion donne bien vite de la nécessité et de la généralité à une mode, à une coutume, à un type social. Une telle aptitude est le point de départ de la sociabilité.

Mais quand la puissance de la collectivité apparaît à l'individu considérablement affaiblie déjà, un nouveau mode du sentiment social doit nécessairement apparaître. L'être reste apte à vivre avec ses semblables, non plus par une contrainte qu'il ne soupçonne pas, mais par le développement d'une tendance généreuse que favorise la vie avec des êtres plus faibles. En l'absence de cette tendance, la division du travail social vient, comme l'a montré M. Durkheim, substituer progressivement à la « solidarité mécanique » du premier moment une « solidarité organique », celle d'éléments conscients qui se complètent les uns les autres et ont une notion de plus en plus claire et des services qu'ils rendent et des services qu'on leur rend ; tels qu'ils ne peuvent vivre sans le secours d'autrui, bien qu'ayant conscience de rendre à autrui d'estimables services ; tels qu'ils ne peuvent se développer et être heureux que si leur milieu est en voie de développement et en possession d'un bonheur relatif.

Le progrès industriel, étroitement lié au progrès scientifique ne peut donc que développer une sociabilité nouvelle, proche parente d'un sentiment de fraternité et d'un esprit de sacrifice.

Comme l'a vu Spencer, il faut pour que la sympathie atteigne son plein développement dans l'espèce humaine que s'atténue l'ardeur de la lutte pour l'existence d'abord entre individus, ensuite entre collectivités restreintes, enfin entre nations et races. Or l'adaptation plus complète des hommes aux conditions d'existence que leur ont faites la nature et l'évolution sociale fait disparaître progressivement les causes de conflit. L'extension des moyens de communication, le mélange incessant des différentes collectivités, la nécessité d'associations nombreuses et diverses, la coopération qui s'impose dans tous les domaines de l'activité, font que la sympathie naturelle rencontre chaque jour moins d'obstacles, et que la générosité d'abord faible et intermittente dans l'humanité s'affirme avec une énergie croissante.

109. La religion de l'humanité et de l'inconnaissable. — Peut-on croire pour autant à l'avènement prochain d'une religion de l'humanité, se substituant selon le vœu d'Auguste Comte, à tous les cultes de la divinité invisible ? La fraternité humaine pourra-t-elle jamais devenir l'équivalent d'un sentiment religieux ?

Spencer prévoit un développement de ces sentiments élevés qui ne toléreront plus que l'on attribue à la divinité des tendances basses ou vicieuses, et un développement intellectuel tel que les grossières explications théologiques acceptées jadis ne pourront plus l'être par personne ; par conséquent une épuration des conceptions religieuses, avec rejet des caractères anthropomorphiques reconnus tout d'abord à l'Être suprême. Mais Spencer est loin de supposer possible la confusion de l'Être suprême avec le Grand Être Humanité ; il croit que dans la religion la plus primitive il y avait déjà une part de vérité, à savoir que « la puissance qui se manifeste dans la conscience n'est qu'une forme, conditionnée différemment de la puissance qui se manifeste au delà de la conscience ». La force mystérieuse, l'Inconnaissable serait donc le Dieu de l'avenir, l'agnosticisme serait la religion future, produit du développement intellectuel et de l'évolution des sentiments.

« Ceux qui croient que la science dissipe les croyances religieuses paraissent ignorer que tout ce qu'elle peut ôter de mystère aux anciennes interprétations s'ajoute aux nouvelles. Ou plutôt nous pouvons dire que le transfert de l'une à l'autre est accompagné d'un accroissement, puisque, à une explication qui a une apparence plausible, la science substitue une explication qui, ne nous ramenant en arrière qu'à quelque distance, nous laisse en présence de l'inexplicable [1] ».

Spencer tient peu compte de l'évolution des sentiments sociaux et de leur influence sur les conceptions religieuses du plus grand nombre. Or M. Fouillée paraît prévoir avec raison la prédominance prochaine des tendances altruistes, d'un esprit de rénovation sociale, d'une sorte de philanthropie, peut-être un peu mystique, dans la religion destinée à se concilier les

---

[1]. Howard Collins, Résumé de la philos. de Spencer. *Les principes de sociologie*, ch. xxiii, fin.

faveurs de la multitude. Sans aller jusqu'à supposer que jamais le peuple pourra faire son Dieu de l'Humanité, cette chose ou bien trop abstraite pour être nettement conçue ou trop concrète pour être idéalisée et pour répondre au besoin durable de mystérieux, on peut bien admettre que de plus en plus la religion sera imprégnée de sociabilité et que la force considérable que représente le pouvoir ecclésiastique sera de plus en plus mise au service de la concorde, de la paix sociale.

E. *Ensemble des prévisions sociologiques.*

110. Résumé. — Nous avons examiné séparément les données de la sociologie sur l'évolution passée des principaux organes de la vie sociale et nous avons indiqué ainsi brièvement les fondements d'une prévision sociologique dont il nous faut maintenant réunir les traits essentiels pour nous faire une conception aussi objective que possible de l'état et des tendances de cette société au sein de laquelle nous devons vivre et agir, autant que nous le pouvons en harmonie avec notre milieu.

1° L'évolution de la famille tend à la disparition du pouvoir arbitraire du père et du mari : la famille cesse d'être une communauté rigoureusement close, ses éléments se dispersent et acquièrent chacun plus d'indépendance tant au point de vue économique qu'au point de vue juridique.

2° L'évolution de la vie politique tend à la suppression des castes, des hiérarchies oppressives, des contraintes illégitimes; le pouvoir s'organise, la lutte des classes s'atténue, les idées égalitaires se propagent ; le droit contractuel l'emporte sur le droit criminel, la justice distributive sur la justice répressive ; la fonction gouvernementale devient de plus en plus une magistrature qui exerce son action dans tous les sens afin de prévenir les injustices, les abus de pouvoir trop souvent commis par des collectivités restreintes. L'Etat tend à augmenter l'étendue de ses droits et de ses fonctions tout en accordant à l'individu toujours plus de liberté.

3° L'évolution économique se fait dans le sens de la libre association des travailleurs, de leur groupement en syndicats de plus en plus puissants. La division du travail accroît la puissance industrielle de l'humanité ; elle affranchit l'individu en lui donnant une valeur technique et en lui assurant une part des biens dus à son travail.

4° L'évolution des sentiments s'effectue par un passage du fanatisme politique ou religieux à une sociabilité bienfaisante, plus éclairée grâce au progrès de la science qui en se répandant de plus en plus développe l'amour du vrai.

Pouvons-nous donner une unité synthétique à ces multiples tendances ? Peuvent-elles toutes coexister et dans quelle mesure ? C'est ce que nous devons maintenant rechercher, car la conception de l'Idéal social ne saurait être arbitraire ; elle ne saurait s'éloigner de la réalité, et de ce qui est prévu comme devant se réaliser, que dans la mesure où le comporte une coordination complète.

Remarquons tout d'abord qu'une tendance générale se dégage très nettement de nos recherches séparées : l'*évolution sociale* dans son ensemble va à faire de l'homme le plus civilisé un être de plus en plus *libre*, sous le contrôle et sous la protection d'un pouvoir organisé de façon à faire régner la loi en supprimant tout arbitraire, et avec l'appui de ses semblables associés à lui en groupements divers de façon à réaliser la plus grande solidarité et à développer les sentiments sociaux les plus élevés.

Cette tendance ne nous fournit-elle pas le principe directeur d'une construction rationnelle de l'Idéal social. *Liberté individuelle* et *solidarité*, ces deux termes relativement antithétiques, ne sont-ils pas ceux que nous devons concilier ?

III

L'IDÉAL SOCIAL. — LUTTE OU AMOUR. — NIETZSCHE ET TOLSTOÏ

111. **Individualisme et altruisme.** — Parmi les moralistes contemporains, les uns exaltent l'individu au point de lui faire oublier la société, les autres prêchent un amour des hommes qui ne va à rien de moins qu'au renoncement individuel. D'un côté, l'individualisme à outrance aboutit à l'anarchie sociale et morale ; d'autre part, un altruisme exagéré arrive à des conclusions également funestes à la vie sociale. Pour préciser il suffit d'opposer deux théories morales également en faveur auprès du public lettré de nos jours, peut-être d'inégale portée et dont

le succès pourrait bien n'être qu'éphémère, qui valent du moins comme exemples, car elles représentent deux tendances dont les moralistes devront toujours tenir compte : la théorie de *Nietzsche* et celle de *Tolstoï*.

Nietzsche est l'apôtre de la lutte, épris de force et de grandeur individuelles ; Tostoï est l'apôtre de l'amour, de la paix, de la douceur et de l'humilité.

112. Le surhomme. — Le fond de la doctrine de de Nietzsche est la conception du « Surhomme », produit de cette vie, qui sans évoluer vers un but déterminé « doit toujours se dépasser elle-même », qui n'offre au mortel la paix que « comme moyen d'une guerre nouvelle ». La guerre pour Nietzsche est l'instrument du progrès, comme le *struggle for life* est pour Darwin le principe du perfectionnement des espèces. La guerre aboutit à l'élimination des moins aptes, et à l'avènement des victorieux à la dignité de « Surhommes » faits pour conduire le troupeau des esclaves, pour donner un sens à la vie, pour établir une échelle des valeurs, une hiérarchie des biens. « Le vrai philosophe, dit M. Lichtenberger[1], est le poète génial dans l'âme duquel se formule la table des valeurs à laquelle croient les hommes d'une époque donnée et qui détermine par conséquent tous leurs actes... Sa vision n'est pas autre chose que la loi suprême qui met en branle des générations entières... Il crée en toute liberté, en toute indépendance, insoucieux du bien et du mal, de la

---

1. *La philosophie de Nietzsche.* Alcan, 4ᵉ édit., 1900, p. 152-153.

vérité et de l'erreur ; il crée *sa* vérité, il crée *sa* morale ».

« Je vous enseigne le Surhomme, dit Zarathustra au peuple assemblé. L'homme est quelque chose qui doit être dépassé... Le Surhomme est la raison d'être de la terre. »

A cette conception d'un idéal moral se rattache celle de tout un système social. Les maîtres, créateurs de valeurs, jouent sur la terre un rôle de législateurs suprêmes, de dieux ; et par là même ils assurent le bonheur des esclaves, médiocres intelligences, êtres sans volonté, voués à l'obéissance, qui doivent avoir une existence sûre, exempte de responsabilités et de soucis, quasi-animale dans l'humble contentement de soi (né de l'illusion qu'il y a un ordre des choses, dans lequel on joue un rôle utile). Entre les maîtres et les esclaves sont les guerriers, les gardiens de la loi, les gouvernants, les rois, organes de transmission chargés d'exécuter les volontés, des véritables dominateurs[1].

Le héros, le seul souverain, le maître, n'est pas heureux ; chargé d'assurer le bonheur des êtres inférieurs, il faut qu'il atteigne le degré suprême de douleur ; il doit « marcher à la rencontre de sa suprême douleur et de sa suprême espérance tout à la fois ». Cependant le pessimisme et la mélancolie ne sauraient abattre son courage : « il doit au contraire apprendre le rire divin et chercher à se dépasser lui-même sur les ailes du rire et de la danse. C'est là le conseil suprême de Zarathustra[2] ».

1. *OEuvres*, t. V.
2. Lichtenberger, *op. cit.*, p. 159.

Cet être fantastique « qui sanctifie le rire » n'éprouve ni remords, ni pitié. « Voici la nouvelle loi, ô mes frères que je promulgue pour vous : *Devenez durs* ». La pitié est le dernier des péchés auxquels Zarathustra est exposé ; mais tandis que le dieu des des chétiens est mort d'avoir voulu sonder les profondeurs immondes de l'âme humaine et d'avoir souffert des vices honteux de ses pareils, le dieu Niezschéen en « respectant la grande infortune, la grande laideur, en lui épargant sa pitié », s'est assuré le triomphe.

113. **Le sacrifice des inaptes.** — « Pour épargner aux générations futures, le spectacle déprimant de la misère et de la laideur, laissons mourir ce qui est mûr pour la mort, ayons le courage de ne pas retenir ceux qui tombent, mais de les pousser encore pour qu'ils tombent plus vite. Le sage doit non seulement savoir supporter la vue de la souffrance d'autrui, il *doit faire souffrir* sans se laisser troubler par l'idée des tortures où se débat le patient... Qui atteindra quelque chose de grand s'il ne se sent pas la force et la volonté d'infliger de grandes souffrances ? »

Jamais l'idée naturaliste de la lutte pour l'existence n'a été poussée à ses conséquences extrêmes avec autant de vigueur. Sans doute Spencer avait fait le procès de « tous ces agents qui, entreprenant de protéger les incapables pris en masse, font un mal incontestable, car ils arrêtent le travail d'élimination naturelle par lequel la société s'épure continuellement elle-même » ; mais Spencer avait admis les bons effets de l'altruisme individuel, et il n'avait pas imaginé comme Nietzsche une élite chargée d'anéantir le plus rapidement possible la masse des malheureux que leurs infirmités irrémédiables ou leur débilité naturelle rendent impropres à la lutte pour l'existence.

La férocité du maître, disciple de Zarathustra, est sans contredit effroyable pour notre conscience morale, façonnée il est vrai par plusieurs siècles de ce christianisme que Nietzsche abhorre. Notre cœur s'est amolli et nous avons versé dans une « morale d'esclaves ». Sous le nom pompeux de « religion de la souffrance humaine », se cacherait d'une part une diminution de vitalité, une « ignominieuse médiocrité », d'autre part le désir de se donner par le sentiment de la pitié, un triomphe aisé. « Nous faisons aux autres du bien comme nous leurs faisons du mal, uniquement pour nous donner le sentiment de notre puissance, pour les soumettre en quelque manière, à notre domination. L'homme fort et noble d'instincts cherche son égal pour lutter avec lui... Le faible au contraire se contentera de proies médiocres. Le miséricordieux est sûr de rencontrer un minimum de résistance, de remporter un succès sans le moindre danger pour lui[1]. » Ainsi pour Nietzsche la pitié couvre d'un voile trompeur l'orgueil et l'égoïsme d'un être inférieur qui manque de générosité. La pitié lui paraît en outre, comme à Spinoza, une passion déprimante, qui, en ajoutant aux maux propres de chacun la part qu'il prend aux maux d'autrui, en augmentant la somme totale de souffrance dans le monde va à l'encontre du principe généralement admis, à savoir que le progrès doit tendre à un

---

1. Cf. Lichtenberger, *op. cit.*, p. 121.

accroissement constant de la somme totale de bonheur.

Nietzche dénonce le danger que trop d'indulgence pour certaines misères ferait courir à l'humanité en développant à l'excès une sensibilité prompte à devenir maladive. Il y a une sympathie malsaine contre laquelle il faut prémunir les hommes : la sympathie de certaines névropathes pour des êtres qu'un peu de sévérité amènerait à se relever, à reprendre courage, à redevenir utiles à eux-mêmes et à leurs semblables. La religion de la souffrance peut servir d'excuse à bien des défaillances et Nietzsche a stigmatisé « ce grand débordement de pitié auquel nous assistons de nos jours », indice manifeste d'une peur croissante de la souffrance sans laquelle on ne fait rien de grand. « C'est à l'école de la souffrance, de la grande souffrance, ne le savez-vous donc pas? c'est sous ce dur maître seulement que l'homme a accompli tous ses progrès... Vous voudriez si possible abolir la souffrance. Et nous? nous voulons semble-t-il la vie plus dure, plus mauvaise qu'elle ne l'a jamais été. » En réalité, Nietzsche veut l'homme plus fort qu'il ne l'a jamais été, triomphant de la souffrance, s'élevant au bonheur par une lutte vraiment virile. Et cette partie de sa doctrine ne manque ni de beauté, ni de profondeur.

114. **L'évangile de Tolstoï.** — Combien différente est celle de Tolstoï !

« L'Évangile de Tolstoï, dit M. Darlu [1], ne diffère guère de celui des *Compagnons de la vie nouvelle*

---

1. *Op. cit.*, p. 33.

rassemblés à Bocton par Thomas LAKE HARRIS un quart de siècle auparavant. Cependant il semble que ces grandes idées de pitié, de charité, de pardon, n'avaient jamais pénétré aussi profondément les cœurs depuis les jours du Christ. Elles ont imprimé à notre sensibilité une vibration presque douloureuse. » C'est en effet une rénovation du christianisme qu'a tentée TOLSTOÏ au temps même où NIETZCHE s'élevait avec énergie contre cette « morale d'esclaves ».

Ce qui nous semble le point culminant de la théorie de TOSTOÏ, c'est son quatrième commandement contenu dans les Évangiles[1]. « Il ne faut pas résister au mal, mais au contraire supporter toutes les injures et faire davantage encore que ce qui est demandé. Il ne faut pas juger ni engager de procès, attendu que tout homme lui-même est plein de fautes et n'a pas le droit d'en remontrer à autrui. En se vengeant on apprend aux autres à se venger ».

Les conséquences de ce commandement sont en effet, par la non-résistance au mal et à l'injure, la suppression de tout l'appareil militaire et judiciaire ; par le refus d'engager les procès, la négation du droit et de toutes les institutions juridiques. Ni armée, ni État, ni Église, aucun moyen de coercition même en vue du respect des personnes morales ; l'humanité formant un tout, « vivant en contact constant avec la nature et dans le travail, c'est-à-dire dans les conditions nécessaires à un bonheur paisible »[2] ; l'abandon de toutes les conquêtes d'une ci-

---

1. P. 72.
2. KOVALEVSKY, *La morale de Tolstoï*, in *Morale sociale*, p. 176.

vilisation détestable par ses résultats moraux ; tel est l'idéal social que Tolstoï conçoit, en correspondance avec l'idéal de vie individuelle : le bonheur dans le travail des champs « sympathique et libre », dans la vie de famille et dans le commerce libre et bienveillant de tous les hommes.

115. **Renoncement.** — Tolstoï est l'ennemi de toute tendance susceptible d'éveiller la jalousie et d'amener la lutte entre les hommes. C'est sans doute pourquoi il condamne l'instinct sexuel tout en glorifiant la vie de famille. « L'amour, dit-il dans son opuscule « Des relations entre les sexes »[1], ainsi que tout ce qui le précède et le suit, et malgré tous nos efforts pour prouver le contraire, tant en vers qu'en prose, ne procure jamais et ne peut jamais procurer les moyens d'atteindre un but digne de l'homme ; il est au contraire un obstacle à ce but... La raison nous démontre que la continence est l'unique solution... Supposons que la chasteté, cet idéal chrétien, se réalise ; qu'arriverait-il ? On se trouverait tout simplement d'accord avec la religion et avec la science ».

Sans doute Tolstoï a apporté dans la suite quelque modération dans une négation aussi hardie. Il a admis le mariage comme conséquence de la première « chute faite en commun, considérée comme un acte de mariage à jamais indissoluble », à la condition surtout que « cela ne procure de peine à personne ». Aussi nous représente-t-il le chrétien Pamphile avouant au païen Julius son affection profonde pour Madeleine, mais indiquant en même temps l'obstacle

---

1. P. 120.

qui l'a jusqu'ici empêché de mettre son projet à exécution : « Un jeune homme de ma connaissance aime aussi Madeleine. Il est chrétien ; il nous aime tous deux tendrement et je ne consentirai jamais à lui faire de la peine en lui enlevant tout espoir... je me marierai peut-être plus tard, lorsque je serai bien convaincu que cela ne pourra procurer aucune peine à personne »[1]. Un tel renoncement de l'amour en présence de l'amitié n'aurait rien de surprenant s'il s'agissait seulement d'un cas exceptionnel dans lequel l'amitié est par hasard plus forte que l'amour ; mais Tolstoï prétend l'ériger en règle constante en faisant de tous les hommes des frères qui mettent au dessus de la satisfaction d'appétits individuels la bonne entente, la confiance réciproque, la paix commune.

De même qu'il a sacrifié l'amour sexuel à l'amour de l'humanité, Tolstoï sacrifie toute organisation économique et politique à l'idéal de paix. Il rêve d'une vie patriarcale, d'où tout commerce aurait disparu, d'où l'usage de l'argent serait banni, même pour faire l'aumône. « Tout emploi d'argent quel qu'il soit n'est que la présentation d'une lettre de change tirée sur les pauvres ou la transmission à un tiers de cette lettre de change pour la faire payer aux malheureux. » Ce n'est pas par l'aumône que l'on fera disparaître la misère, c'est par le travail : « je dois débarrasser les malheureux du travail qu'ils font pour moi, soit en m'en privant, soit en le faisant moi-même »[2] ; je dois renoncer à tout luxe, à tout su-

---

1. *Pamphile et Julius,* p. 95-100.
2. Tolstoï, *Que faire ?* p. 243-249.

perflu, vivre de la vie commune, avec la plus grande frugalité, au sein des richesses naturelles, dans une société « homogène et amorphe » selon l'expression de M. Gide.

Enfin Tolstoï est l'ennemi de la science et de l'art moderne. « Les sciences ignorent les questions de la vie... La science et l'art ont failli à leur mission... La sagesse suprême a d'autres bases que l'intelligence et les sciences humaines »[1]. Sa philosophie est au plus haut degré une philosophie de réaction à l'égard de tout progrès scientifique et industriel : c'est celle d'un paysan qui a fait un louable effort pour comprendre et pratiquer le christianisme primitif, sous sa forme rudimentaire d'amour du genre humain. Elle n'a tenu nul compte de l'évolution sociale, nul compte du besoin de justice qui s'affirme avec une énergie croissante jusque dans les plus humbles consciences.

116. **Conséquences de la non-résistance au mal.** — Le dogme de la non-résistance au mal est sans doute celui contre lequel protestent le plus énergiquement nos tendances naturelles. Nous pourrions renoncer au bien-être dû de nos jours aux progrès industriels, et y renoncer même d'autant plus aisément que, nos besoins croissant avec les ressources propres à les satisfaire, nous ne sommes pas vraiment plus heureux au point de vue matériel que ne le seraient des hommes voués à la vie frugale des champs. Mais nous ne pouvons renoncer au progrès scientifique et artistique qui donne une satisfaction toujours plus grande

---

1. Tolstoï, Pensées choisies par Ossip Lourié, p. 108-112.

à notre désir inassouvi de connaître et de sentir. Il n'est pas dans la nature de l'homme d'apporter de la tempérance dans l'acquisition du savoir comme il en apporte dans l'usage de la nourriture ou des boissons. Les plaisirs intellectuels diffèrent des plaisirs dus à la satisfaction des instincts nutritif et sexuel par cela surtout qu'on ne s'en lasse point et qu'ils proviennent non pas tant de l'apaisement périodique de besoins périodiquement renaissants que d'un intérêt soutenu, d'une tendance permanente qui ne faiblit jamais.

Les plaisirs intellectuels constituent donc comme un bien dû à la civilisation et dont nous attendons l'accroissement de la civilisation en progrès. C'est la cause de la civilisation que nous entendons défendre contre tous les facteurs de réaction. Ce ne sont pas tant nos droits individuels que les droits de l'humanité que nous entendons sauvegarder contre les entreprises de tous ceux qui au sein de l'humanité pourraient les méconnaître.

La non-résistance au mal eût entraîné nos ancêtres à subir avec résignation les pires brigandages, à laisser des races inférieures se substituer totalement aux races supérieures et compromettre d'une façon irrémédiable l'avenir de l'humanité. Sans doute, on peut essayer de substituer à l'état de guerre l'état de paix, à la revendication violente de droits, trop strictement délimités par les uns au détriment des autres, l'entente cordiale et la bonne volonté réciproque. L'homme tend d'autant moins à avoir recours à la violence qu'il est plus civilisé, plus apte à se servir de raisonnements, à substituer les arguments aux coups. La violence est mauvaise et parce que son triomphe est souvent en opposition avec la raison, et parce qu'appelant la violence elle multiplie les maux. Mais l'amour aveugle, le renoncement à tout droit n'est pas lui-même sans dangers.

Dans bien des cas renoncer à un droit, c'est se mettre dans l'impossibilité d'accomplir un devoir[1]. L'homme qui aime tellement son semblable qu'il ne veut lui faire aucune peine ne se trouvera-t-il pas pratiquement dans la nécessité, en bien des circonstances, de faire de la peine à l'un pour ne pas en faire à l'autre. S'il s'abstient d'agir il peut en faire aux deux. S'il doit choisir entre la peine à faire à sa femme, ou à son fils ou à son frère, et la peine à faire à un de ses semblables presque inconnu de lui, ne violera-t-il pas les devoirs de famille en préférant le bonheur de l'inconnu à celui de son parent, bien que la charité lui commande peut-être de servir les intérêts de l'inconnu et de sacrifier ses proches?

S'abstenir de juger, s'abstenir de lutter, c'est renoncer à ce qu'il y a peut-être de plus beau dans l'activité humaine, la lutte pour ce que l'on a jugé bon, la défense des meilleurs contre les méchants. Tant de renoncement ne va pas sans une apathie foncière, ou un grand découragement. Alors qu'il est si difficile de pratiquer la tolérance, Tolstoï vient nous demander de porter à l'extrême une vertu que nous possédons à peine. Alors que, pour agir, il nous faut

---

1. Si tout droit réel correspond à un devoir, comme nous le verrons plus loin toujours renoncer à un droit, c'est se rendre, incapable de faire son devoir.

tant d'aiguillons divers, Tolstoï nous les enlève tous et nous demande de « regarder la vie avec les yeux de l'homme qui va mourir [1] ».

Seul en effet, l'homme qui va mourir, qui n'a pas à prévoir le lendemain, peut être porté à rendre le bien pour le mal, car il ne s'inquiète pas de savoir si en agissant ainsi il ne favorise pas les méchants au détriment des bons, s'il ne nuit pas à la cause qu'il prétend servir. Ou plutôt il ne sert plus aucune cause : son détachement des choses de ce monde est complet ; il ne songe plus qu'à vivre saintement, comme on vivrait dans un monde de bonnes volontés.

117. **Nécessité de la lutte.** — Malheureusement peut-être, l'homme qui veut vivre, dont la philosophie est, suivant l'expression de Spinoza, plutôt une méditation sur la vie qu'une méditation sur la mort, doit se préparer au triomphe et assurer le triomphe de sa cause. L'important, au point de vue de la morale, est que sa cause soit bonne ; au point de vue psycho-sociologique, l'inévitable est qu'il serve une cause et qu'il use sur lui-même et sur les autres d'une puissance inhibitrice, dont le rôle est au moins aussi considérable que celui de l'activité positive.

Nietzsche a donc bien mieux tenu compte de la nature humaine et des exigences sociales que ne l'a fait Tolstoï, si du moins Tolstoï a tenté de le faire. La morale de la pleine expansion vitale qui est toute celle de Guyau a été rapprochée avec raison de la morale du Surhomme, qui n'aspire elle aussi qu'à donner à la vie sa pleine signification, qui est enne-

[1]. Darlu, *op. cit.*, p. 31.

mie de tout mysticisme et de tout pessimisme[1]. « Il te fallait avant tout dit Nietzsche, voir de tes yeux où il y a toujours le plus d'injustice, à savoir : là *où la vie a son développement le plus mesquin,* le plus étroit, le plus pauvre, le plus rudimentaire et où pourtant elle ne peut faire autrement que de se prendre *elle-même* pour la fin et la mesure des choses, que d'émietter et de mettre en question furtivement, petitement, assidûment, pour l'amour de sa conservation, ce qui est plus noble, plus grand, plus riche, — il te fallait voir de tes yeux le *problème de la hiérarchie* et la façon dont la puissance et la justesse et l'étendue de la perspective croissent ensemble à mesure qu'on s'élève[2]. »

Mais si Guyau nous dit : vivez avec la plus grande intensité possible, Nietzsche ajoute : vivez à votre guise de la vie supérieure que vous aurez choisie. Soyez votre arbitre, homme libre. Soyez un créateur de valeurs en établissant d'abord vous-même en votre esprit la hiérarchie des valeurs sociales, *comme vous l'entendrez,* en la réalisant ensuite en dépit de tous les obstacles, en asservissant le vil troupeau des humbles qui ne sait pas se déterminer par lui-même, en luttant contre d'autres hommes libres, vos égaux, également créateurs de valeurs.

118. **L'arbitraire.** — « Il te faut devenir maître de toi, maître aussi de tes propres vertus. Auparavant elles étaient tes maîtresses, mais elles n'ont le droit d'être que tes instruments à côté d'autres instru-

---

1. *Le cancer,* dit Nietzsche, *des vieux idéalistes et héros du mensonge,* p. 13. Préface de *Humain, trop humain.*
2. *Humain, trop humain,* 1re partie, préface, p. 15.

ments[1]. » Le surhomme est donc au-dessus de la loi morale, c'est lui qui fait la loi, c'est de lui, nouveau Léviathan, que dépend la conception que tout un peuple fidèle se fait du bien et du mal, de la vertu et du vice.

La nature subjective des notions morales est ainsi nettement proclamée, et ce qu'il y a de plus surprenant, c'est qu'elle n'aboutisse pas à l'anarchie morale. M. Fouillée constatant que le doute est possible sur la hiérarchie réelle des biens en conclut à une large tolérance, à une extension peut-être excessive des droits de l'individu en matière de croyance et d'action ; le philosophe français tire même toute une morale de ce principe plutôt négatif : dans le doute, abstiens-toi. Il y voit l'origine du droit individuel, de la liberté, du respect moral et par conséquent du devoir. Max Stirner[2] (Caspar Schmidt) exagère ces conséquences du subjectivisme, jusqu'à ne pas vouloir d'une liberté octroyée. La vraie liberté, dit-il, est celle que l'on prend. Mais il se rapproche par là-même de la conception de Nietzsche, car n'admettant point de maître, point de loi, rien de supérieur à l'individu, à l'unique, il conseille à son héros de « déconsacrer » tout ce que la religion et la morale ont consacré, de ne plus avoir aucun des préjugés de son temps, aucune des faiblesses de ses prétendus semblables en présence de la civilisation, de l'État, de l'Église, de la cité, de la famille. L'unique, comme le surhomme, se fait à lui-même sa loi et traite les

1. *Ibid.*, p. 14.
2. *L'unique et sa propriété.*

autres hommes non comme des fins, mais comme des moyens, comme des instruments.

Les vues de Nietzsche sont plus complètes que celles de Stirner en matière politique. Celui-ci conclut à l'anarchie ; celui-là au contraire à une étroite subordination de la caste inférieure à la caste supérieure, de la plèbe à la noblesse par le clergé, l'armée et le gouvernement. La conception classique, celle de Platon notamment, trouve ainsi dans un de nos contemporains un nouvel interprète ; mais à la différence de Platon qui croyait à un idéal objectif, à un monde d'Idées servant de modèle au sage, simple instrument de la divinité, Nietzsche veut que son sage soit vraiment législateur original, créateur. Ce n'est donc plus le bon Pasteur, le représentant de Dieu sur la terre, qu'il propose à notre vénération ; il donne la direction tout entière de la vie à l'aristocratie formée par les esprits libres, non parce qu'ils sont sages, instruits, prudents, mais parce qu'ils sont forts et audacieux, parce que leur volonté s'impose brutalement et devient loi.

A cette question si souvent posée : la force prime-t-elle le droit ? Nietzsche répond avec Hobbes et Spinoza : la force, c'est la source du droit.

« La justice prend sa source parmi des hommes à peu près également puissants... Là où il n'y a pas de puissance clairement reconnue pour prédominante et où une lutte n'amènerait que des dommages réciproques sans résultat, naît l'idée de s'entendre et de traiter au sujet des prétentions de part et d'autre : le caractère de troc est le caractère initial de la justice... La justice est une compensation et un troc dans l'hypothèse d'une puissance à peu près égale »[1]. Voilà nettement exprimée la thèse du droit fondé sur la force et sur la neutralisation réciproque de forces contraires. « Unusquisque tantum juris habet quantum potentia valet. »

Rien n'est plus déconcertant pour la raison, à moins que l'on n'admette la doctrine spinoziste qui veut qu'un être a d'autant plus de puissance qu'il a plus de valeur rationnelle. Mais la force telle que l'entendait Spinoza diffère totalement de la force brutale ainsi que la conçoit Nietzsche. La première ne peut jamais être surpassée sans qu'il soit *raisonnable* qu'elle le soit effectivement ; la seconde peut sans cesse être surpassée par une force plus aveugle, plus irrationnelle, plus brutale encore. Et c'est précisément cette oppression de la force intelligente par la force brutale, de l'homme raisonnable par la brute sans raison, qui nous est odieuse, qui révolte notre tendance à la subordination de l'inintelligent à l'intelligent. C'est pourquoi nous cherchons au droit un autre fondement que la violence ou l'équilibre des forces prêtes à se faire violence les unes aux autres.

119. **Les humbles.** — Il peut se faire que ceux-là qui physiquement étaient les plus faibles aient eu de tout temps plus que les forts le désir de voir la morale et le droit s'opposer à la violence. Est-ce une raison pour prétendre que le réalisation plutôt théorique que pratique de leur désir nous ait dotés d'une « morale d'esclaves », satisfaisante seulement pour les natures humbles, pour les caractères mal trem-

---

[1]. *Humain, trop humain*, p. 109-110.

pós, pour les volontés défaillantes ? Des esclaves à l'âme vraiment servile n'ont jamais eu, au contraire, la plus faible tendance à opposer leur droit d'homme au pouvoir de leur maître; de vrais esclaves sont tels que les a admirablement dépeints Aristote, heureux dans la servitude, sans élévation d'esprit, sans inclinations pour la vie des hommes libres, demandant sans cesse à être guidés, soutenus, dominés.

Nietzsche n'a peut-être pas tort de vouloir que les maîtres pourvoient au bonheur de ces âmes serviles en les maintenant dans l'obéissance et en leur imposant les conceptions des hommes libres. Il y a assurément quelque chose d'excessif dans cette conception née avec le christianisme, développée par les succès de la démocratie moderne, d'une humanité dont tous les individus ont des droits égaux, une égale aptitude à se gouverner eux-mêmes et à décider des destinées de tous. Les idées égalitaires, quelque généreuses qu'elles paraissent, sont parfois utopiques et, en fait, on voit dans les foules les plus démocratiques une subordination réelle de ceux qui ont décidément l'âme trop servile et l'intelligence trop débile à ceux qui, trop audacieusement ou à bon droit, servent de meneurs.

Les mœurs démagogiques ne sont pas faites pour donner aux esprits élevés des tendances durables et profondes à une reconnaissance effective de droits égaux à tous les hommes : elles dénotent trop de haine dans la multitude à l'égard de l'élite, trop de nivellement malgré des inégalités considérables ; elles font sans cesse redouter une régression de l'humanité vers des formes de civilisation inférieure, car dans la foule celui-là domine et dirige le plus aisément qui flatte les plus vils instincts de la multitude. Les tendances aristocratiques naissent ainsi, dans les esprits supérieurs, par une réaction, instinctive peut-être, mais à laquelle la réflexion et le raisonnement viennent donner un fondement, une confirmation.

La morale chrétienne qui fait une part si grande aux humbles, aux pauvres d'esprit, n'est pas sans une certaine intempérance dans la glorification de l'homme inférieur. Elle a pu avec raison rappeler à chacun ses devoirs d'humilité, changer la sympathie instinctive, spontanée, en amour, en un sentiment de fraternité qui dépasse les bornes de la cité ou de l'État pour s'étendre à l'humanité entière : l'exaltation d'un amour naturel de l'animal pour ses congénères, de l'homme pour ses semblables, ne peut être blâmée à la légère ; mais il y a un autre sentiment humain, un sentiment trop élevé pour apparaître chez les brutes et qu'il semble bien légitime de développer aussi : celui du respect pour la valeur et du respect croissant avec la valeur, à mesure que l'on gravit les degrés d'une hiérarchie sociale.

120. L'aristocratie. — Si l'homme n'avait pas été porté par sa nature à considérer dans les différentes joies, dans les différents biens, objets de ses désirs, autant de degrés d'une hiérarchie de valeurs, il n'eût point délibéré, n'eût point choisi, n'eût point voulu ; si les plaisirs ne lui avaient présenté que des différences quantitatives, il n'eût cherché qu'à les accumuler, les juxtaposer les uns aux autres dans le cours de son existence. Mais en réalité l'idée du *meilleur* a été de tout temps l'idée directrice de sa conduite, alors même qu'il s'est trompé dans son appréciation.

L'évolution sociale nous montre le rôle considérable joué par cette idée du meilleur dans l'organisation de la vie commune. Pas d'État sans hiérarchie ; nulle part la foule homogène, partout des chefs plus ou moins temporaires, élus ou héréditaires, sortant des rangs du peuple ou d'une caste fermée à la multitude ; même de nos jours, et dans les pays aux mœurs démocratiques, des classes dirigeantes et d'autres classes qui aspirent à devenir la classe dirigeante : voilà les données de l'histoire et de l'observation. Il y a donc en tout temps et en tout lieu une hiérarchie sociale ; et la souveraineté effective des plus forts vient le plus souvent de ce qu'ils sont considérés comme les *meilleurs*, à un point de vue donné. Ce point de vue varie : ici, ce sont les meilleurs soldats, là les meilleurs orateurs, ailleurs les meilleurs commerçants, les notables industriels ou propriétaires ; mais partout ce sont les hommes qui occupent ou sont censés occuper le sommet d'une échelle de valeurs sociales.

Mais Nietzsche veut que les maîtres soient ceux qui ont su établir cette échelle de valeurs et l'imposer à la crédulité populaire ; l'histoire montre que l'échelle des valeurs sociales est antérieure à la conception que peuvent s'en faire les hommes qui en occupent le sommet. Un Napoléon Ier n'a pu créer qu'une noblesse factice, une hiérarchie éphémère, bien qu'il fût parvenu au faîte des grandeurs. La volonté d'un homme, quelque puissant qu'il soit, ne modifie pas profondément les tendances de la multitude ; la foule hynoptisée peut suivre un moment son « magnétiseur » ; mais l'hypnose est de courte durée et les succès du « Surhomme » sont éphémères. L'évolution sociale n'est pas à la merci des caprices du génie : bien rarement même les goûts du génie sont ceux de la foule ; la hiérarchie des valeurs admise par les hommes de talent et de science n'est pas celle qu'admet le peuple.

Est-il besoin de rappeler que l'homme de génie, le saint, le prophète, l'inspiré, le tribun, n'ont d'action sur l'évolution sociale qu'autant qu'ils sont des produits de cette évolution et qu'ils viennent, pour ainsi dire, s'insérer dans la suite des facteurs du devenir collectif, non pour lutter contre les autres forces, mais pour leur apporter un appoint qui accélère le mouvement, précipite ou retarde les événements, selon les circonstances ? Est-il besoin de redire combien est naïf le culte des héros et combien est impuissante la volonté humaine même la plus forte à modifier le cours naturel des événements ? Socrate, Jésus, Mahomet, s'ils n'étaient pas venus à une heure propice n'eussent été considérés par la postérité que comme des visionnaires, des fous, ou tout au moins des « excentriques ». Parce qu'ils avaient une place marquée d'avance au centre même des événements, leur influence a rayonné sur une partie du monde ; ils ont été des « Surhommes » non parce que l'humanité a répondu à leur appel, mais parce qu'ils ont en quelque sorte répondu à celui de l'humanité.

Donc, lorsque Nietzsche nous propose comme idéal suprême son héros, créateur d'une échelle de valeurs, il nous propose quelque chose d'impossible, de contraire aux enseignements de la sociologie et de l'histoire. Les individus ne modifient pas tant leur milieu que leur milieu ne les modèle et ne les gouverne. L'homme le plus libre, le plus déterminé à n'agir qu'à sa guise, est encore malgré lui, inconsciemment de son temps et de son pays : il obéit sans le savoir à des tendances collectives, à des préjugés communs contre lesquels souvent il ne peut réagir car il ne les soupçonne point.

121. **Importance de la théorie des droits.** — La morale de Nietzsche est aussi inacceptable que celle de Tolstoï ; toutes deux sont trop a priori, celle-ci une morale d'abnégation, celle-là une morale de virilité. L'abnégation comme la virilité n'ont de valeur morale que si elles servent l'une et l'autre un intérêt supérieur bien défini : le renoncement pour le renoncement et la virilité pour la virilité ne sont pas d'un être raisonnable. Il faut savoir se sacrifier ou lutter pour un idéal social. Le surhomme de Nietzche ne peut devenir un être moral qu'en acceptant de remplir des devoirs correspondant à sa puissance. Il n'a pas tant à créer une hiérarchie de valeurs qu'à subordonner l'ordre des valeurs sociales à l'ordre des devoirs sociaux.

C'est en définitive sur la théorie des *droits* de chaque individu dans la société que s'opposent le plus radicalement les doctrines de Nietzche et de Tolstoï ; c'est sur ce point que toutes deux manquent d'un fondement solide. Cette constatation est un indice de l'importance que doit avoir à nos yeux l'organisation des droits individuels et collectifs dans la société idéale.

IV

LES DROITS

122. Fondements des droits. — Qui dit liberté, au sens positif du mot, dit droit : on n'a la liberté de disposer que de ce qu'on a le droit de posséder, on n'a la liberté de faire que ce que l'on a le droit de faire ; toute autre liberté n'est que provisoire, précaire et n'est pas morale, puisqu'elle ne peut pas être revendiquée. L'accroissement de liberté constaté au cours de l'évolution est donc un accroissement des droits individuels. Mais sur quelle base reposent ces droits ? Sont-ils simplement octroyés par la collectivité à l'individu, par une décision arbitraire de l'État, du pouvoir agissant au nom de la communauté ? S'ils sont octroyés sans raison, ils peuvent être enlevés de même, fussent-ils consacrés par l'usage. Sans doute, le « droit coutumier » a une importance que « l'École historique » a bien mise en lumière ; les droits qui résultent des mœurs, des habitudes locales ou régionales, que consacre la « conscience sociale » en les maintenant, dans le cours de nombreuses générations, au-dessus des variations et fluctuations diverses, ont le plus de chances de n'être point abolis : ils ne sont pas cependant à l'abri des mouvements révolutionnaires, comme on l'a vu en 1789.

Les droits fondés sur le fait ne peuvent guère attendre leur maintien que de la force ; mais une force, aussi grande fût-elle, ne peut pas être assurée d'une suprématie indéfinie ; et d'ailleurs, comme l'a montré Spinoza, il n'y a pas de force individuelle qui ne puisse être surpassée par la puissance sociale.

123. Le droit naturel. — Mais on a prétendu qu'il y a des droits naturels inaliénables, imprescriptibles, bien qu'ils soient souvent méconnus. Telle est la théorie des hommes de la Révolution qui s'inspiraient surtout de J.-J. Rousseau. L'homme naît libre, c'est-à-dire qu'il a tous les droits, et aucune limite ne peut être apportée à ces droits que par les exigences du respect de la liberté des autres. Si chacun de nous n'a pas des droits illimités, c'est qu'en fait il n'est pas seul dans un monde sans limites ; la limitation des biens et la multiplicité des êtres libres fait que les droits que chacun tient de la nature sont restreints par la vie en société. C'est au nom de ces prétendus droits naturels que l'esclavage et le despotisme ont été condamnés. Mais en définitive le droit de nature repose sur l'hypothèse d'une liberté métaphysique, que l'on peut nier car toutes les entités métaphysiques n'ont aucune réalité objective bien établie, que les hommes en général seront toujours tentés de méconnaître, car pour la plupart ils ne la conçoivent pas.

Affirmer un droit naturel c'est se permettre de poser des droits à priori, et rien n'est plus dangereux en politique, rien n'est plus contraire à l'esprit scientifique.

Si nos conceptions pratiques doivent dépendre de la plus haute de toutes, celle d'un état social que nous avons l'obligation de réaliser en commun, la notion de nos droits ne doit-elle pas découler de celle de nos devoirs sociaux ?

124. **Droit et dignité métaphysique.** — Les *Kantiens* admettent la corrélation des droits et des devoirs et l'antériorité de la notion du devoir sur toute autre notion morale ; mais en général ils font reposer les droits d'un homme sur les devoirs que les autres hommes ont envers lui et notamment sur le devoir fondamental de respecter « l'éminente dignité humaine » en tout temps, en tout lieu, quelque misérable que soit à d'autres égards le porteur de la loi morale. Or on sait que cette « éminente dignité » dont parle Kant a sa raison apparente dans la puissance du devoir, et sa raison réelle dans la « noble source et la noble origine » de l'obligation morale, la Liberté, *ratio essendi* du devoir. De sorte que par un détour nous sommes ramenés aux droits fondés sur la liberté métaphysique. Et comme la liberté de chacun n'est fixée d'aucune façon précise, la limitation des droits individuels les uns par les autres devient plutôt une question de fait qu'une question morale : il s'ensuit qu'en réalité il n'y a pas dans une telle doctrine de principe pour la détermination effective des droits de chacun. D'ailleurs l'obligation morale est indéterminée aux yeux de Kant : le droit, qui est son corrélatif, ne l'est pas moins.

125. **Droits et fonction sociale.** — On considère communément comme la marque du droit un caractère d'exigibilité. L'idée de justice est étroitement liée à l'idée de contrainte légale et de pénalité. Je

possède un droit ; donc vous devez tous le respecter ; telle est la formule courante. A regarder plus haut, on s'aperçoit que le droit est une conséquence, un effet et non une cause ; que la plupart des droits que l'on prétend faire respecter ne sont pas attachés à la personne, mais à la fonction sociale que la personne est supposée remplir, de sorte que si elle ne la remplit pas bien elle est partiellement déchue de ses pouvoirs et de ses libertés.

Sans doute, il y a quelques droits communs à tous les hommes, attachés à la personne humaine en général ; mais il est digne de remarque qu'ils sont liés à des élans généreux, à la charité, à la solidarité humaine, de telle façon que si l'honnête homme pouvait ne pas accepter de remplir ce qu'on a appelé des « devoirs larges », la plupart de ces droits de l'homme en tant qu'homme n'existeraient pas effectivement, ne pourraient pas s'exercer. C'est par « humanité » que nous concédons au misérable le droit à la pitié, au soulagement de ses infortunes. Mais le droit à l'expression libre de sa pensée, par exemple, n'appartient vraiment qu'au citoyen qui accepte l'obligation de ne pas apporter de troubles dans l'État par des prédications insensées ; la « liberté de conscience » n'est pas un droit de l'homme en tant qu'homme ; c'est un droit de l'homme mûr, parvenu à un degré suffisant d'intelligence et de raison, susceptible de remplir ses devoirs de bon citoyen.

Il importerait donc tout d'abord d'avoir une notion exacte de l'ensemble de nos obligations sociales. Elles sont en fait de trois sortes : celles qui nous sont imposées par les lois ou les mœurs, celles qui résultent de nos fonctions, celles enfin qui dérivent de nos contrats. Nous avons déjà vu que celles qui nous sont imposées par les lois ou les mœurs s'unissent si intimement à celles qui résultent de nos fonctions qu'on ne peut guère tracer une ligne de démarcation entre les deux domaines. Tout homme doit se considérer comme *fonction* de l'état social dans lequel il vit et son activité est fonction de l'activité sociale tout entière : il n'y a donc pas lieu d'établir une distinction durable entre les droits du citoyen en général et les droits du citoyen remplissant une fonction publique ; les deux groupes peuvent être réunis en un seul : celui des droits du citoyen remplissant en toutes circonstances une fonction sociale.

Quant aux droits qui résultent des contrats entre particuliers, ils dérivent très nettement des obligations qu'acceptent deux individus au moins qui deviennent « fonction » l'un de l'autre : par tout contrat nous n'acquérons de droits sur autrui que grâce aux devoirs que nous nous créons réciproquement les uns aux autres. On conçoit aisément que les droits issus de contrat soient très variés et qu'ils ne relèvent d'une théorie morale que dans la mesure où en relève le droit de contracter en général. Or ce dernier, nous l'avons déjà vu, est subordonné en fait au droit plus général que l'État s'arroge, de mettre entrave à la liberté des contractants, en les obligeant, sous peine de nullité juridique, à observer des formes de plus en plus rigoureusement déterminées. Le problème du droit de contracter soulève ainsi le problème des droits de l'État sur les citoyens. Mais nous en venons par là même à la question du fondement des droits antérieurs à tout contrat, des droits fondés sur l'exercice d'une fonction sociale.

L'évolution nous a paru consacrer l'accroissement d'importance et d'indépendance de l'individu, à mesure que la division du travail social fait de ce même individu un facteur plus appréciable de la prospérité commune. L'histoire montre l'aptitude à posséder et à agir librement croissant avec l'aptitude à remplir des obligations correspondant aux droits octroyés : sous le régime féodal, le seigneur avait beaucoup de droits parce que, théoriquement du moins, il avait beaucoup de devoirs ; jusqu'en 1789, l'aîné en France possédait tous les biens de famille parce qu'il avait toutes sortes d'obligations envers ses frères et sœurs. Partout tend chaque jour à s'établir une juste correspondance entre les droits ou pouvoirs concédés et les obligations imposées : l'équité véritable paraît de plus en plus consister dans l'inégalité des bénéfices correspondant à l'inégalité des charges.

126. **Justice et dévouement.** — Aussi sent-on de mieux en mieux combien la justice est chose complexe. « Ni l'idée mathématique de l'égalité, dit M. Tanon, ni celle de la proportionnalité, de l'équivalence, de la réciprocité, ni l'idée de l'harmonie et de la beauté, ni celle de l'identité et de l'accord de la pensée avec elle-même, ni même l'idée plus large de solidarité, qui toutes entrent pour quelque part dans cette notion de justice, loin d'en être la source unique, ne suffisent pour épuiser son contenu, si riche et si divers, ni ne répondent à la variété, à la chaleur et à la force des sentiments que son évocation éveille dans l'esprit des hommes. »

C'est que la distribution équitable des droits impliquant comme nous venons de le voir, la distribution équitable, au préalable, des devoirs, cette dernière répartition d'une part ne peut se faire qu'en vertu d'une conception d'ensemble du système social, d'autre part ne peut s'imposer tout entière du dehors aux individus dont la bonne volonté est indiscutablement un facteur de la plus haute importance.

Il faut que les obligations qui incombent à chacun soient non seulement acceptées, mais spontanément recherchées par l'être vraiment moral à qui on laisse une large part de liberté, d'initiative. Il faut que selon le précepte : « tu peux, donc tu dois », les meilleurs se sentent moralement obligés à remplir les plus hautes fonctions qu'ils sont susceptibles de remplir. C'est pourquoi à la base de la justice sociale nous trouvons l'élan généreux de l'homme qui aime ses semblables et travaille avec un relatif désintéressement au bonheur commun ; nous trouvons la *sociabilité* et la *bonne volonté*.

127. **Justice et charité.** — Ceux qui veulent séparer la justice de la charité ont donc bien tort. Les sentiments de sociabilité, et en particulier, l'amour d'autrui, le désir généreux d'expansion et de bienfaisance sont les mobiles les plus efficaces de la détermination par laquelle un homme accepte de remplir des obligations ou se décide effectivement à les remplir. Si dans les formes primitives d'existence sociale, la contrainte exercée par la collectivité sur l'individu a joué le plus grand rôle, il ne faut pas croire pour autant que cette contrainte eut à briser des résistances effectives telles qu'en opposerait de nos jours l'égoïsme

développé par la réflexion et la lutte pour l'existence. La contrainte s'exerçait surtout en vue d'une sorte de discipline de l'activité, mais il y avait dans l'organisme social primitif, comme dans l'organisme animal dès la naissance, une activité spontanée, et la spontanéité des éléments sociaux était toute en faveur des actions altruistes. Cela pour deux raisons : d'abord parce que l'égoïsme implique réflexion sur soi-même, sur sa propre valeur, et différenciation des individus qui ont alors des fins différentes, des tendances diverses ; ensuite, parce que les sentiments et tendances collectives, en vue de fins communes, en considération du bien commun, étaient à l'origine prépondérants dans les consciences individuelles, comme le prouveraient par exemple, les immolations volontaires, les sacrifices spontanés des avantages personnels et même de l'existence aux intérêts de la tribu.

La subordination primitive des fins individuelles aux fins sociales, par conséquent le désintéressement foncier de la nature humaine, nous paraît établi par la prédominance indiscutable des manifestations sympathiques sur les démarches particulières des êtres isolés. L'homme primitif n'a pas encore le préjugé de son éminente dignité personnelle : il vit moins pour lui-même que pour le tout au sein duquel il ne se distingue pas encore suffisamment. S'il n'a en conséquence aucun mérite à être généreux, il n'en est pas moins vrai qu'il l'est, d'une générosité sans réflexion, sans approbation ou désapprobation rationnelle.

Cette générosité n'est pas précisément la charité, car la charité implique une plus claire conscience de la valeur morale des individus, un plus vif désir du perfectionnement d'autrui. Mais elle a déjà la spontanéité de l'élan charitable et la spécificité de l'amour.

Le rôle de la raison et de la coutume est de rendre plus régulier le cours parfois capricieux de la générosité naturelle, et pour cela, tout d'abord, de prévenir ce qu'il y a d'excessif dans certains élans. Précisément parce que la liberté d'action est restreinte, la charité ne peut se manifester en tous sens ; l'individu apprend à exercer sur lui-même une action d'arrêt, et la justice naît d'un double pouvoir inhibiteur, l'un externe et l'autre interne, quand l'individualisme croissant amène la considération égoïste des droits. L'être jusqu'alors dévoué à des intérêts collectifs réfléchit à ses propres intérêts, oppose ceux-ci à ceux-là et réclame d'autrui le respect de ses droits tout en reconnaissant, pour la première fois d'une façon explicite, les droits de ses semblables à recevoir les services qu'il leur rendait spontanément auparavant.

La loi consacre cette évolution de la conscience individuelle et reconnaît que le respect de certains droits, les plus généraux, est exigible, au besoin par la force, tandis que le respect d'autres droits plus variables, plus discutables n'est pas garanti par elle. De là, une distinction qui a fait fortune dans la morale classique, entre « devoirs stricts » ou de justice, et « devoirs larges » ou de charité ; comme si l'accomplissement de certaines obligations pouvait être, au point de vue moral, plus ou moins obligatoire ; comme si l'on pouvait discuter avec sa conscience et sa raison sur le degré de nécessité morale de certains actes. On comprendrait que la distinction fût faite entre devoirs exigibles dans toutes les circonstances et devoirs qui ne s'imposent que dans certaines circonstances ; mais ces derniers n'en seraient pas moins des devoirs aussi stricts que les autres en certains temps et certains lieux déterminés.

On objecte que les devoirs de charité sont dictés par le cœur ; mais nous venons de montrer que la générosité est la source commune à tous les devoirs. Et l'on ne saurait admettre que parce qu'un élan du cœur est devenu une prescription de la raison et de la loi il diffère foncièrement de l'élan du cœur qui peut devenir une prescription de la raison sans être de bien longtemps encore une prescription de la loi. De plus, seules les impulsions généreuses ratifiées à la réflexion ont une valeur morale ; et dans une société bien organisée tout ce que la raison et la générosité réunies exigent, la loi doit tendre à l'exiger afin que le domaine des obligations légales, celui des obligations sociales et celui des obligations morales, correspondent exactement, puisqu'ils n'ont aucune raison d'être foncièrement distincts.

En résumé, l'origine des droits est la même que celle des devoirs ; tous les droits et tous les devoirs sont de même importance morale et un être ne possède de droits que ceux qu'il tient directement ou indirectement des obligations qui lui incombent, soit de par une organisation sociale déterminée par la coutume et par l'évolution naturelle, soit de par sa spontanéité d'être moral, considérant comme un devoir de travailler à l'œuvre commune dans la mesure de ses forces, de ses capacités, de ses aptitudes naturelles ou acquises. Aussi ne pouvant revendiquer des libertés et des possessions que dans la mesure où nous revendiquons des obligations comportant ces libertés et possessions, nous avons une notion précise de nos droits par la notion précise des devoirs que nous consentons à remplir.

128. **Le droit de propriété.** — Aucun droit n'est plus intéressant d'ailleurs que le droit de propriété. D'après ce qui vient d'être dit, il est la libre disposition des moyens convenables pour remplir un devoir. A quel devoir correspond ce qu'on a appelé « le droit du premier occupant ? » Ce prétendu droit est celui des chefs qui se sont partagé un territoire; celui des agriculteurs, pasteurs, chasseurs, pêcheurs, qui ont pris possession d'un terrain plus ou moins vaste; celui des nations qui font occuper par leurs explorateurs des régions incultes et inhabitées.

Il ne suffit pas de dire, comme les kantiens et les individualistes en général y semblent trop portés, qu'en s'emparant d'un bien dont la possession n'est pas disputée, on ne nuit à personne, on ne lèse aucun droit d'autrui et l'on ne fait usage que du droit personnel d'étendre les dépendances de son moi aussi loin que cela est possible sans porter atteinte à la liberté d'autrui. L'absence de concurrent est une condition négative : elle ne fonde pas un droit. Il n'en est pas de même du devoir que l'on assume, en s'emparant d'un terrain comme en s'emparant d'un morceau de silex propre à servir de hache, devoir d'en user en vue de la mise en valeur d'un bien naturel, d'en tirer un profit pour soi et pour autrui, pour sa cause propre et pour la cause de la civilisation, d'en faire en définitive un moyen de *travail*. Cette obligation que l'on accepte de remplir, en l'absence de tout autre homme qui prétende la remplir mieux ou aussi bien, donne incontestablement un droit qui peut s'affirmer par la résistance contre quiconque chercherait à exproprier le premier occupant. Et cependant cette résistance a nécessairement des limites. Car s'il se présente un individu ou une collectivité susceptible de faire rendre au terrain ou à l'instrument plus que ne lui fait rendre pour le bien de tous le premier occupant, le droit de celui-ci est pour ainsi dire dépassé par le droit de ceux-là : dans une société organisée on voit en de telles circonstances procéder à une expropriation qui comporte des formes légales d'abord et une légitime indemnité ensuite. C'est ce devoir que consacre la « Déclaration des droits de l'homme » lorsqu'elle dit[1] : « Les propriétés étant un droit inviolable et sacré, nul ne peut en être privé, si ce n'est lorsque la nécessité publique, légalement constatée l'exige évidemment et sous la condition d'une juste et préalable indemnité. » Ce n'est pas toutefois une propriété rigoureusement inviolable qui serait susceptible d'être enlevée à son possesseur contre indemnité ; il faut précisément pour que l'expropriation soit chose juste que le droit de posséder repose essentiellement sur un devoir de mettre en valeur, sur le devoir de travailler, dans le sens large du mot.

C'est ce même devoir qui permet de concevoir comme légitime la possession, c'est-à-dire toujours

1. § XVII.

la libre disposition des instruments de travail. Nous voulons que chaque homme remplisse sa fonction ; nous devons en conséquence le laisser maître d'user à sa convenance des outils ou matières premières qui lui sont pour cela indispensables.

129. **Part de la collectivité.** — Est-ce à dire que la possession d'une machine par exemple puisse jamais être une propriété absolue ? Cette machine représente un grand nombre d'inventions qui constituent un bien social, un capital collectif ; cette machine n'a pu être construite que grâce à la coopération d'un grand nombre de citoyens qui ont couru des risques, qui ont apporté du dévoûment, de l'habileté, toutes choses qui ne se payent point : le possesseur de cet instrument de travail est donc redevable beaucoup plus qu'on ne le suppose d'ordinaire, à la société, à la collectivité, de ce bien qu'il prétend être sien et qui est plutôt une partie de la propriété publique placée entre ses mains.

Il en est de même de la propriété foncière. Ce champ que vous dites être le vôtre, que vous entourez avec tant de soin de hauts murs ou de fortes haies, doit la plus grande partie de sa valeur aux routes qui l'avoisinent et que la collectivité a construites et entretient, aux voies ferrées qui permettent d'y transporter les machines agricoles indispensables à une bonne culture ; il doit sa fécondité aux procédés que vous n'avez pas inventés, aux outils que vous n'avez pas créés, à la multitude de moyens que la société vous fournit, bien plus encore qu'à votre travail. Par conséquent les fruits eux-mêmes que vous récoltez ne sont pas absolument vôtres. Ce n'est donc pas le travail au sens d'activité personnelle qui peut, comme le prétendent bien des moralistes et des hommes politiques, fonder un droit absolu de propriété. « Le travail, dit M. Renouvier [1] donne au fruit obtenu une sorte de consécration individuelle, un cachet de personnalité qui ajoute au caractère de propriété que portait un objet occupé en premier et nécessaire à la vie. » C'est exagérer la portée des droits de l'individu au détriment du droit de la collectivité dont on oublie trop aisément les services et la part prépondérante dans l'activité privée. On ne travaille pas pour soi seulement ; on travaille pour la société entière, on fait sa part de l'œuvre collective et l'on peut d'autant moins se désintéresser de cette œuvre que la division du travail est plus avancée.

130. **Propriété et innovation.** — Mais on travaille en tant qu'individu susceptible d'innovation, d'activité intelligente et libre ; on n'est pas une machine, et la dignité de l'être raisonnable ne peut être sauvegardée que si on laisse au travailleur la liberté, la libre disposition, la propriété de ses moyens d'action. Que l'ouvrier devienne de moins en moins un rouage, un automate, agissant d'après autrui et chez autrui, voilà ce que fait souhaiter le principe déjà posé d'un accroissement de la liberté individuelle. La propriété des fruits du travail s'impose moins que celle des instruments de travail.

Sans doute, il est d'une bonne justice que chacun jouisse d'avantages proportionnels à son travail ;

---

[1] *Sc. de la morale*, p. 12, t. II.

mais il est également juste que chacun reçoive des moyens d'action proportionnels à sa valeur, à ses capacités ou aptitudes, à l'importance des devoirs qu'il est raisonnable qu'il tente de remplir. La propriété de certains moyens d'action, tels que des terres, des machines, des outils, repose aussi sur un fondement au moins aussi assuré que celui, un peu différent, de la possession individuelle des fruits du travail, ou de l'argent qui en est le substitut habituel.

Le droit de propriété individuelle est donc établi pour tous les êtres sans distinction ; l'inégalité des droits de propriété ne l'est pas moins. A chacun selon ses aptitudes éprouvées, ses capacités, son activité ; à chacun d'autre part selon ses mérites : il serait absurde d'accorder la libre disposition de biens considérables à un idiot ou à un être incapable de travail social utile.

La société a par conséquent le devoir de travailler sans relâche à la juste répartition des biens matériels ; elle doit viser à procurer à tous une propriété, à ceux qui peuvent rendre les plus grands services à la société, la possession de ressources suffisantes. Le droit au travail, mal interprété en 1848 puisqu'il aboutit à la création des ateliers nationaux, est aussi le droit à la propriété.

131. **La transmission héréditaire des biens.** — Mais le droit de possession héréditaire n'est-il pas un obstacle à la juste répartition des moyens de travail qui constituent les propriétés par excellence? Sur quel fondement peut-on faire reposer la transmission héréditaire des biens sinon sur le devoir pour la génération antérieure d'assurer à la génération sui-

vante, famille par famille, les ressources nécessaires à l'accomplissement d'une œuvre sociale toujours plus complexe et plus élevée ? Si l'hérédité des biens avait pour fin d'assurer aux descendants le bonheur dans l'oisiveté, il faudrait la condamner comme contraire au premier devoir du citoyen, qui est l'action, la production de biens destinés à assurer à la société un accroissement continu du bonheur de tous. La morale ne peut donc pas justifier la transmission héréditaire de richesses qui, mal placées entre certaines mains, ne servent point de moyen de travail. Elle ne peut pas approuver l'accumulation sur certaines têtes de capitaux énormes qui permettent la paresse et le vice sans entraîner d'obligations correspondantes.

Il faut donc régulariser, sur ce point comme sur tous les autres, le cours du devenir social, afin d'empêcher qu'un droit énorme de propriété n'existe sans que des devoirs sociaux proportionnels soient acceptés par le possesseur ou lui soient imposés. Il ne s'agit pas de supprimer radicalement le droit de transmission héréditaire des biens, quoique ce droit ne repose point comme on l'a dit sur un droit absolu des testateurs de faire de leur fortune l'usage qu'il leur plaît, ou sur le devoir de respecter les volontés d'un propriétaire défunt : il n'y a pas de propriété absolue, l'individu ne possède que par une délégation, pour ainsi dire, faite à lui par la société, d'une certaine quantité de moyens d'action ; mais cette délégation persiste naturellement quand persistent les raisons qui l'ont tout d'abord déterminée, quand chez les enfants se trouvent des aptitudes au moins équivalentes à celles des parents.

La transmission héréditaire avait sa raison d'être sous l'ancien régime, quand l'hérédité des professions, des charges, des offices, entraînait l'hérédité des moyens. Elle a sa raison d'être encore, alors que de plus en plus s'atténue l'importance de l'hérédité professionnelle ; car si les parents de l'ancien régime se préoccupaient de conserver ou d'acheter pour leurs enfants des charges et des dignités, les parents d'aujourd'hui se préoccupent d'assurer à leurs fils ou filles non plus des titres, mais des aptitudes, non plus des places, mais des fonctions dans lesquelles il faut déployer intelligence, sensibilité, activité, talent : en conséquence, plus que ceux d'autrefois les pères d'aujourd'hui ont le devoir de léguer à leurs enfants les moyens de triompher de difficultés sans cesse renaissantes. La solidarité des générations successives s'affirme ainsi dans la famille d'une façon morale, à la condition qu'elle ait pour fin la vertu et non l'inaction.

La solidarité des membres d'une même collectivité peut s'affirmer de même et il en résulte le droit de tester, corrélatif du devoir d'éducation sociale. Mais on comprend aisément que ce devoir pouvant être mal interprété en bien des circonstances le droit de tester doive être limité et contrôlé afin qu'en définitive les intentions des testateurs ne soient jamais contraires, n'aboutissent pas à des effets contraires, aux justes dispositions prises par la société pour assurer une répartition équitable des moyens d'action entre tous les individus.

132. **Conclusion.** — Si un droit considéré comme au plus haut degré inviolable, tel que le droit de

propriété peut ainsi être limité par l'exercice d'une action collective, on conçoit que tous les autres droits n'aient qu'une valeur relative, puissent subir des fluctuations incessantes, et que leur extension dépende, en ce qui concerne du moins les droits de l'individu, de l'accroissement de la valeur personnelle, de cette valeur que les kantiens tiennent pour absolue, mais qui en fait augmente sans cesse par le développement incessant de l'intelligence et de l'industrie humaines.

V

L'ÉTAT

133. **Rôle de l'État.** — Nous venons de voir sous quelle étroite dépendance la société tient l'individu, en fait et en droit ; en fait, bien que la contraite sociale ait cessé d'être l'oppression des premiers âges ; en droit, parce que la société a des devoirs à remplir. Aucun sujet n'a donc plus d'importance pour nous, en ce point de notre étude, que celui de la détermination des pouvoirs de l'État.

En réalité, il n'y a qu'un droit que l'État puisse exercer, celui de *légiférer* ; c'est celui qui lui permet d'avoir des ministres, constitués en Gouvernement, et des magistrats, interprètes de sa volonté souveraine. La *loi* idéale a par elle-même tous les droits sur l'homme, car elle est la prescription de la raison même. Si on n'est moral qu'en obéissant à sa nature d'être raisonnable on n'est moral qu'en obéissant à la loi. Mais d'où vient ce droit de l'État de déterminer la loi, d'imposer ses volontés, ses décisions ?

134. **Théories de la souveraineté.** — Nombreuses sont les théories de la souveraineté de l'État. ARISTOTE dans le chapitre II du III° livre de sa Politique tente une justification de la règle qui veut que dans une démocratie la majorité gouverne : « Le principe que la multitude doit être souveraine est susceptible dit-il, de recevoir une explication satisfaisante, et quoiqu'il ne soit pas exempt de difficultés, il semble cependant contenir un élément de vérité. » Pour les Romains, la volonté du prince n'a force de loi que parce que le peuple lui a délégué tout pouvoir[1] ; le principe de la souveraineté du peuple est donc maintenu, bien que l'on estime un individu capable d'avoir autant de sagesse que la multitude. Mais l'église romaine ne tarda pas à contester la souveraineté de l'État. GRÉGOIRE VII et THOMAS D'AQUIN enseignèrent que l'État est une œuvre maudite ou du moins que son pouvoir est de pure invention humaine ; seule l'église de Dieu est dépositaire du pouvoir, seule elle est investie du droit dicter des lois aux hommes[2].

BODIN, dans sa *République*, admet comme hors de conteste « la puissance absolue et perpétuelle de la République » ; la souveraineté est pour lui indivisible et imprescriptible. « Ea jura nec cedi, nec dis-

---

[1]. ... Cum populus ei et in eum omne suum imperium et potestatem concessit. *Institutes*, LI, II, 6.
[2]. Opposition séculaire de la Révélation à la Raison.

trahi, nec ulla ratione alienari posse ». De tous les droits du souverain (un ou plusieurs) le principal est « le pouvoir de donner des lois aux sujets sans leur consentement ». Dès 1609, Althusius dans sa « Politica methodice digesta » émit la théorie de la souveraineté de l'État reposant sur le contrat. L'État est le dernier terme d'une série de contrats, série qui comprend d'abord la famille, la corporation, la commune et la province. La souveraineté est définie : « Le pouvoir le plus élevé et le plus général de disposer de tout ce qui se rapporte au salut et au bien-être de l'âme et du corps de tous les membres de la République[1]. » Le peuple est le grand créateur politique, le véritable « faiseur de monarques » ; la force qui concède le pouvoir, reste supérieure à la puissance qu'elle concède ; le peuple est immortel : il est donc l'unique sujet d'un pouvoir permanent. Le contrat est plutôt implicite qu'explicite ; si l'interprétation qu'en donne le législateur n'est pas conforme à la volonté du peuple, celui-ci a le droit de déposer celui-là.

Grotius nie que la souveraineté du peuple soit inaliénable ; une nation peut de son propre consentement être réduite en un complet esclavage[2]. Pour Hobbes le peuple n'a jamais possédé le pouvoir suprême avant de s'être donné un maître : l'acte par lequel sont établis la souveraineté et le pouvoir législatif, est le contrat par lequel s'effectue le renoncement des individus à tout droit. Jamais ne fut plus nettement

---

1. *Politica*, ch. ix, 125.
2. Grotius, De jure belli ac pacis (I, 3, 8 ; II, 5, 31 ; II, 22, 11).

exprimée cette idée que l'État est quelque chose d'artificiel, un « être de raison » auquel tous les droits sont conférés en vue du bonheur général et du maintien de la paix entre les hommes. Étant admis que la paix est le plus grand bien, l'État ayant pour fonction de procurer ce bien suprême doit disposer de tous les pouvoirs. Locke n'admet pas que l'État ait une souveraineté absolue ; chaque individu garde une part de liberté. Pour Rousseau, la volonté générale seule est la volonté droite. La souveraineté du peuple est inaliénable, imprescriptible ; mais elle ne peut pas s'exercer par délégation : la volonté générale est une et indivisible. « Il n'y a ni ne peut y avoir nulle espèce de loi fondamentale obligatoire pour le corps du peuple, pas même le contrat social[1] ; » mais ce contrat donne au corps politique un pouvoir absolu sur tous ses membres[2].

L'école historique rejeta l'idée du contrat social et fit de l'État un produit naturel de l'évolution collective. Le pouvoir de l'État fut pour Burke, Hugo, Savigny un effet de la tradition, de la coutume. Kant n'admet pas la réalité historique du contrat social ; mais toute loi véritable, doit à son avis être telle qu'elle eût été si la volonté générale lui avait servi de base. L'idée de la souveraineté absolue de la volonté populaire reparaît nettement dans cette théorie que le pouvoir législatif a tous les droits et qu'il n'a aucun devoir à l'égard des citoyens[3] ; il n'y a aucun moyen

1. *Contrat social*, I, 7.
2. *Ibid.*, II, 4.
3. Kant, *Œuvres*, édit. Rosenkranz, VI, 165. Cf. *Théorie du droit* (1797).

de coercition à employer contre le souverain : par conséquent, aucune restriction ou limitation constitutionnelle ne peut être apportée au pouvoir du monarque. Comme le fait remarquer l'auteur d'une récente « Histoire de la théorie de la souveraineté depuis Rousseau »[1] la doctrine de Kant sur le pouvoir de l'État est aussi absolue que celle de Hobbes et de Rousseau.

Fichte admet une série de contrats par lesquels progressivement se constitue la propriété et s'effectuent la protection, l'union et la sujétion au gouvernement[2]. Cette sujétion a pour fin l'établissement d'une autorité capable de protéger les droits du citoyen, autorité qui doit être surveillée et qui peut être anéantie par une assemblée constitutionnelle. « Le peuple est en fait et en droit le pouvoir souverain, source de tout autre et responsable à l'égard de Dieu seul. »

Pour Schelling, l'État est, au terme d'un processus cosmique qui a pour fin la conciliation de la nécessité et de la liberté, la réalisation d'une volonté absolue, « le type immédiat et visible de la vie absolue. » Schelling fut un des promoteurs du mouvement en faveur du droit divin des monarques. Pour beaucoup des théoriciens de ce droit, la théorie de la souveraineté du peuple fut comme pour de Bonald une théorie intimement liée à l'athéisme et au matérialisme. Le pouvoir suprême ne peut venir que de

---

1. Merriam, *History of the theory of sovereignity since Rousseau*. Columbia University Press, 1900.
2. Grundlage des Naturrechts, 1796-97.

Dieu ; le souverain est le représentant de la Providence ; ses droits sont illimités comme ceux de Dieu.

Hegel avait apporté la conception de l'État considéré comme une personnalité réelle, ayant des droits et des devoirs [1]. Cet être « a son fondement et sa cause en lui-même » ; c'est une personne morale à un plus haut degré encore qu'un individu ; c'est la personne souveraine, mais qui doit trouver son expression dans un individu, s'objectiver dans un monarque.

La Révolution de 1848 fonda la souveraineté sur la raison et reconnut une souveraineté absolue à « l'universalité des citoyens ». En 1832, Sismondi, d'accord avec Lerminier, avait dit : « La raison nationale est quelque chose de plus relevé que l'opinion publique. » Pour Pierre Leroux, « la souveraineté est la puissance qui de Dieu descend dans l'esprit humain et se manifeste par le peuple : c'est-à-dire par l'unité indivisible de tous les citoyens, véritable image de celui dont elle découle »[2]. Proudhon estimait que la justice souveraine résulte de l'organisation, est un produit naturel de la constitution de l'être collectif, comme la santé est une résultante de la constitution de l'animal. « Elle n'a besoin que d'être expliquée et comprise pour être affirmée par tout le monde et agir » ; à elle « apppartient la direction du pouvoir[3] ».

135. **Résumé des théories.** — Telles sont les prin-

---

1. Grundlinien des Philos. des Rechts (1821), sect. 35-36.
2. Projet d'une constitution démocratique (1848), art. 19.
3. De la justice dans la Révolution (I, 118).

G.-L. Duprat.

cipales opinions émises par les théoriciens en vue de légitimer le rôle de l'État, quel que soit son représentant, monarque, assemblée parlementaire, assemblée populaire, corps électif, noblesse héréditaire, etc. Trois grandes théories se dégagent de l'ensemble : la première fait reposer les droits de l'État sur les droits de la divinité; la deuxième les fait reposer sur la volonté populaire, que cette volonté soit considérée ou non comme éclairée par la raison même; la troisième sur l'évolution naturelle qui aboutit à la constitution d'un organe ou d'une sorte de personnalité juridique.

La première de ces trois grandes doctrines aboutit à la légitimation de toute décision arbitraire. Quand on confie à un homme ou à un corps privilégié le soin d'interpréter les commandements divins ou de faire connaître la volonté divine et de se substituer à la providence, on doit s'en remettre avec une confiance aveugle à ce représentant de la divinité. On avoue implicitement son ignorance, son impuissance à connaître, son irrémédiable débilité mentale et morale ; on entre dans un troupeau dont on n'a même pas le droit de choisir le pasteur. Mais à quel signe reconnaître l'élu de Dieu? Tout critère fait ici défaut. C'est dire que toute la théorie pèche par la base.

La seconde doctrine ne vaut vraiment que lorsqu'on présente, avec Rousseau, Kant, Pierre Leroux, Proudhon, la volonté générale comme la plus capable de décider avec raison. Mais l'obstacle est précisément la difficulté insurmontable, qu'a bien signalée Rousseau, de réaliser l'unanimité des citoyens. Comment dégager cette « raison nationale », dont parle Sismondi, de « l'opinion publique qui, quoique en général clairvoyante, est souvent aussi précipitée, passionnée, capricieuse « ? Où trouver « cette raison éclairée par toutes les lumières, animée par toutes les vertus qui se trouvent dans la nation » ?

134. **La souveraineté relative et le contrat social.** — Si l'on ne peut, force est bien de renoncer à la théorie d'une souveraineté absolue, que seule une volonté absolument droite pourrait justifier. Il faut admettre une souveraineté limitée, incomplète, correspondant à la lumière imparfaite qui éclaire l'État. Et dès lors diverses conceptions sont admissibles : ou bien la souveraineté est transférée de la nation à un monarque élu, responsable par lui-même ou par ses ministres, et qui est le premier organe de la vie politique ; ou bien elle est transférée à une élite qui a pour mission de décider au nom de tous, à un Parlement formé des représentants de tout le pays. Dans tous les cas, l'organe créé pour suppléer à l'administration directe du peuple par lui-même, le substitut du souverain, n'a, comme l'avaient bien vu Althusius, Locke et Rousseau, jamais autant de droits que le souverain lui-même qui lui concède toute la puissance nécessaire, mais non une toute-puissance absolue. Alors, il y a lieu d'apporter des limites aux droits de l'État, contrairement à ce qu'ont admis Hobbes et Grotius dans leur désir de légitimer le pouvoir absolu du monarque, qu'ils avaient totalement substitué au vrai souverain.

Mais la plupart de ceux qui ont admis la souveraineté nationale ont cru à un contrat social, implicite ou explicite, et par là même ils ont donné comme fondement moral à l'autorité de l'État une sorte de délégation à lui faite par les individus d'une portion de leur pouvoir, de leur droit. Ni Rousseau, ni Kant n'ont cru que ce contrat ait été à aucun moment un fait réalisé ; ils n'en ont pas moins considéré l'État comme ne pouvant se réclamer d'aucune autorité autre que celle des individus. L'opinion de M. Fouillée ne diffère pas sensiblement de celle de Kant en ce sens qu'en faisant du contrat social un idéal d'accord spontané des volontés particulières, M. Fouillée reste individualiste et refuse de chercher ailleurs que dans un groupement artificiel des éléments la raison d'être de l'ensemble.

Sans doute, la force de l'État doit reposer de plus en plus sur l'accord, la « synergie » des volontés individuelles ; mais l'existence de l'État est assurée en fait et est légitimée par d'autres principes. La contrainte sociale a suffi au début de la civilisation humaine pour créer un pouvoir central en tout agrégat ; la contrainte sociale diminuant, l'action permanente de l'État n'a pas cessé de se faire sentir sur les individus, comme il a été dit plus haut, malgré la substitution progressive d'un droit contractuel à un droit pénal purement répressif ; plus le contrat a pris d'importance, plus le rôle de l'État a vraiment grandi au point de vue juridique, tant il est vrai que l'activité législative et l'activité contractuelle sont distinctes.

137. **Devoirs de l'État.** — L'existence d'un pouvoir législatif, exécutif et judiciaire, ne dépend donc pas de la volonté des hommes : l'État est un produit naturel, un être de nature, par opposition au Léviathan de Hobbes, monstre imposé par la raison.

Nous en venons ainsi à la troisième des grandes doctrines concernant l'État, que nous avons distinguées plus haut. Sans doute, il ne suffit pas de dire avec l' « école historique » que la tradition, les usages confèrent les pouvoirs politiques et déterminent la nature aussi bien que l'étendue des droits du souverain ; mais il faut reconnaître que l'évolution de l'État a autant d'importance que l'évolution de tout autre être naturel : on ne doit donc pas essayer de concevoir a priori un rôle et des droits dont l'histoire enseigne le devenir. De plus Hegel en insistant sur la valeur morale de l'État, sur ses droits et ses devoirs ainsi que sur sa suprématie, son indépendance, l'antériorité de son pouvoir relativement aux libertés individuelles, a rompu définitivement avec les théoriciens du contrat social, bien que son idéalisme l'ait rapproché de tous ceux qui prétendent que l'État a la souveraineté parce qu'il est le meilleur représentant de la raison impersonnelle, le meilleur juge de la valeur objective des maximes, préceptes, usages, traditions, tendances collectives et mœurs.

Nous pouvons donc concilier le naturalisme et l'idéalisme en considérant l'État, quelle que soit la forme du gouvernement, comme ayant au plus haut degré le droit de régenter les mœurs, de pénétrer jusque dans la vie privée, non parce que les individus y consentent, mais parce qu'il est, par nature et en droit, l'organe le plus élevé de la raison, l'instrument le plus propre à établir la domination de la raison sur les hommes.

Mais il faut se garder des conceptions absolutistes.

L'État n'a de droits, comme les individus, que dans les limites où il peut remplir des devoirs. Or, peut-il assumer la responsabilité de tous les actes individuels et même d'un grand nombre d'actes collectifs ? S'il le pouvait, ce serait que les individus ou les collectivités n'auraient aucun droit à l'initiative, aucune obligation d'innover pour contribuer au progrès social ? Mais l'invention est le fait des individus, non de l'État qui est dépourvu d'imagination : il faut que des esprits particuliers synthétisent chacun à sa façon des données communes, se rencontrent au point d'interférence des grandes lignes d'imitation qui au dire de M. Tarde sont comme les fleuves qui alimentent le domaine sociologique.

Les droits de l'État ne peuvent donc être tels qu'ils empiètent sur les droits individuels à une innovation, prudente ou hardie, malheureuse ou féconde, destinée à modifier pour une part plus ou moins considérable l'aspect de la vie sociale. Cependant ils doivent être assez grands pour empêcher la propagation de ces « nouveautés pernicieuses » contre lesquelles tous les gouvernements ont pris à tâche de se prémunir quand ils les ont jugées participer d'un esprit révolutionnaire.

Ici se pose le problème du droit moral des citoyens à la révolte contre le gouvernement obstiné dans une œuvre de réaction ou de résistance au progrès social. Un tel gouvernement évidemment outrepasse ses droits, et ou bien il cesse d'être le véritable ministre de l'État, ou bien l'État lèse les droits des individus et va à sa ruine par ignorance de son véritable rôle : dans ce dernier cas la constitution de l'État sur de nouvelles bases s'impose, et il faut remonter jusqu'aux véritables sources de la souveraineté pour fonder un nouveau droit politique. Tel est l'office moral des révolutions, qui, lorsqu'elles sont légitimes, sont des tentatives faites par le plus grand nombre pour mettre en harmonie le rôle effectif de l'État et la conception rationnelle de ce rôle à un moment donné de l'évolution sociale.

A l'heure présente, le moment semble venu de donner au pouvoir central une mission sociale très complexe : celle de l'organisation sociale à tous les degrés. « Plus les sociétés se développent, dit M. Durkheim [1] (et cette citation ne fait que résumer ce que nous avons dit plus haut de l'évolution du pouvoir central), plus l'État se développe ; ses fonctions deviennent de plus en plus nombreuses, pénètrent davantage toutes les autres fonctions sociales qu'il concentre et unifie par cela même. Les progrès de la centralisation sont parallèles aux progrès de la civilisation... On peut dire qu'il n'y a pas de loi historique mieux établie. » C'est l'État qui « à mesure qu'il a pris de la force a affranchi les individus des groupes particuliers et locaux qui tendent à l'absorber, famille, cité, corporation, etc... L'individualisme a marché dans l'histoire du même pas que l'étatisme. »

S'il ne faut pas que l'État soit un despote ayant tous les droits sur l'individu, si celui-ci doit être d'autant plus libre qu'ayant rempli plus d'obligations il a acquis plus de valeur propre, il est de toute

---

1. *Revue philosophique*, 1899, t. XLVIII, p. 438.

nécessité que le pouvoir central soit de plus en plus « le libérateur » de la personne morale comme le dit fort bien M. Coste [1] : « il s'agit d'empêcher les usurpations, les monopoles ; de maintenir l'harmonie et la balance entre les intérêts particuliers, de résister aux entreprises excentriques et divergentes. » Dans le même ordre d'idées, M. L. Stein assigne à l'État comme obligation transitoire le devoir de diminuer toute puissance anormale, susceptible de faire échec aux intérêts permanents de la civilisation.

Or ce qui peut compromettre l'avenir de l'humanité c'est le conflit des forces vives dont la synergie est indispensable à la vie commune. C'est le désordre dans le présent et la discontinuité radicale dans le devenir. L'État doit donc à la fois étendre le plus possible l'organisation rationnelle et travailler dès le présent à un accroissement régulier d'organisation sociale dans l'avenir. La politique est un art autant de prévoyance que de sagesse. Prendre conscience de l'idéal collectif, le poser avec la plus grande netteté devant tous les esprits, les instruire par conséquent et les guider dans la réalisation d'une œuvre de progrès, est un des premiers devoirs des gouvernants.

L'État doit être le foyer de lumière qui éclaire et réchauffe, guide et protège. Il a le droit de combattre tout ce qui s'oppose radicalement à l'union, à l'harmonie et au progrès. C'est pourquoi il doit réglementer tous les modes d'activité et d'existence dans lesquels une force immorale peut apporter le

---

1. *Op. cit.*, p. 190.

trouble ou une mauvaise direction. Le faible d'esprit peut être induit en erreur : que la loi le protège contre lui-même, en tant que mal conseillé il peut se nuire à lui-même et nuire aux autres. L'individu isolé peut être exploité par l'usurier, par le capitaliste, par l'homme sans scrupules, qui profitent de leur puissance pour imposer des conditions contraires à la justice et à l'humanité ; que la loi déclare nuls les contrats imposés par la force. Ce qui est dangereux surtout pour l'individu, c'est la secte, qui formant une sorte de communauté fermée, impose progressivement à ses membres l'obéissance, le renoncement et quelquefois le crime : que l'association soit libre, mais qu'elle ne soit pas tyrannique ; la loi doit, ici plus que partout ailleurs, protéger l'individu au sein de la multitude aveugle, soumise à la domination de quelques « meneurs », et comme telle susceptible de toutes sortes d'excès.

139. **L'État et les associations.** — Toutefois l'association en général, loin d'être proscrite, doit être encouragée, car lorsqu'elle est ouverte, lorsqu'elle se tient éloignée de l'esprit sectaire, lorsqu'elle n'impose à l'individu aucun sacrifice ni de sa dignité, ni de ses justes droits, ni de son indépendance morale, elle constitue la protection la plus efficace contre l'arbitraire du pouvoir central. L'État doit viser à organiser la résistance contre toute oppression, même contre celle qu'un gouvernement pourrait tenter en son nom.

La Révolution française a malheureusement méconnu ce devoir de l'État. Elle a proscrit les associations ; après avoir détruit les corporations, qui s'étaient rendues odieuses précisément parce qu'elles étaient en quelque sorte des « congrégations privilégiées » où régnait l'arbitraire, elle a rendu pour longtemps impossible la constitution des syndicats.

Nous revenons à une plus saine notion des droits et des devoirs de l'État en matière d'association. « Ce qui libère l'individu, dit encore M. Durkheim[1], ce n'est pas l'absence de tout principe régulateur, c'est leur multiplication, pourvu que les centres multiples soient coordonnés et subordonnés les uns aux autres ». L'État a donc le droit de protéger les associations naissantes puisqu'ainsi il remplit son devoir de protection à l'égard des individus ; il trouvera même prochainement, au dire de M. Paul Boncour[2], un précieux auxiliaire dans les syndicats de toutes sortes qui ne soumettront leurs membres à une discipline spéciale que pour se soumettre eux-mêmes à la discipline commune, de sorte que chaque nation formera une sorte de *fédération* des associations qui auront déjà opéré le premier travail d'unification sociale.

L'État pourra alors intervenir dans les affaires de la collectivité, du groupe social élémentaire, non pour y étouffer la vie, la spontanéité, mais pour y régulariser l'activité et la mettre en harmonie avec l'activité des autres organes de la vie sociale. C'est ainsi que, selon le mot de M. Tarde, il complètera son rôle d' « initiateur », par sa fonction de « régulateur ».

140. **L'État éducateur.** — Mais en tant que pou-

---

1. *Loc. cit.*, p. 439.
2. *Le fédéralisme économique.*

voir initiateur, l'État n'aura-t-il pas le devoir de prendre toutes les mesures propres au développement des sentiments esthétiques, religieux, scientifiques et moraux qui sont comme les principes vitaux du « corps social », comme les appétitions essentielles de la conscience commune ? Ne s'ensuit-il pas qu'il doit y avoir par exemple une religion d'État, un enseignement officiel des « vérités » théologiques, scientifiques et morales ? La question est celle des devoirs et des droits de l'État en matière d'éducation et de croyance collective.

Nous avons déjà constaté que l'évolution sociale des sentiments collectifs tend à accroître sans cesse l'amour de la science et à diminuer l'ardeur des croyances religieuses, à éteindre le fanatisme et l'intolérance. Faut-il aller sur ce point contre l'évolution sociale et chercher à restaurer l'unité de croyance religieuse ? Quel intérêt moral pourrait nous offrir une telle réaction ?

L'unité religieuse ne saurait nous donner l'unité morale, car, comme il l'a déjà été dit, les mêmes pratiques religieuses peuvent s'accorder avec des conduites toutes différentes, les unes morales, les autres immorales. De plus les conceptions théologiques sont tellement vagues, tellement difficiles à préciser que leur subjectivité sera toujours un obstacle à l'identité des croyances : l'histoire des religions est en définitive une histoire de schismes, d'hérésies, d'hétérodoxies de tout genre. A mesure que l'esprit moderne pénètre davantage la pensée chrétienne on voit les penseurs admettre plus aisément la libre discussion, et M. SABATIER, doyen de la Faculté de théologie protestante de Paris, déclarait, il y a quelques années, que l'orthodoxie dans la religion réformée est un véritable non-sens.

L'État ne peut donc pas considérer comme un de ses droits de rétablir l'unité religieuse. Peut-on considérer comme un de ses devoirs d'encourager également toutes les manifestations religieuses ? On peut objecter à ceux qui estiment la religion nécessaire à la vie sociale que les manifestations publiques d'une croyance théologique quelconque sont de nature à blesser les consciences indépendantes et *a fortiori* toux ceux qui ont une religion différente de celle dont on encourage le développement, car les « croyants » en général croient être seuls en possession de la vérité et ils estiment de leur devoir de combattre l'erreur. Le propre d'une croyance collective étant de se manifester, on peut craindre des conflits, et on peut redouter que l'intervention de l'État en entretenant des causes de trouble aille à l'encontre de la fin proposée : l'harmonie de toutes les forces sociales, le concours de toutes les énergies.

En outre l'absence de « vérité » religieuse bien établie, absence qui rendrait intolérable le rétablissement de la religion d'État, fait que de plus en plus le culte, comme la croyance, relève de la conscience individuelle, devient affaire essentiellement privée. Les innovations, les modifications qu'un citoyen croit devoir apporter dans les rites traditionnels ne concernent que lui et ne pourraient intéresser l'État que si le bonheur ou le malheur de l'ensemble des citoyens pouvait dépendre des actes particuliers de piété ou d'impiété.

Il n'y a donc aucune raison pour s'opposer à l'évolution qui fait des sentiments religieux quelque chose de plus en plus étranger à la conscience collective, pour leur réserver comme un asile plus sûr dans la conscience individuelle.

Il en est à peu près de même des sentiments esthétiques : il ne saurait y avoir d'art officiel sans que le droit individuel à la libre appréciation des œuvres, au goût indépendant, soit violé. Mais le cas des sentiments scientifiques est tout différent. La science est faite de vérités objectives, d'assertions sans cesse vérifiables. Il est de l'intérêt public que la vérité scientifique soit établie et répandue, que le culte du vrai soit universel et que les citoyens y soient initiés dès leur jeune âge. L'État a donc le devoir de faire donner à tous une instruction scientifique, de multiplier les moyens d'investigation et de découverte, de répandre partout la notion des nouvelles conquêtes de la raison humaine jointe à l'expérience méthodique.

Jusqu'où va le droit de l'État en matière d'instruction ? Peut-il obliger tous les citoyens à recevoir les enseignements que leur esprit est apte à comprendre ? Peut-il se réserver le droit de diriger les études et de former les esprits ? Ce droit semble incontestable. N'y a-t-il pas un devoir étroitement lié à celui d'obéir à la raison, celui de connaître les données rationnelles, scientifiques ? Et l'État qui doit protéger l'individu n'a-t-il pas le devoir de l'armer pour sa propre protection, et cela surtout lorsque les armes fournies servent les intérêts matériels et moraux de la collectivité ? De même que l'État doit prendre des mesures de protection générale contre le mal physique, la misère et la maladie, ne doit-il pas prendre des mesures de protection générale contre le mal intellectuel, l'ignorance et l'erreur? S'il a par conséquent le devoir de veiller à l'instruction de tous, il a le droit de l'organiser, de la diriger, de répartir les enseignements selon les intérêts du système social à réaliser. Sans doute, il n'a pas le pouvoir d'empêcher quelqu'un d'apprendre, de connaître toujours davantage, mais il a le droit de contraindre chacun à savoir autant que le degré individuel d'intelligence et d'attention le permet.

A ce droit de rendre obligatoire l'instruction en général se rattache par exemple le droit d'imposer l'instruction militaire pour la défense ou la sauvegarde de tous, dans les formes et au temps où il est jugé convenable de le faire.

140 *bis*. **L'État justicier.** — De même enfin que l'État est supposé pourvu de la sagesse convenable pour faire les lois et déterminer les devoirs du citoyen, de même qu'il est considéré comme le protecteur-né et l'instructeur-né de tous les individus, il est le distributeur naturel de la justice. De là son devoir d'établir une magistrature et son droit de faire rendre des arrêts qui, rendus en son nom, sont exécutoires pour tous les citoyens. Cette magistrature est de deux sortes : l'une administrative, l'autre proprement juridique. Pour que les droits de l'État soient indiscutables, en tant qu'il contraint au respect de ses magistrats, administrateurs ou juges, il lui faut remplir un dernier devoir : celui de choisir des interprètes de la loi qualifiés, et par la clarté de leur esprit et par leur équité.

VI

L'ORGANISATION ÉCONOMIQUE

141. **La concurrence.** — C'est dans l'ordre économique que l'intervention de l'État semble appelée à produire désormais d'importants résultats. Cette intervention a été longtemps considérée comme devant apporter plus de troubles que de bienfaits. On croyait que le domaine des faits économiques est le domaine de la concurrence entre individus : il eût donc fallu plutôt organiser la lutte que chercher à établir l'accord.

La lutte pour l'existence est un fait naturel bien constaté de nos jours ; mais cette lutte, qui peut être circonscrite d'ailleurs aux espèces animales, n'empêche pas un certain degré d'union, d'accord des hommes, en vue d'une existence meilleure : des groupes peuvent se former pour lutter contre d'autres groupes ; les citoyens d'une même nation peuvent se solidariser étroitement dans leur lutte économique contre une autre nation également unifiée [1] ;

---

[1]. C'est ce que désireraient des protectionnistes tels que M. Simon N. Patten, pour qui le protectionnisme a pour fin la pleine expansion de toutes les puissances économiques d'une nation, appelée à rivaliser avec les nations voisines. Cf. *Les fondements économiques de la protection*. Trad. française, Paris, Giard et Brière, 1900.

la portion la meilleure de l'humanité peut enfin se constituer en un seul système pour lutter contre l'animalité et parvenir à une plus complète domination de la nature. L'évolution se fait dans le sens de la suppression des luttes étroitement circonscrites au clan, à la tribu, à la cité, à la province, à la nation ; les guerres civiles sont déjà considérées comme des anomalies ; certaines concurrences deviennent non moins anormales.

La moralité est aussi désirable dans les luttes économiques que dans toutes les autres sphères de la vie sociale. Il serait contradictoire de poser comme devoir suprême l'organisation rationnelle de la vie collective, et de laisser en dehors de la morale l'économie politique, comme un domaine où seul le succès importe et où le fait prédominant doit être la concurrence, alors que partout ailleurs dans la vie sociale s'établit le libre accord des volontés individuelles sous le contrôle et la protection de l'État.

142. **Subordination de l'ordre économique à un ordre supérieur.** — L'immoralité consiste précisément dans l'oubli des fins les plus élevées des sociétés humaines et dans la subordination exclusive de l'homme à des fins économiques, telles que l'acquisition de la richesse ou la production des moyens de plaisir. Les Kantiens voient dans cet abus de la faiblesse humaine l'indice d'une tendance à prendre l'humanité en soi comme moyen et non pour fin, à ne pas respecter la loi du devoir et la liberté nouménale dans l'être phénoménal dont l'éminente dignité, l'autonomie foncière, ne permettent pas l'asservissement. On peut ne pas avoir ces raisons méta-

physiques de condamner l'avilissement imposé parfois à des êtres raisonnables, rabaissés au rang de bêtes de somme ou traités en simples instruments de travail. Les raisons empruntées à la morale positive ne font pas défaut pour justifier la condamnation de l'esclavage et de tous les modes d'activité sociale analogues.

Il y a dans la société une hiérarchie d'ordres différents : l'ordre des faits économiques est incontestablement à la base, comme condition première des autres ordres de faits, — politiques, esthétiques, scientifiques, etc. Si l'homme ne vit pas seulement de pain, il doit du moins commencer par se nourrir, se vêtir, subvenir à ses premiers besoins, conserver son existence. Cependant, il est illégitime de prétendre que l'évolution économique détermine l'évolution sociale tout entière : la doctrine du « matérialisme historique » a assurément trop insisté sur le « déterminisme économique ». Comme on a pu le voir par l'exposé fait plus haut, l'évolution des moyens de production a dans bien des cas suivi celle des tendances spontanées, des désirs qu'aucun « besoin matériel » n'avait fait naître ; la complexité de la vie économique a des causes politiques, esthétiques, religieuses, des causes sociales de toutes sortes en dehors de l'évolution naturelle des sources de richesse. Les inventions qui font le progrès industriel ne sont pas à l'origine des produits de l'esprit humain sous la pression des nécessités économiques : ce sont des fruits spontanés de l'imagination technique, résultats directs des recherches scientifiques les plus désintéressées. On peut affirmer que dans bien des cas c'est le désintéressement artistique ou scientifique qui a fait naître les intérêts économiques[1].

Il faut laisser à l'ordre des faits économiques son rôle, des plus importants, mais inférieur : celui d'ensemble de phénomènes conditionnés et conditionnant, mais conditionnant à la façon de la base de granit ou de marbre qui est indispensable à l'érection d'une statue. Les phénomènes de la richesse, de la production, de la consommation et de la distribution, sont des moyens pour la vie sociale ; il ne faut pas en faire des fins et y asservir exclusivement les individus ou les collectivités. C'est le travers que n'ont pas assez évité la plupart des économistes.

La richesse des individus ou des nations est en elle-même assez indifférente au moraliste. Ce n'est pas la richesse ou la pauvreté qui augmente ou diminue la moralité : il y a des régions très riches où malgré une propension marquée à certains vices, tels que l'avarice ou la débauche, la criminalité ne s'accroît pas davantage que dans d'autres régions pauvres où se développent des vices tels que l'intempérance, l'ignorance, la grossièreté des mœurs, etc.

En général cependant les populations pauvres ont plus de vertus que les populations amollies par la richesse, habituées au luxe : la pauvreté dignement supportée est un gage de moralité. Mais la possession de la fortune intéresse la moralité indirectement, en tant qu'elle doit servir de moyen à l'activité sociale :

1. Voir sur ce point le compte rendu des séances de la Société de sociologie de Paris (*Revue internat. de sociologie*, juin 1900), où avec M. TARDE nous avons soutenu la thèse opposée à celle du *Matérialisme historique*.

on ne dispose de certains biens que pour accroître les moyens publics de parvenir à la vérité scientifique, à la jouissance artistique, à la pleine expansion des forces charitables ; l'usage moral de la richesse, c'est la dépense que l'on fait de ses revenus pour des œuvres sociales de plus en plus relevées. Il importe donc que la fortune publique augmente, que l'humanité possède un nombre croissant de biens matériels, afin que la vie intellectuelle et morale de la communauté bénéficie des loisirs et des ressources ainsi largement distribuées. Mais dès lors quelle importance morale acquiert le problème de la production et de la distribution de la richesse ! combien l'économie politique se subordonne étroitement à la morale !

Or s'il y a une évolution naturelle à seconder, s'il y a des réformes à réaliser, c'est à la loi qu'il faut faire appel dans la plus large mesure possible ; c'est l'État qui doit assumer de nouveaux devoirs, s'arroger de nouveaux droits.

143. **Le rôle de l'État.** — Restons fidèles aux principes fondamentaux qui limitent les droits du souverain en matière privée : le principe de l'extension la plus grande possible de la liberté individuelle en même temps que du contrôle et de la protection par l'État, et le principe de la coordination et de la prévision par le pouvoir central, en vue de la réalisation progressive d'un idéal d'harmonie, d'accord spontané des forces sociales les plus diverses. Le rôle de l'État paraît dès lors nettement devoir être celui d'un pouvoir qui seconde l'évolution économique dont nous avons marqué les étapes.

A mesure que la division du travail entraîne d'une façon chaque jour plus marquée le triomphe des aptitudes spéciales, on voit les ouvriers s'unir pour se compléter les uns les autres, chercher à former dans le même établissement industriel une grande famille où chacun a besoin de tous et où tous peuvent tenir en une juste estime le rôle joué par chacun. Ainsi se réalise progressivement la solidarité ouvrière dont on peut attendre les plus grands biens au point de vue de la protection des individus, de l'encouragement à l'inventeur, de l'aide en cas de chômage ou de maladie.

L'extension du rôle dévolu aux syndicats, dans les limites qui ont été déterminées plus haut, est désirable, nécessaire même. Sans accorder des privilèges, des monopoles, qui tendraient à faire des associations ouvrières de nouvelles corporations aussi détestables que les anciennes, l'État peut et doit favoriser tous les groupements qui lui serviront d'auxiliaires dans l'œuvre d'organisation économique du pays. Ces associations pourront, à mesure qu'elles auront acquis plus de puissance, réaliser de plus vastes desseins, donner plus d'ampleur aux entreprises industrielles, accroître la richesse publique en même temps que le bien-être de tous leurs membres.

143. **L'Étatisme et la corvée.** — L'État doit-il aller plus loin et devenir une sorte de grand syndicat, unique propriétaire, unique distributeur du travail et des biens, providence qui pourvoie aux besoins de tous en fixant la nature et la durée du travail de chacun ? Étant donné que si les hommes

travaillaient tous un petit nombre d'heures par jour à la production des objets de consommation indispensables à la vie matérielle, tous les hommes aussi pourraient jouir d'un loisir — que les uns pourraient employer à des recherches scientifiques, d'autres à des œuvres d'art, tous enfin à la satisfaction de besoins supérieurs et proprement humains, — l'État n'a-t-il pas le droit d'imposer à ses divers éléments sans exception ce que parfois on a appelé la « corvée » ?

Le droit d'imposer des modes définis d'activité en vue du salut, ou du bien public, ou de la santé ou de la moralité universelle, est indiscutable. Il s'affirme, en fait, en mainte circonstance. L'État exige des corvées précisément toutes les fois qu'aucun service rétribué ne pourrait remplir les fonctions accomplies par tous avec un dévouement complet à la république : par exemple, dans les cas d'incendie, d'inondation, de famine, d'invasion. Le service militaire est le type de la « corvée » préconisée par certains socialistes [1].

S'il était prouvé que la moralité sociale et le bien-être collectif gagneraient à la réalisation, par le même procédé que celui qui répond au besoin de la défense nationale, de toutes les œuvres que comporte l'existence matérielle des peuples, l'État ne pourrait pas hésiter à « nationaliser » les principaux moyens de production, les grandes entreprises, restées privées

---

[1]. Il faut reconnaître que M. G. RENARD réduit le plus possible dans son *Régime socialiste* (Alcan, 1898) la part faite à ces services industriels qui, dit-il, « seraient assurés par un procédé analogue au service militaire ».

jusqu'ici, et dénoncées comme onéreuses à la richesse publique, ou funestes à la santé physique et morale de tous les citoyens.

Mais si Platon a pu concevoir l'État comme chargé d'abord de l'accouplement, ensuite de l'éducation entière, enfin de la distribution à tous les citoyens des fonctions et des biens, il ne faut pas oublier qu'il simplifiait à l'excès la vie économique, d'ailleurs très peu complexe de son temps, et qu'il s'inspirait beaucoup plus d'un passé éloigné que de l'évolution sociale dans son ensemble. La civilisation humaine a débuté par une sorte de communisme très rudimentaire : l'homogénéité sociale, la nature des objets de consommation et des moyens de production, réduits les uns aux produits, les autres aux modes d'activité les plus simples, rendaient aisée, obligatoire même la vie en commun. De nos jours la complexité de l'existence collective a rendu malaisée la concentration entre les mains de l'État des moyens de production et des objets de consommation : les échanges incessants et variés ont, en déterminant l'extension des opérations monétaires, obligé de plus en plus l'État à recourir au procédé qui lui permet de disposer le plus aisément de la fortune publique : le procédé d'imposition légale et de dépenses par voie budgétaire.

Le système de la corvée a pour principal inconvénient de « parquer » les individus souvent contre leur gré dans des usines ou des laboratoires ou des comptoirs, de ne laisser aucune liberté au travailleur, comme si le vrai travailleur n'était qu'un mécanisme produisant à heure fixe une quantité de travail déterminé. Ce qui importe plus que la quantité, c'est la qualité qui dépend de l'habileté et par conséquent de la bonne volonté dans la spécialisation ; ce qui importe plus que la docilité et la régularité, c'est l'invention, qui ne peut se produire que si on laisse à l'individu un droit à l'innovation, une sorte de droit à l'erreur, aux tâtonnements, à la consommation vaine.

144. **L'impôt.** — Au contraire, le système de l'impôt laisse au producteur et au consommateur la plus grande liberté, tout en permettant à l'État de jouer le rôle le plus étendu qu'on puisse concevoir. Or on doit prévoir et admettre une augmentation continue des charges imposées pécuniairement aux individus, comme conséquence de l'extension continue du rôle dévolu au pouvoir central.

L'évolution sociale peut tendre à bon droit à faire de chaque citoyen dans la mesure de sa compétence individuelle un fonctionnaire de l'État. Au régime de la concurrence correspond la sélection, par voie de concours des agents supposés les plus propres à rendre un petit nombre de services parfois très complexes. Au régime de la coopération doit correspondre le fractionnement des grandes fonctions actuelles en petites, beaucoup plus spéciales, attribuées à chacun selon selon son aptitude à remplir celle qui lui est assignée. Le temps viendra ainsi où il n'y aura plus qu'un petit nombre de citoyens qui seront *exclusivement* des fonctionnaires de l'État et où tous le seront plus ou moins pour un petit nombre d'heures par jour ou pour une petite part de leur activité. Dès lors l'État devra moins nourrir ses employés que rétribuer des services, échanger avec chaque citoyen des moyens de subsistance contre des produits indispensables au bien-être collectif. Deux problèmes pratiques se poseront en conséquence : comment répartir les impôts ? dans quelle mesure rendre publiques les entreprises privées ? Ce dernier problème est susceptible de solutions variables selon le degré de civilisation et selon l'état économique. A l'heure présente un grand nombre d'États ont déjà pris à leur charge une partie des frais d'instruction publique, une partie des frais d'assistance aux malades et aux vieillards, de protection et d'entretien matériel des enfants pauvres ou abandonnés; on voit sans cesse les parlements multiplier les subventions et faire de nouveaux sacrifices pour assurer par exemple le transport à bon marché, certains vivres à bon marché; d'autre part on constate que de grandes nations paient de très fortes primes pour encourager certaines cultures, la navigation, l'émigration, etc., et améliorer ainsi le sort des agriculteurs, des marins, des colons. Il suffit qu'une entreprise soit d'utilité publique pour que l'État en intervenant pécuniairement et moralement la « nationalise » en partie, à l'aide de l'impôt. Rendre publiques de cette façon toutes les grandes entreprises actuellement privées qui sont d'une importance capitale pour la vie nationale, et en conséquence mettre à bon marché les moyens indispensables à la subsistance de tous les hommes, n'est certainement pas chose immorale : c'est assurer au moyen des deniers publics à tous au moins un secours contre la misère; c'est permettre à tous de s'élever de plus en plus au-dessus de la vie des brutes et de goûter aux jouissances intellectuelles et esthétiques qui ennoblissent l'homme.

145. La solidarité dans l'ordre économique. — Pour cela, il faut que tous fassent à la république le sacrifice d'une partie de leur revenu. Précisément, où la solidarité humaine peut le mieux se manifester, c'est dans les rapports variables entre les bienfaits reçus par l'individu de la société et les services rendus par lui à la cause commune : ces rapports risquent d'être le plus souvent de proportion inverse. En effet, ce n'est pas l'homme puissant par son intelligence, par sa force à tel ou tel point de vue, qui aura le plus besoin du secours de ses semblables ; mais pouvant davantage, il est moral qu'il doive davantage et que les charges sociales qui pèsent sur lui soient proportionnelles à ses moyens d'action. Nous avons vu en effet que, le devoir reposant sur la bonne volonté, les obligations sociales croissent à mesure que croît la puissance : payer l'impôt est une de ces obligations ; et même s'il est vrai, comme nous l'avons supposé, que l'impôt tiendra lieu de plus en plus de toutes les contributions individuelles aux charges collectives exigibles par l'État, il faut voir dans le paiement de la contribution pécuniaire un des premiers devoirs du citoyen, devoir d'autant plus élevé dans la hiérarchie des obligations morales que le rôle économique de l'État sera plus grand.

Une grave objection ne saurait manquer d'être faite à une telle conception : c'est que si les avantages ne sont pas proportionnels aux services rendus, si d'autre part les plus paresseux des hommes, les plus indignes, n'en jouissent pas moins des bienfaits du travail des autres, une sorte de prime sera accordée à l'inaction, l'oisiveté risquera de devenir générale, et le système social sera ébranlé par ses propres conséquences. Si l'objection était valable il faudrait avouer que seules les nécessités naturelles, seuls les besoins économiques déterminent l'homme à travailler ; or, nous avons déjà vu combien il y a d'exagération dans la doctrine qui prétend faire des besoins matériels les seuls mobiles de l'activité humaine ; d'autre part, ne constate-t-on pas chaque jour que l'oisiveté de certains hommes est due à des dispositions morbides telles qu'alors même que la faim et le froid les stimuleraient encore davantage au travail ils resteraient inactifs ? N'est-il pas au contraire un grand nombre d'hommes qui travaillent sans besoin ; et croit-on que les inventeurs, les savants, les grands agents du progrès industriel et de la prospérité économique cesseraient d'imaginer, d'étudier, de faire effort, alors même que toute récompense matérielle leur serait enlevée ? C'est faire trop de fonds sur la bassesse des sentiments de la majorité des hommes que d'estimer la cause de la civilisation compromise parce qu'on aurait assuré du pain et un abri à quelques misérables sans dignité. Rien ne permet de croire, qu'une fois les nécessités les plus urgentes de l'existence matérielle écartées le plus possible par les soins de l'État, l'individu ne tienne à honneur de rendre à la collectivité le bien qu'il aura reçu d'elle.

Alors, au contraire, un incomparable essor des intelligences, une incomparable activité économique permettront à la collectivité une sollicitude croissante pour tous ses membres et aux individus une action plus large et plus généreuse, une initiative plus féconde, une plus grande richesse, un bien-être toujours plus favorable à leur élévation morale. Sans préjudice pour la propriété privée, la solution des conflits entre le capital et le travail sera rendue aisée par l'amélioration du sort des humbles.

146. **Le salariat.** — Karl Marx a essayé d'établir un rapport de filiation entre l'esclavage antique, le servage moderne et le salariat. En réalité le servage s'est opposé dès l'origine à l'esclavage et le salariat a été accueilli avec enthousiasme par les adversaires du servage. Comme l'a remarqué M. Letourneau, ces trois institutions ont pu coexister en Égypte et en Grèce sans se confondre; en Suède, d'après Dareste, le servage n'a jamais existé. L'ouvrier, autrefois si méprisé qu'on lui refusait non seulement le titre de citoyen, mais encore toute dignité morale, tend à devenir en fait de plus en plus une personnalité indépendante même au point de vue économique.

Or le salariat si vivement combattu de nos jours est condamné, semble-t-il, à disparaître parce qu'il ne laisse pas assez de place à l'évolution morale de l'ouvrier. En droit, le salaire est l'effet d'un contrat par lequel un homme s'engage à fournir une activité technique déterminée, pendant un certain nombre d'heures chaque jour, à un patron qui en échange s'engage à lui procurer certains avantages matériels, en général une certaine somme d'argent.

Mais en fait le régime du salariat s'oppose souvent au régime du libre contrat : les conditions auxquelles un ouvrier s'engage à travailler lui sont souvent imposées par le patron qui, syndiqué avec la plupart des autres patrons, ou du moins à la suite d'une entente tacite, ne s'arrête pas à discuter avec l'ouvrier : il faudra bien que celui-ci, s'il ne veut pas mourir de faim, accepte ses offres.

D'autre part, il arrive quelquefois que les ouvriers syndiqués imposent leur prix au patron, et, assurés du triomphe, n'ont pas à débattre, mais à commander. Il s'ensuit que le salariat perpétue un état de guerre.

Chose plus grave : le contrat de salariat n'est-il pas un contrat de louage qui fait de l'ouvrier une chose, un instrument, un simple moyen de richesse entre les mains du capitaliste ? Si l'on considère les faits et l'histoire, dit M. Renouvier [1], incontestablement les salariés « ont été et sont encore souvent placés dans une condition, non seulement à n'avoir pas de propriété à eux, mais à ne pouvoir en acquérir aucune, à se trouver réduits aux stricts moyens de vivre au jour le jour, à s'interdire toutes fins plus éloignées, ou d'une nature intellectuelle et morale. »

On connaît la théorie de Karl Marx sur la « plus-value » et le « surtravail » [2] : dans le prix de vente d'une marchandise entrent essentiellement le salaire de l'ouvrier et le bénéfice du patron ; ce bénéfice est dû au surtravail, c'est-à-dire aux heures de travail « impayé » qui ont été imposées à l'ouvrier au delà du nombre d'heures nécessaires pour répondre aux besoins de la société. Le capitaliste cherche à accroître

---

1. *Op. cit.*, p. 86, t. II.
2. *Salaires, prix et profits*. — *Le capital*. — Giard et Brière, 1899.

la plus-value qui résulte de l'incorporation dans la marchandise d'un nombre toujours plus grand d'heures de travail, d'une quantité toujours plus considérable de travail effectif. Il en résulte que même sans diminution des salaires, le bénéfice des patrons augmente au détriment des ouvriers ; que la vie, rendue plus coûteuse aux consommateurs, l'est aux ouvriers en particulier, de sorte qu'une hausse des salaires n'améliore pas leur condition.

La moralité de quelques patrons ne peut rien contre ces conséquences fatales du salariat. S'ils augmentent les salaires ou réduisent le nombre des heures de travail, ils seront ruinés par suite de la concurrence.

147. **La coopération.** — L'État est donc appelé à intervenir tôt ou tard dans le régime actuel du travail pour fixer les limites juridiques dans lesquelles pourra s'exercer le droit individuel de contracter sans qu'il y ait atteinte à la dignité morale de la personne humaine. La réglementation du travail, notamment quant au maximum d'heures de labeur et quant au salaire minimum, s'impose.

Telle est la thèse la plus modérée, celle qui assigne avec raison à l'État une fonction régulatrice qui est la sienne propre. Mais peut-on espérer que la réglementation par l'État suffirait à donner à l'ouvrier une dignité morale satisfaisante ?

Il n'y aura semble-t-il de satisfaction morale pour l'humanité que lorsque le travail social tout entier apparaîtra comme une coopération libre, sans contrainte matérielle ou morale exercée par des hommes sur d'autres hommes, en vertu de la puissance

18.

des uns et de la faiblesse des autres. Ce n'est point l'activité d'un individu qui doit se louer, ce sont des services qui doivent s'échanger entre hommes ayant un égal respect les uns des autres, une estime réciproque pour leurs aptitudes différentes. La division du travail entraîne d'ailleurs, avec la spécialisation croissante des aptitudes et une valeur individuelle de plus en plus grande, comme nous l'avons vu, l'indépendance de mieux en mieux marquée du bon ouvrier qui travaille à loisir, vend son œuvre ou ses services, et reçoit non point le prix de ses heures de travail, mais la part due à son talent, son savoir, son habileté, sa coopération à une œuvre.

Combien la légitime fierté de ce bon ouvrier, combien son indépendance à l'égard du patron, seraient mieux assurées dans une société où la libre association d'abord fournirait à l'individu un appui moral et pécuniaire, et où l'État ensuite assurerait à tous la vie à bon marché. Il ne s'agit pas de retomber dans les erreurs de 1848-49 et d'ouvrir des « Ateliers nationaux » pour les ouvriers sans travail : l'État ne peut s'engager à faire vivre une nuée de fonctionnaires qui, s'ils ne travaillaient pas, compromettraient la fortune publique et s'ils travaillaient feraient une telle concurrence à l'industrie privée que celle-ci devrait disparaître, injustement condamnée. Mais il faut que l'ouvrier, chargé de famille, ayant femme, parents et enfants à nourrir ou à élever, puisse à l'occasion lutter pour faire aboutir de légitimes revendications contre la puissance parfois accablante du capital. Il ne peut être dans de meilleures conditions pour revendiquer en cas de besoin ses droits et ceux de ses compagnons, si sa subsistance lui a été rendue peu coûteuse, si le bien-être matériel assuré à tous par l'État lui a permis d'économiser, de se fortifier à l'avance par une épargne prévoyante.

On peut être assuré que dans de telles conditions le droit de grève, qui ne saurait être méconnu, car il est la garantie de l'indépendance ouvrière, s'exercerait pacifiquement ; la peur de la misère à brève échéance est le mobile de la plupart des actes de violence commis dans les conflits du travail ; c'est elle qui affole et aveugle. Quand un syndicat puissant soutient ses membres déjà forts par eux-mêmes, les solutions sont faciles et promptes : on le voit en en Angleterre où les Trade-Unions constituent un organe économique de la plus haute importance.

148. **Le travail des femmes et des enfants.** — De même, grâce à une telle organisation, on pourrait atténuer les effets d'une tendance générale au travail des femmes et des enfants, en ce que cette tendance a d'inconciliable avec une saine organisation sociale. Sans doute la femme peut et doit jouer un rôle toujours plus considérable dans l'économie politique et elle peut contribuer à la prospérité matérielle d'un pays par un travail proportionné à ses forces et correspondant à ses aptitudes ; mais elle ne peut pas, sans graves inconvénients, déserter le foyer familial, abandonner ses enfants, être contrainte de se livrer à un travail continu qui l'éloigne des soins du ménage, à un labeur fatigant qui nuit à l'exercice de sa fonction naturelle : la maternité. Quant à l'enfant, il ne peut être employé de bonne heure qu'au détriment de son instruction, de son éducation, de son développement

physique et moral, de sa valeur technique. Une société qui ne peut pas empêcher le travail excessif, prolongé ou prématuré, des femmes et des enfants n'est pas une société moralement organisée.

149. La valeur de l'ouvrier. — Dans une collectivité où la distribution des richesses se fait selon la valeur sociale de chacun, où le travailleur n'est pas contraint, par les besoins matériels les plus pressants, de sacrifier ses droits, ceux de sa femme et de ses enfants, un des premiers devoirs de chaque homme est d'acquérir une valeur technique convenable.

Puisqu'un système social doit être réalisé, nul n'a le droit de se considérer comme exempt de travailler à la réalisation de ce système. La nécessité du travail, qu'aucune morale autre qu'une morale sociale ne peut démontrer, nous semble établie péremptoirement par la subordination rationnelle des fins individuelles aux fins collectives, par la subordination d'un système restreint à un système plus vaste.

Il va sans dire que le mot travail doit être pris dans son sens le plus large et qu'il implique simplement activité *méthodique* avec effort continu pour réaliser soit une œuvre esthétique, soit une œuvre de première nécessité, soit une œuvre scientifique, soit une œuvre politique. A chacun revient un métier selon ses aptitudes et les besoins sociaux. Car dans la détermination du genre de travail qui s'impose à chaque homme, ces deux éléments doivent être pris en considération : l'aptitude prédominante et le besoin social. Il ne suffit pas qu'un pays ait besoin d'un grand nombre d'agriculteurs ou de marins pour qu'on impose au plus grand nombre de ses habitants une profession agricole ou une existence maritime; et c'est peut-être l'erreur de certains collectivistes que de faire trop bon marché des aptitudes individuelles en prétendant dicter à chacun jusqu'au choix de sa carrière d'après les nécessités économiques de la société. Mais d'autre part, il ne suffit pas qu'un homme ait un tempérament artistique pour qu'il abandonne la charrue ou la pioche, le champ ou la mine, et vienne grossir inutilement le nombre des peintres ou des musiciens méconnus.

On a vu à certaines époques les professions libérales trop recherchées et le travail manuel trop délaissé précisément par un trop grand cas fait des aptitudes individuelles sans aucun égard pour les nécessités sociales.

132. **Le choix d'une profession.** — On peut donc manquer à son devoir de travailleur tout en travaillant avec énergie et talent, parce qu'on a développé en soi une aptitude dont la société n'avait pas besoin tandis qu'elle réclamait le développement également possible d'autres aptitudes.

Il y a par conséquent dans le choix même d'une profession une question de morale sociale, dont la solution nécessite à la fois des connaissance psychologiques et des données sociologiques. Les parents ne peuvent pas engager l'avenir de leurs enfants, les jeunes gens ne peuvent pas entrer dans une voie, sans s'être demandés auparavant : Quelles sont les aptitudes requises? Sont-elles possédées par le futur travailleur? La société aura-t-elle besoin de tels services?

Combien donc il serait utile que dès la naissance de l'enfant des observations minutieuses fussent prises sur son caractère, son mode de développement mental, ses goûts dans la famille et à l'école, son type sensoriel, imaginatif, émotionnel, sa capacité intellectuelle et pratique! Pourvu de tels renseignements un psychologue serait apte à prononcer sur la valeur du choix professionnel fait par le jeune homme ou par sa famille.

Puis surviendrait le sociologue, que le plus souvent d'ailleurs un observateur judicieux pourrait remplacer, qui par exemple, prévoyant le développement du goût architectural ou l'essor de la production agricole, conseillerait au futur artiste la carrière de l'architecte plutôt que celle du peintre, et au futur ouvrier la carrière agronomique plutôt que toute autre carrière industrielle.

150. **Droits et devoirs de l'ouvrier.** — Un choix ainsi éclairé a les plus grandes chances d'être pleinement moral. Aussitôt fait, il entraîne des droits pour celui qui accepte l'obligation de travailler d'une façon déterminée à la réalisation du système social. Jusqu'à ce moment, l'enfant n'avait droit qu'à une éducation et une instruction générales, susceptibles de le rendre apte à l'éducation et à l'instruction spéciales qu'il doit recevoir désormais. Mais le droit à l'apprentissage résulte du devoir d'apprendre, de se spécialiser, devoir qui résulte lui-même de la loi sociologique de la division du travail.

Ce droit s'exerce sur la famille, la cité et l'État, et même sur toute collectivité plus ou moins restreinte organisée en vue de l'accomplissement d'une fonction sociale définie, telle que le syndicat ou la corporation. Il est juste que dans l'obligation de donner aux jeunes l'éducation professionnelle une part revienne à chacun de ces groupements sociaux. En général la famille peut seconder l'apprentissage plutôt que le faire faire directement ; la cité et l'État peuvent le préparer très efficacement ou le compléter par des écoles professionnelles ; mais c'est surtout aux corps de métiers, gardiens des traditions, dépositaires des préceptes anciens aussi bien que des innovations récentes, par lesquels s'affirme la continuité de l'effort humain en un lieu déterminé et sur un point précis de l'activité laborieuse, c'est surtout à ces syndicats modernes auxquels de toutes parts on prédit le plus brillant avenir et auxquels on demande de rendre les mêmes services que les anciennes corporations sans en faire revivre les abus, qu'il appartient de former d'une façon définitive l'aptitude du travailleur.

Le patron qui de nos jours accepte la mission de former un ouvrier se substitue au corps de métier dont il n'est parfois qu'un élément secondaire ; il n'est pas toujours apte à accomplir la tâche qu'il assume, et il méconnaît trop souvent l'étendue de ses devoirs. Il n'a droit à l'obéissance, au respect à la reconnaissance de son apprenti et à la gratitude de ses concitoyens que s'il a le pouvoir et la volonté de donner à la société un nouveau facteur de prospérité ou de bonheur.

D'autre part, l'ouvrier à l'égard duquel la société a rempli tous ses devoirs d'éducation générale et technique, n'a droit à la considération que s'il se prépare à fournir à la société un facteur de progrès.

Il s'ensuit pour lui le devoir de s'instruire de toutes les choses de son métier, d'y apporter cet esprit de discipline et d'indépendance à la fois, qui permet les innovations utiles, les inventions heureuses.

L'ouvrier à l'égard duquel la société a rempli tous ses devoirs de protection, en lui fournissant dans la libre association des armes défensives contre les abus de toutes sortes, contre la misère et la maladie et contre l'arbitraire capitaliste, n'a-t-il pas en outre le devoir de fortifier à son tour une organisation bienfaisante, de développer la puissance morale et matérielle de son association, de son syndicat ? Peut-il se contenter d'accroître ses biens personnels sans travailler à la richesse collective et à l'honneur commun ?

Nous avons vu comment l'évolution des formes de la propriété tend à l'extension de la propriété individuelle, mobilière et immobilière : cette tendance s'est trouvée légitimée par des considérations générales et confirmée par une conception d'ensemble de l'idéal social. Il en est de même de la tendance de certaines collectivités, syndicats professionnels ou autres groupements ayant pour fin la réalisation d'une œuvre économique commune. L'extension de la propriété collective, objet de cette tendance, est désirable afin de donner un appui matériel à la solidarité professionnelle, afin de réaliser plus complètement la communauté d'intérêts des travailleurs. Il faut donc que l'individu travaille au développement de la richesse syndicale, fournisse à son groupe les moyens de mieux le défendre et le soutenir, lui ou son semblable.

VII

LA FAMILLE, L'AMITIÉ, LES SENTIMENTS COLLECTIFS

151. Les droits de la femme. — L'évolution familiale nous a semblé funeste à l'esprit d'autorité qui a dominé la constitution de la famille ancienne ; de là l'expression, fréquemment employée, de « dissolution de la famille », pour désigner un devenir qui n'entraîne pas tant la ruine de cette communauté elle-même que la décadence de ce qui avait paru être son principe fondamental : le pouvoir du chef.

La morale doit-elle enseigner à la femme l'obéissance aveugle, la soumission sans condition au mari ? Il semble que l'homme, étant seul considéré jusqu'ici comme pouvant recevoir le titre de citoyen, soit le représentant de l'État, par conséquent de la loi et de la raison dans la communauté familiale ? Il a les responsabilités, il a les devoirs les plus divers ; la femme a au contraire la tranquillité la plus grande possible : elle semble n'avoir droit qu'à la protection.

Cependant la différence des facultés de l'homme et de la femme n'est pas si essentielle que l'on puisse affirmer comme nécessaire dans l'avenir la subordination du sexe féminin à l'autre. « On ne conteste pas, dit avec raison M. Renouvier[1], que beau-

---

[1]. *Science de la morale*, t. I, p. 544.

coup d'hommes ne soient inférieurs à beaucoup de femmes sur les points où soi-même on voudrait placer l'infériorité de la femme... Il est vrai que si les facultés ne diffèrent pas essentiellement, il y a des fonctions naturellement diverses. Des affectations peuvent être indiquées par le sexe dans la distribution des travaux humains. Il n'en résulte point que la femme puisse être privée du droit que l'être raisonnable a de déterminer lui-même son choix et de marcher librement en son autonomie ». M. J. Lourbet[1] affirme que « l'apparente infériorité de la femme est accidentelle, provisoire, extérieure, dans l'évolution indéfinie de l'humanité, cette infériorité ayant son principe dans la minorité physique ».

On sait que Lombroso et Ferrero n'ont pas hésité à admettre[2] chez la femme, comme chez l'enfant, des tendances naturelles à l'immoralité. L' « infantilisme » est le caractère prédominant du sexe féminin : il se manifeste non seulement dans les systèmes nerveux, musculaire et osseux, mais encore dans toutes les autres fonctions, « la circulation, la respiration, les sécrétions, la force ». La fonction maternelle nuit au développement intellectuel : « l'intelligence varie en raison inverse de la fécondité ». La femme est inférieure à l'homme au point de vue du développement des sentiments. Si elle est plus irritable, plus démonstrative, plus accessible à la contagion qui fait les émotions collectives, la douleur et la joie

---

1. *Le problème des sexes.* Giard et Brière, éditeurs. Paris, 1900.
2. *La femme criminelle et la prostituée.* Alcan, 1896.

sont chez elle moins profondes que chez l'homme.
Par une sorte de contrariété, la femme est également
accessible à la cruauté et à la pitié.

Cependant la criminalité native est moins fréquente
chez la femme que chez l'homme ; « la femme est une
demi-criminaloïde inoffensive ». Elle est beaucoup
plus portée à la prostitution qu'au crime véritable. Or
la prostitution n'est pas un effet de la dégénérescence. « La prostitution, dit M. G. Richard [1], est un
fait d'échange ; c'est l'un des traits d'un type de société
où tout s'évalue en monnaie, c'est une profession
anormale qui a son école, ses degrés inférieurs, son
aristocratie, un métier auquel la petite fille est trop
souvent vouée par sa famille avec la complaisance
indirecte d'une autorité nonchalante, surtout quand
elle présente cette beauté extérieure qui n'accompagne guère la dégénérescence ». On peut admettre
l'avis de M. Richard, tout en reconnaissant que
bien des jeunes filles ayant des tendances à la prostitution présentent des stigmates de dégénérescence,
un fréquent déséquilibre de l'esprit, une notable
diminution des sentiments élevés, stigmates qui les
rapprochent des « fous moraux ». La constatation d'une
cause sociale de la prostitution nous fait même dire
avec M. Lourbet, qu'il est « souverainement faux
de conclure de la femme des âges disparus à une
femme toujours la même dans les temps futurs. La
science contemporaine ne peut, au nom d'aucun principe absolument établi, affirmer l'incurable infirmité
de la femme ». Pourquoi aurait-elle par nature une

1. *Revue philos.*, 1896, t. XLII, p. 529.

moindre sensibilité, une moindre intelligence que l'homme ? En admettant avec Lombroso que la maternité vienne interrompre le développement des plus hautes facultés intellectuelles ; en admettant que les divers troubles physiologiques et psychiques inévitables pour la femme viennent mettre obstacle à une évolution normale et parfaitement continue, il faut reconnaître que le type féminin que nous constatons est, comme nous l'avons dit dans notre étude sur l'*Instabilité mentale*, le produit d'une évolution sociale plutôt anormale qu'un fait naturel, qu'un type immuable ou irrémédiablement inférieur.

De plus en plus la femme devient susceptible de travail, d'effort soutenu. La femme à l'atelier, la femme dans l'enseignement et dans toutes les professions libérales, commence à faire à l'homme une très appréciable concurrence. Elle apporte dans son activité intellectuelle surtout des qualités de finesse, de pénétration, de vivacité, qui, en dépit d'une instabilité mentale généralement bien marquée, rendent de plus en plus estimable le concours qu'elle apporte à l'œuvre de la civilisation.

Il y a sans doute dans l'émancipation féminine tout un côté pathologique, assez promptement dénoncé d'ailleurs par tous ceux qui considèrent la femme comme inévitablement vouée à l'ignorance, à la crainte, à la soumission, à l'inconstante frivolité. La désertion du foyer familial, la ruine de la grâce, du goût, de la finesse, de l'élégance, de la beauté, de la pudeur, du charme féminin, l'abandon des enfants aux soins de mercenaires, l'oubli des devoirs conjugaux et la haine de la vie régulière, peuvent être pour un certain temps la rançon du progrès réalisé par l'émancipation de la femme. Mais toutes les erreurs, toutes les fautes, tous les vices nouveaux d'un sexe qui cherche librement sa voie, ne sauraient constituer une preuve de l'inaptitude de la femme à se diriger de plus en plus elle-même et à agir en personne morale.

152. **Le mariage.** — Le mariage fut d'abord fondé sur la violence. Le rapt est si fréquent dans les sociétés primitives que bien des peuplades en ont conservé comme des symboles dans leurs cérémonies matrimoniales. Encore de nos jours le mariage implique rarement consentement libre, raisonné, réfléchi, de la part des contractants : les traditions familiales, les mœurs, les coutumes, l'esprit de caste, la volonté tyrannique de certains parents font souvent de l'union légale une véritable violation du droit individuel. D'autre part, il est impossible de ne pas tenir compte de la puissance des passions qui, entraînant souvent à des actes de violence, fait de la crainte, du fait accompli, le point de départ de graves injustices.

Cependant une part de plus en plus grande est faite au libre choix de chacun, des garanties nouvelles sont sans cesse prises contre la pression exercée par la famille ou le milieu ; le mariage devient de plus en plus affaire de contrat entre deux individus de sexe différent qui veulent donner une base légale à leurs relations sexuelles, une conséquence légale à leur union. L'État intervient dans ce contrat, comme dans tous ceux qui ont une valeur juridique, pour en régler les conditions essentielles et en assurer l'exécution : cette intervention est la première garantie d'un respect des droits et d'un accomplissement des devoirs les plus généralement imposables.

Mais l'État ne peut guère pénétrer plus avant dans la vie familiale et réglementer les menus détails de l'existence, menus détails dans lesquels cependant il y a matière encore à moralité ou immoralité. Au dire de M. Renouvier[1], la relation des sexes en elle-même n'a d'autres conditions morales, outre la prudence et la tempérance, « que le devoir mutuel de justice, la fidélité aux promesses explicites ou tacites, et la reconnaissance des devoirs à naître des suites de la relation ». Mais n'y aurait-il pas lieu à une longue analyse de ces devoirs que M. Renouvier appelle des devoirs de justice ? Ne comprennent-ils pas tout d'abord des devoirs d'amour qui, s'ils ne sont pas rigoureusement des obligations « de justice », n'en sont pas moins le fondement le plus solide des droits conjugaux ? Obliger à aimer, dira-t-on ; n'est-ce pas contradictoire, n'y a-t-il pas une telle opposition entre l'obligation et la spontanéité de l'amour que si l'amour devient obligatoire il disparaît complètement ? Aussi, ne s'agit-il pas d'obliger un des époux à aimer l'autre, mais bien de faire de l'amour une condition indispensable du mariage moral. On objectera sans doute les nombreux cas d'amour très sincère, très profond et durable, consécutif à l'union sexuelle ; mais comme rien n'est plus aléatoire que l'apparition d'un tel sentiment, est-on autorisé par quelques exemples de bonheur conjugal tout à fait fortuit à livrer au ha-

1. *Op. cit.*, t. I, p. 573.

sard la venue d'une de ses conditions essentielles, à attendre comme effet de l'union sexuelle ce qui en devrait être la cause ?

Certains philosophes et non des moindres ont présenté la sélection artificielle comme un remède à ce que nous appelons la dégénérescence. Ne vaudrait-il pas mieux s'en remettre à la sélection naturelle, opérée par la naissance de l'amour réciproque, du soin d'accommoder les caractères et les tempéraments ? Sans doute, cela implique, pour donner d'heureux résultats, l'intervention de la raison, appelée à modérer l'ardeur de certaines tendances pathologiques, à faire intervenir à côté des mobiles passionnels des motifs d'ordre scientifique et moral. Cela implique en outre une modification profonde des mœurs actuelles, du moins dans la plupart des pays civilisés, où la jeune fille est tenue à la plus stricte réserve à l'égard des jeunes gens, est éloignée le plus possible de la vie réelle, et reste, théoriquement du moins, ignorante du rôle qu'elle est appelée à jouer dans la société.

153. **La coéducation et l'égalité des sexes.** — Une éducation du jeune homme et de la jeune fille, toute différente de celle qu'ils reçoivent à l'heure présente dans notre pays, est indispensable pour rendre au mariage une haute valeur morale. D'une part, il faut que la jeune fille soit préparée à remplir sa fonction d'épouse et de mère, soit adaptée de bonne heure au milieu social dans lequel elle doit se développer, soit rendue forte et vraiment vertueuse au lieu de rester l'humble protégée sans cesse prête à défaillir si la surveillance dont elle est l'objet vient à

se relâcher. D'autre part, il faut que le jeune homme s'habitue au respect des droits de la jeune fille ; ce qui sera d'autant plus aisé que celle-ci les revendiquera avec plus d'autorité morale.

Si grâce à cette importante modification dans les relations des sexes avant le mariage, l'amour peut devenir un facteur essentiel des relations sexuelles rendues légitimes par un acte public, il ne faut pas qu'après le mariage la femme perde sa dignité d'être moral : elle est en droit l'égale de l'homme. « L'idée du mariage impliquait cette égalité ; mais il n'a pas plu aux hommes qu'il en fût ainsi ; l'iniquité les a rendus illogiques, et toutes les dérogations que la liberté personnelle à sauvegarder et la violation du devoir, d'un côté ou de l'autre, pouvaient amener dans la loi de la monogamie, ils les ont stipulés exclusivement en leur faveur... Les lois iniques et les mœurs plus iniques encore venaient donner un démenti à la raison qui avait créé la monogamie. De là l'écart entre le véritable idéal social et la pratique. De là l'établissement d'une autre sorte d'esclavage formé des parias de la famille. Le mépris de la loi d'égalité dans le mariage en est la source [1] ».

Il ne peut y avoir à proprement parler subordination de la femme à l'homme sans qu'il y ait déchéance morale. L'accord réalisé par de bonnes dispositions réciproques, l'entente fondée sur la commune obéissance aux prescriptions de la raison, peut seule assurer la stabilité de la vie conju-

---

[1]. Renouvier, *op. cit.*, t. I, p. 579.

gale. Quand dans la famille il y a un maître et des subordonnés, il y a lutte ou abdication ; état de guerre ou affaissement anormal de la volonté. Le mariage et la vie conjugale doivent donc être fondés sur une estime réciproque, sur un respect, égal de part et d'autre, de la dignité morale et de la liberté individuelle, sur un sentiment affectueux assez profond et durable pour que jamais l'estime et le respect ne soient de ces sentiments que l'on ne parvient à éprouver qu'au prix d'efforts renouvelés, de plus en plus pénibles.

154. **Le divorce et le souci des devoirs envers les enfants.** — La faculté de divorcer est la conséquence de ce précepte moral ; en effet, dès que disparaissent l'amour ou l'affection, la sincère estime, la bonne volonté dans les rapports conjugaux, pourquoi s'astreindre à mener une vie commune de plus en plus insupportable ? Aux époques de barbarie, alors que la femme était considérée comme un instrument de plaisir, une des plus grandes préoccupations de l'État, intimement uni à l'Église, dut être d'empêcher le scandale incessamment renouvelé de la répudiation pour des motifs purement libidineux. Le divorce fut alors proscrit et l'indissolubilité du lien religieux et civil énergiquement affirmée. Mais à mesure que nous nous avançons vers un état social fondé beaucoup plutôt sur le droit et le devoir que sur la force et l'arbitraire, le divorce devient un auxiliaire indispensable de la moralité familiale à la condition qu'il ne soit prononcé que dans des cas bien définis et avec toutes les garanties que peut offrir une mesure sociale réglée par des lois précises.

Toutefois quand du mariage sont issus des enfants, la question du divorce devient au point de vue moral d'autant plus complexe qu'il s'agit non plus seulement d'assurer le respect des droits individuels des époux, mais d'assurer l'accomplissement des obligations contractées à l'égard des jeunes.

Les devoirs des parents envers les enfants sont la principale raison d'être de la famille, au point de vue sociologique. De plus en plus, en effet, la famille, comme la cité et l'État, a beaucoup moins pour fin l'exercice d'un pouvoir que l'accomplissement de devoirs. Il ne s'agit point tant de ce qui faisait jadis l'orgueil du père romain, la *patria potestas*, que de ces multiples obligations que la nature et la raison imposent aux parents désireux de jouer le rôle social qui découle pour eux de la naissance même de leurs enfants.

La solidarité des générations humaines, qui se succèdent en se léguant les unes aux autres les acquisitions des siècles passés ajoutées à celles de l'âge présent, fait de la préparation incessante de l'avenir social le devoir de la génération actuelle. La société est comme un être vivant qui tend à persévérer dans son être et à le développer ; elle ne veut pas disparaître et par conséquent elle s'assure l'avenir par la procréation et l'éducation des enfants. Le premier organe de la survivance sociale est la famille. On peut la comparer à un double titre à l'organe de la reproduction : d'abord parce qu'effectivement elle a pour fin la naissance de nouveaux êtres sociaux, ensuite parce que par la première éducation qu'elle donne elle perpétue la tradition collective, elle transmet aux générations nouvelles l'esprit, les mœurs, la langue, les aptitudes des générations antérieures.

Si l'on ne peut parler des droits des enfants, on peut du moins considérer les droits de l'humanité considérée comme une sorte de personnalité morale, comme un système en voie de réalisation et dont les exigences créent des devoirs à chacun des âges successifs, devoirs de plus en plus grands et nombreux à mesure que nous nous avançons dans la voie de la civilisation.

La famille répond à un certain nombre de ces exigences que la raison aperçoit et confirme : de là viennent les devoirs des parents envers les enfants, sans compter que la sympathie naturelle à des êtres forts pour des êtres faibles [1], les sentiments de tendresse pour les enfants que l'on a mis au monde [2] déterminent des dispositions favorables à leur accomplissement spontané.

Le devoir général de procurer à l'enfant tout ce dont il a matériellement besoin (nourriture, vêtements, etc.) n'est pas d'une plus grande importance, en définitive, au point de vue humain, que celui de lui procurer un milieu intellectuel et moral favorable à l'éclosion de toutes ses aptitudes sociales, de toutes les vertus qui lui permettront de devenir un homme et un citoyen aussi accompli que possible.

Il s'ensuit une grave objection à la dissolution de la famille soit par la dispersion hâtive de ses membres, soit par le divorce des époux. Il est bien des

---

[1]. SPENCER y voit un des fondements de l'amour paternel et maternel.
[2]. Cf. BAIN et ESPINAS.

cas où l'exemple persistant de mœurs scandaleuses est un plus grand obstacle à l'éducation convenable des enfants que le divorce lui-même ; il en est d'autres où malgré les dissentiments profonds des parents une commune sollicitude pour les enfants doit obliger les époux à ne pas renoncer à la vie sous le même toit. A la ruine de l'amour, de l'affection, de l'estime, devrait toujours survivre le sentiment des obligations contractées à l'égard des enfants. Le divorce, l'affaiblissement voulu de l'esprit de famille, peuvent donc dans bien des circonstances prendre un caractère d'immoralité et constituer un crime à l'égard de la société.

155. Devoirs des enfants. — Peut-on parler des devoirs des enfants envers les parents alors que ceux-ci semblent seuls avoir une fonction à remplir auprès de ceux-là, sans qu'il y ait réciprocité aucune. La morale classique enseigne aux enfants comme principaux devoirs l'obéissance et le respect. Or ce ne sont pas des êtres sans réflexion, à conscience morale aussi flottante et débile que les enfants, qui peuvent comprendre le devoir et pratiquer véritablement l'obligation morale : ils n'ont que des habitudes, des rudiments de mœurs que la suggestion ou l'éducation, l'exemple et l'autorité naturelle d'êtres forts et raisonnables, leur ont donnés ; quand ils obéissent, c'est ou bien qu'ils ne conçoivent pas le moindre doute sur la valeur du commandement reçu, ou bien qu'ils craignent une punition. L'empire que les parents prennent sur les enfants leur vient plutôt de leur fermeté, de leur rectitude, de leur constance, que de la moralité naissante de jeunes êtres qui n'ont guère qu'affection, sympathie spontanée, reconnaissance de bien des soins et de bien des douceurs. Et quand il s'agit de jeunes gens susceptibles de réfléchir, de raisonner, de comprendre l'obligation morale, l'obéissance due est limitée, par cela même qu'une conscience morale a droit à une certaine indépendance et qu'il n'y a pas de vraie moralité sans appréciation libre, adhésion exempte de contrainte. Plus le jeune homme exerce sa raison, plus il est indépendant au point de vue moral comme au point de vue légal : ses parents ne représentent plus pour lui que l'expérience plus grande ; ils peuvent avoir une intelligence moins apte que la sienne, une pensée moins puissante, un jugement pratique moins sûr. Souvent, il représentent le passé, c'est-à-dire l'esprit conservateur, timoré, ennemi des innovations, des entreprises hardies et généreuses.

Il peut y avoir chez le fils désobéissance ou du moins non-conformité à l'avis des parents, sans qu'il y ait manque de respect. Le respect en effet n'existe vraiment que lorsque l'être moral se trouve en présence d'une personne ayant une haute valeur morale ; on peut différer de sentiment avec une personne que l'on respecte ; mais on doit trouver en elle de la bonne foi, un vif désir de posséder le vrai et de faire son devoir.

Le tout jeune enfant n'a pas de véritable respect : il a, ou bien de la crainte, si on l'a habitué aux injonctions brutales et aux menaces, ou bien une sorte d'admiration naïve, comme l'a bien montré M. Baldwin[1], pour ces êtres supérieurs qui lui pa-

---

1. « Interprétation morale et sociale du développement mental. » Trad. Duprat. Girard et Brière, 1899.

raissent tout connaître, pouvoir donner de tout l'explication dernière, ne jamais se tromper ni dans leurs paroles, ni dans leurs actes. Chez le jeune homme et l'homme mûr il y a plus souvent de la déférence qu'une estime véritable et on ne peut pas dire que le respect des parents âgés doive être plus grand que celui qui est dû à d'honnêtes et illustres vieillards. Mais un sentiment qui ne s'impose pas, que la morale ne met pas au cœur des hommes, que toutefois elle peut fortifier en montrant combien il est légitime, comme il s'accorde bien avec l'esprit de famille et la sociabilité, c'est l'affection filiale, l'amour pour des êtres dont le dévouement, l'abnégation ont souvent fait l'admiration des personnes étrangères à la communauté familiale.

C'est grâce à la vivacité de l'amour paternel et maternel ainsi que de l'amour filial que l'union des différents éléments ne restera pas le pur effet de la volonté morale. Le ressort de toute vie sociale est le sentiment désintéressé ; nulle part il n'est plus nécessaire qu'ici.

156. **L'amitié et la fraternité.** — La tendance au sacrifice, pour ne pas rester étroitement circonscrite à la première collectivité que l'être rencontre formée à sa naissance et qui parfois développe ce qu'on pourrait appeler « l'égoïsme familial », doit trouver un aliment dans l'*amitié*. Avoir des amis est un devoir : l'homme qui n'a pas d'amis en général n'est pas un être moral. Dans l'antiquité, l'amitié s'était élevée au-dessus de l'amour[1] ; elle était devenue au

1. Cf. Dugas, l'*Amitié antique*. Paris, Alcan. Aristote veut

temps d'Aristote, d'Épicure et des Stoïciens, une sorte de vertu sociale, dont l'égoïsme épicurien lui-même n'avait pas osé chercher à se délivrer. Bien avant, et dans toutes les sociétés primitives, les sentiments de dévouement pour un ami, le sacrifice pour un compagnon d'armes, étaient célébrés comme nobles et vraiment dignes des héros. L'amitié n'est florissante que dans la pleine activité sociale ; aussi le moyen âge fut-il funeste à ce sentiment. Le mercantilisme contemporain ne lui est pas moins funeste. Cependant le développement incontestable des tendances à la solidarité le favorise. L'amour de ses semblables en général, l'union de sa destinée à la leur, ne comporte pas sans doute cette franchise, cette confiance, cette expansion de sentiments, cette communauté de tendances qui fait l'amitié : mais celle-ci est du moins le plus haut degré de la solidarité humaine et tout ce qui contribue à l'expansion de notre nature généreuse favorise de saines liaisons entre hommes qui entretiennent les uns avec les autres un commerce journalier.

Comme Aristote et malgré une conception différente de la valeur et du rôle de la femme, nous ne considérons pas l'amour et l'amitié comme incompatibles ; bien au contraire l'amour qui ne s'allie pas à l'amitié, qui n'est fondé que sur des tendances fort aisées à satisfaire n'est qu'éphémère. L'amitié pénètre ainsi dans la vie de famille et quand il s'agit d'enfants de la même maison prend le nom de fraternité.

que la femme devienne l'amie de son mari, comme nous l'avons montré dans notre cours au Collège des Sciences sociales en 1901.

Il n'y a en effet au point de vue sociologique et au point de vue psychologique aucune différence entre les sentiments qu'éprouvent les uns pour les autres des frères et des amis ; c'est la même confiance, le même dévouement, la même communauté d'intérêts : car si des frères ont des intérêts familiaux communs, des amis ont en commun des intérêts intellectuels, esthétiques, politiques, et si l'on compare la puissance des uns et des autres au point de vue de la stabilité des liens affectueux, il faut convenir que les seconds sont bien plus efficaces que les premiers, que ceux-ci doivent être renforcés par ceux-là afin que l'union des frères subsiste cordiale et parfaite.

157. **L'homme et l'animal.** — Si la fraternité, l'amitié, les relations familiales, ne peuvent pas nous faire oublier la solidarité de tous les êtres humains et doivent demeurer inséparables des tendances à la bienfaisance universelle, ne faut-il pas que nos sentiments humanitaires les plus larges se concilient avec une sympathie qui s'étendrait à tout le règne animal?

La lutte de l'homme contre les espèces qui mettent en danger son existence ou sa subsistance est légitime et nécessaire ; mais la torture infligée parfois aux brutes, aux bêtes féroces, est plus que superflue ; elle est odieuse, car elle témoigne de sentiments vils, de tendances malsaines à la cruauté, qui sont indignes de l'homme. Il suffit à la race des êtres raisonnables de se prémunir contre les risques que pourraient faire courir à son œuvre et à elle-même les représentants d'espèces inférieures, si différents encore des sauvages les plus sanguinaires, des criminels les plus féroces, par leur incapacité à s'amender et à devenir jamais des personnalités tant soit peu morales.

A plus forte raison est-il indigne de l'homme de maltraiter les animaux domestiques qui rendent des services et sont des instruments vivants. Des considérations d'ordre métaphysique, tout à fait aventureuses, pourraient nous amener à voir en ces « frères inférieurs » des êtres à amender sans cesse, à élever au-dessus du niveau déjà atteint, par conséquent à prendre non seulement pour moyens, mais encore pour fins. Les droits de l'animal seraient ainsi rapprochés de ceux de l'enfant. Mais une morale qui a un fondement psycho-sociologique ne peut pas reconnaître de droits réels à des êtres qui n'ont pas de véritable sociabilité; de même que les compagnies animales ne peuvent être appelées « sociétés » que par analogie, de même les titres des animaux à notre sympathie et à notre bienveillance ne peuvent être appelés « droits » que par une lointaine analogie avec les droits des êtres raisonnables.

Nous avons envers les animaux des devoirs qui font partie des obligations proprement humaines; les animaux n'ont pas de droits sur nous; nous avons des droits sur eux à cause des devoirs de protection, de bienveillance, etc., que nous acceptons de remplir et surtout à cause de la mission supérieure que l'homme s'est donnée d'organiser la nature entière.

158. **Les sentiments vraiment humains.** — Pour bien remplir cette mission il faut que l'humanité se distingue profondément de l'animalité par le développement des sentiments collectifs caractéristiques d'un être raisonnable. Rien n'importe plus en défi-

nitive que la systématisation de ces tendances communes par lesquelles le corps social impose à l'individu certaines inclinations, certaines façons de penser, de sentir et d'agir, qui, à défaut de moralité individuelle, n'en font pas moins l'élévation du niveau moral en une nation ou dans une race.

Pour que l'individu soit sans difficulté, presque sans effort, courageux, instruit, sage, tempérant, il faut que son milieu estime toutes les vertus qu'il souhaitera acquérir; il faut que ce milieu les propose sans cesse à son admiration et ne lui enseigne que de l'aversion pour des vices tels que la brutalité, le vol, la vengeance, l'hypocrisie, l'impudeur, l'intempérance, l'égoïsme, etc.

On considère à tort comme des vertus ou des vices privés, n'ayant avec la morale sociale qu'un rapport indirect, des qualités telles que la franchise, la véracité, la pudeur, la hardiesse, la sobriété, l'ardeur au travail; et les défauts comme la dissimulation, l'effronterie, le libertinage, la paresse. En général, ce sont les sentiments prédominants dans le milieu social qui font ces qualités et ces défauts individuels. On voit les vices que nous venons d'énumérer prendre une rapide extension dans certains quartiers, certaines cités, certaines nations; l'hypocrisie, parce que le sentiment populaire, favorisant le formalisme, impose une feinte générosité à des gens cupides ou pauvres, une feinte grandeur à des âmes viles, une feinte science à des ignorants; — le libertinage parce que le luxe, les tendances mercantiles, la complaisance pour les appétits inférieurs, ont réussi à oblitérer dans le public le goût des choses belles, de la science et du travail; —

l'égoïsme, soit parce que l'esprit d'économie, de médiocrité est devenu général, soit parce que la concurrence a développé dans un cercle plus ou moins étendu la préoccupation des intérêts matériels ou du succès. Et ainsi de beaucoup d'autres travers plus ou moins nuisibles à la moralité collective.

Pour que les vertus publiques soient groupées en un seul faisceau comme les vertus individuelles, pour qu'elles soient étroitement liées les unes aux autres et que le développement de l'une soit concomitant de celui de tout le reste, il faut faire appel au sentiment collectif le plus complexe, qui ne peut exister pleinement dans la conscience commune, sans que tous les autres y existent.

Or la vraie charité est l'amour de son semblable en vue de son perfectionnement incessant ; la vraie solidarité est celle d'êtres unis par une commune noblesse de sentiments. Pour être charitable, dans la plus haute acception du mot, il faut être libre, puissant, vertueux. Si le sentiment charitable est le sentiment prédominant de toute une collectivité, il n'y saurait être porté atteinte à la liberté individuelle, à l'égalité, aux droits de toutes sortes ; rien de ce qui nuit au perfectionnement de l'individu et à celui de l'ensemble ne saurait y être toléré.

Pour qu'une si haute tendance soit satisfaite il faut qu'au préalable le soient aussi les tendances scientifiques, critiques et esthétiques qui mènent à la possession de la vérité et à la jouissance artistique, et qui ont pour conséquences la véracité, la franchise, l'indépendance d'esprit, le désintéressement dans la spéculation et la contemplation. Quand une cité s'enorgueillit de la sagesse et du talent de ses principaux citoyens elle est déjà tout près d'être vertueuse ; quand le goût de l'instruction, de la formation de l'esprit, y est développé, la superstition, l'égoïsme, les appétits vils y sont en décroissance.

Les sentiments religieux peuvent parfois avoir une heureuse influence : quand ils sont purs ou inspirés par des croyances métaphysiques plutôt que par une foi naïve unie à l'ignorance et à la crainte superstitieuse, ils ont une indiscutable valeur esthétique et intellectuelle. Leur absence toutefois ne saurait nuire à l'élévation morale d'une cité et des individus.

La recherche de la vérité, l'amour du beau, ne peuvent que s'accompagner de tendances aux croyances saines et efficaces, qui ne vont pas elles-mêmes sans le courage, l'ardeur, la vaillance, la fermeté et bien d'autres vertus qui font l'homme probe et fort, la collectivité puissante et honnête. L'esprit chevaleresque, fait d'une opposition vigilante à tout ce qui entache l'honneur et à tout ce qui décèle un abus de la force, est la conséquence naturelle de la loyauté, du courage et de la générosité quand ces sentiments sont en honneur dans la collectivité. Comme corrélatif de cet esprit chez l'homme est chez la femme le sentiment de la pudeur, de la modestie, qui contraste avec l'esprit de luxe ou d'ostentation et les manières grossières inspirées par des inclinations basses. La pudeur s'est sans cesse accrue, comme sentiment collectif chez les femmes à mesure que la civilisation les a affranchies davantage d'un joug despotique et le plus souvent dégradant ; plus la femme a d'indépendance, plus elle doit s'abstenir de provoquer chez l'homme des sentiments libidineux qui ont pour principe un manque de respect pour la personne morale et pour effet de brutales agressions, ou d'insidieuses manœuvres, plutôt caractéristiques des animaux inférieurs. La chasteté de la jeune fille et de l'épouse est empreinte de dignité morale, et c'est ce qui la rend d'un si grand prix pour la conscience commune. Quand l'esprit public supporte sans protestation l'impudeur, la débauche, la prostitution, les pires vices sont à redouter.

L'esprit de modération, les tendances à la sobriété et à la frugalité, à la condition qu'elles ne participent pas d'un goût répréhensible pour la médiocrité, constituent la base même des vertus publiques. Un peuple excessif dans ses amours comme dans ses haines, dans ses appétits, dans ses inclinations, manque de stabilité et met un obstacle invincible à toute discipline morale.

Ainsi des sentiments de modération à l'esprit de charité, il existe une hiérarchie de tendances collectives, tendances dont le développement régulier et la subordination à un sentiment sublime de fraternité peuvent seulement assurer la moralité sociale et individuelle.

QUATRIÈME PARTIE

LA LUTTE CONTRE L'IMMORALITÉ

Sommaire :

I. *La responsabilité sociale.* — 158. Conditions de la responsabilité. L'intention. — 159. Erreurs d'appréciation. — 160. Délibération insuffisante. — 161. L'irresponsabilité. — 162. Modification possible du caractère morbide. — 163. L'imputabilité. — 164. L'action sociale.

II. *La sanction et l'éducation morale.* — 165. Rôle et nature de la sanction. — 166. Le bonheur, conséquence naturelle de l'action morale. — 167. Le mérite. — 168. Immoralité de la punition. — 169. Rôle utilitaire de la sanction. — 170. La suggestion morale.

I

LA RESPONSABILITÉ SOCIALE

158. **Conditions de la responsabilité. L'intention.** — Nous venons de voir successivement la moralité individuelle et la moralité collective subordonnées à un système de tendances, dont le défaut entraîne le crime, le délit ou la faute. Pour que de bonnes

actions s'accomplissent, il faut que l'individu, la famille, l'association, la cité, l'État soient soumis dans leur évolution à certaines règles qui découlent d'une conception scientifique de l'idéal social dans son ensemble ; il faut que chaque élément ou groupe ait sa tendance propre, mais mise en harmonie avec la tendance de l'ensemble.

S'il n'en est pas encore ainsi, et si l'on ne peut pas espérer qu'il en soit jamais ainsi, car il y aura toujours sans doute dans un système aussi complexe que l'humanité des désordres, des faits anormaux et des actes répréhensibles, quels sont les coupables ? et ces coupables, comment doit-on les punir ? Ou bien s'il n'y a pas de coupables que l'on doive punir, à qui incombe la responsabilité des méfaits et que doit-on faire pour prévenir le retour des fautes commises ?

Examinons d'abord dans quelles conditions s'établit la responsabilité ? En général, les moralistes depuis KANT ont rattaché la responsabilité à l'intention. Analysons donc ce nouveau fait.

KANT a tenté de réduire l'intention au respect moral et ce respect à un sentiment de désintéressement et d'humiliation pour notre moi, d'admiration pour la loi morale [1].

D'ailleurs KANT dans la foule des mobiles antagonistes de la moralité n'avait guère vu qu'égoïsme et présomption (amour de soi et satisfaction de soi) [2]. Dès lors l'intention morale ne pouvait consister qu'en

1. Cf. Des mobiles de la raison pure pratique. *Critique de la raison pratique.* Trad. Picavet, p. 130-145.
2. *Ibid.*, p. 130.

un sentiment antagoniste fort peu complexe également.

Il faut replacer l'intention morale au sein même du processus psychologique de la délibération volontaire pour en voir la variabilité en même temps que l'importance. La vague intention de faire son devoir ne peut nous satisfaire ; nous avons le désir de remplir une obligation déterminée et autant que possible de remplir toutes les obligations dont l'ensemble nous donne une *fonction* dans le système social. Or pouvons-nous apercevoir simultanément toutes nos obligations, pouvons-nous en une circonstance donnée songer aux multiples devoirs qui nous incombent ? Le temps de la délibération qui est celui dont nous disposons pour évoquer nos diverses obligations, n'est-il pas presque toujours trop court pour la faiblesse de notre intelligence ; et n'avons-nous pas conscience, en un grand nombre de cas, de notre faible aptitude à examiner tous les côtés d'une question, à juger de toutes les conséquences prochaines de nos actes. (Ne parlons pas des conséquences éloignées : la plupart nous échappent.) Et ne résulte-t-il pas de cette incapacité intellectuelle un sentiment, plutôt de tristesse, qui fait que nous nous décidons à agir en ayant bien conscience de courir un risque, celui de nous être trompés ? Mais un autre sentiment naît aussitôt par contraste : celui d'avoir fait le plus possible pour atténuer l'importance du risque couru.

Ceux qui n'ont pas conscience de leur faiblesse intellectuelle relative, de leur incapacité d'apercevoir toutes les conséquences de leur décision, n'éprouvent pas ce sentiment du risque : ils n'ont pas de préoc-

G.-L. Duprat.

cupations qui dépassent la sphère des effets prévus. Pour que ces effets soient acceptés et pour que leur cause soit admise avec *intention morale* comme fin de l'acte volontaire, il faut qu'ils satisfassent certaines tendances. Or il n'arrive presque jamais que ce soit un simple désir d'action systématique, purement morale, qui constitue toute l'intention. Il peut arriver que des tendances diverses, les unes généreuses, les autres égoïstes, d'autres esthétiques et d'autres tout à fait inférieures, participent toutes à la détermination volontaire, ajoutant leur influence les unes à celle des autres. Fréquemment un désir apparaît comme prépondérant et masque l'importance de certains autres, moins relevés ou tout différents, qui poussent eux ausssi à l'action et sont inséparables de l'intention morale proprement dite. Bien plus : le désir de fins rationnelles, d'action moralement bonne, peut apparaître en nous après que des désirs égoïstes ou des appétits d'ordre inférieur ont déjà déterminé le choix, et alors l'intention morale n'est qu'un manteau sous lequel se déguisent des intentions tout autres dont notre conscience est la dupe.

Quelle est dans ce cas la valeur de l'intention au point de vue de la responsabilité de l'agent ? Dirons-nous que parce que l'intention a été bonne, parce que l'argent a cru, sincèrement, faire le bien, faire son devoir, il n'est pas responsable des conséquences funestes de son choix ? Ne vaut-il pas mieux voir les motifs réels de la décision volontaire et n'est-ce pas bien plutôt les facteurs efficaces que le facteur apparent qu'on doit considérer ?

159. **Erreurs d'appréciation.** — Que de gens se

trompent eux-mêmes sur la valeur morale des fins qu'ils se proposent et des désirs qui les poussent à se proposer de telles fins. La vieille doctrine socratique qui voulait que nul ne soit méchant volontairement emprunte quelque force à cette considération que peu d'hommes ont conscience de la bassesse de leurs mobiles, que presque tous se font illusion sur les véritables motifs de leurs décisions volontaires. Comment un être né au sein de la prostitution, élevé dans les bas quartiers d'une grande ville, pourrait-il, dans sa dégénérescence physique et morale, concevoir comme immorales les tendances les plus hautes qu'il ait jamais connues en lui, et qui en réalité et pour un homme de bien sont des appétits grossiers ? Comment ne laisserait-il pas à ces tendances inférieures, qui auraient besoin d'être refrénées par des inclinations plus relevées, un plein empire sur lui-même, puisqu'il ignore ces inclinations qui font le salut moral des autres ?

Il sait bien qu'il fait mal, objecte-t-on. La preuve en est dans sa dissimulation : il se cache pour donner satisfaction à ses appétits grossiers[1]. On s'y trompe trop souvent : l'être inférieur au point de vue moral fuit parfois la réprobation sociale, il a parfois la crainte du gendarme, il sait qu'il agit contrairement aux prescriptions de la loi et des mœurs ; mais ou bien il ne peut résister à ses appétits tout puissants, il en est obsédé et il faut bien qu'il cède à des impul-

1. Tel est le cas d'un jeune homme, Nic..., condamné par la cour d'assises de l'Orne pour attentats à la pudeur et qui fut déclaré responsable parce qu'il se cachait pour se livrer à ses instincts d'être inférieur. Il était de l'avis de tous « inintelligent. »

sions de plus en plus violentes ; ou bien il hait la société qu'il craint, il se rit des mœurs qu'il ne peut comprendre, il viole la loi en laquelle il n'aperçoit qu'une formule d'oppression et non point une expression de l'obligation morale. Dans le premier cas, il faut lui savoir gré de sa lutte bien qu'elle ne puisse aboutir à une abstention effective du mal ; ce délinquant, ce criminel n'est pas méchant volontairement, il l'est bien contre son gré. Dans le second cas, il se cache, il fuit devant une force supérieure à la sienne, mais il ne voit pas en cette force quelque chose de moral, il ne voit pas dans ses propres actes quelque chose de méchant, d'immoral ; s'il n'ignore pas ce qui est défendu, il ne comprend pas pourquoi c'est défendu. Il ne fait donc pas le mal pour faire le mal ; il le fait parce que « ce que nous appelons le mal » est encore ce qu'il peut concevoir de meilleur.

L'homme aux intentions vraiment mauvaises, le criminel qui ne fait pas le bien parce que c'est le bien, qui lutte contre les institutions sociales parce qu'elles sont des créations de la moralité publique, qui tue, vole, calomnie, pour affirmer une méchanceté qu'il se reconnaît et qu'il entretient sciemment en lui, cet être anormal au plus haut degré a-t-il jamais existé ?

S'il ne fallait donc être responsable du crime que si l'on avait agi par mauvaise intention, on ne le serait jamais. Les moralistes qui ont fait de l'intention le fondement de la responsabilité n'ont donc pu considérer comme contraire à la bonne intention que la passion, la tendance, le désir, l'appétit, autres que le désintéressement et le respect pour la loi du devoir. Mais combien d'actes utiles à la société, utiles au développement d'un système moral, social ou individuel, sont dus à des tendances ou même à des appétits qui n'ont été accompagnés d'aucun sentiment de respect ou de désintéressement ! Faut-il les condamner? Et s'il est absurde de les considérer comme immoraux où commencera l'immoralité dans les intentions ? Il n'y aura vraisemblablement qu'amoralité. Il n'y aura que deux catégories d'êtres : les êtres moraux et les êtres amoraux.

160. **Délibération insuffisante.** — Quand, voulant atteindre un but et ayant pris ses dispositions pour l'atteindre, on réalise une fin imprévisible, il y a accident (c'est la définition même qu'Aristote en donnait), hasard, fatalité : il n'y a ni mérite, ni crime ou délit ou faute.

Il n'en est plus de même déjà quand les conséquences étaient prévisibles, bien qu'elles n'aient point été prévues. Le chasseur qui tire dans un fourré commun, où il pourrait se faire qu'il y eût d'autres chasseurs, commet une grave imprudence. Sa délibération a été insuffisante, il n'a pas évoqué certains motifs de ne point tirer dans le fourré ; il eût dû le faire pour que son acte eût le caractère d'un effet de la volonté raisonnable.

S'il l'a fait et que cependant le désir de tirer ait été le plus fort, si la crainte d'un accident s'est évanouie dans son esprit, à peine apparue, sa responsabilité croît encore : il eût dû fortifier dans son esprit ce motif d'abstention, le renforcer par de nouveaux mobiles, fixer son attention sur ce point important.

Mais si dans le premier cas la crainte de l'accident n'a pas surgi, si dans le second cas elle n'a pas persisté, le psychologue doit rechercher pourquoi.

Peut-être le chasseur n'était-il pas assez intelligent pour se livrer à une discussion aussi approfondie avec lui-même ; peut-être manquait-il de sentiments généreux et était-il poussé par son égoïsme, ou par sa légèreté, ou par le simple attrait du plaisir, à ne pas prolonger sa réflexion, sa délibération. S'il manquait d'intelligence ou de sentiments, si l'impulsion à rechercher un plaisir détruisait en lui toute puissance de réflexion, inhibait toutes les tendances antagonistes, si, bien que *moralement* il eût le devoir de délibérer d'une certaine façon, *psychologiquement* il ne le pouvait point, étant donnée sa débilité mentale, que devient sa responsabilité ? Est-elle plus grande que celle du chien qui voulant jouer avec un petit enfant le renverse sur le pavé et lui fait une cruelle blessure ?

Le plus souvent, quand on interrompt trop hâtivement le cours de la délibération, c'est qu'à un moment donné, ou bien les circonstances exigent une solution immédiate, ou bien on est parvenu à l'un de ces états de conscience qui sont susceptibles de se maintenir pendant un certain temps à peu près identiques à eux-mêmes, et qui marquent comme des gites d'étape au cour du processus mental. Pourquoi à ce moment l'exécution commence-t-elle à succéder à la spéculation au lieu de laisser celle-ci se continuer ? Est-ce par une sorte de lassitude intellectuelle ? Dans certains cas, ce pourrait être en effet une fatigue trop grande pour l'esprit que de continuer à délibérer, à discuter le pour et le contre ; dans la plupart des cas, il y a plutôt impatience de sortir d'un état pénible d'indécision. Et c'est ici que la nature du caractère joue un rôle considérable ; selon que l'on est vif ou lent, ardent ou modéré, le sentiment pénible qui accompagne toute délibération amène plus vite ou moins vite à la solution, très souvent hâtive dans le premier cas, parfois trop lente à venir dans le second cas ?

Comment serait-on responsable de son tempérament, de son caractère, qui déterminent ainsi des choix précipités ?

On a imaginé sans doute un moyen de nous rendre responsables de l'arrêt à mi-chemin : si nous sommes libres, dit-on, notre liberté consiste à ne pas permettre que notre choix se fixe avant un certain temps de délibération ; ainsi MALEBRANCHE croyait que grâce à la liberté « l'impulsion que nous avons vers le bien universel n'est point entièrement arrêtée par un bien particulier. L'esprit a du mouvement pour aller plus loin... La liberté consiste en ce qu'il peut suspendre son jugement et son amour, et ensuite penser à d'autres choses et par conséquent aimer d'autres biens [1] ».

Mais MALEBRANCHE concevait un terme à ce progrès de l'esprit dans la considération des biens : il s'agissait de parvenir par la liberté « à celui qui renferme tout bien » ; de sorte que liberté et amour de Dieu étant synonymes, une forte tendance à satisfaire Dieu

---

1. *Recherche de la vérité*, t. I, livre Ier, chap. 1er.

était exactement dans le système de Malebranche l'équivalent de la liberté. Cette tendance pouvait être plus ou moins puissante et selon sa puissance en chacun des êtres, Malebranche les concevait comme plus ou moins libres. De même nous avons reconnu dans chaque homme une forte tendance à l'action systématique, à la conduite bien cohérente en elle-même et bien coordonnée avec celle de tous ses semblables en vue d'une fin commune. Selon la puissance qu'a en lui cette tendance, l'agent moral poursuit sa délibération plus ou moins loin en vue de n'adopter qu'une décision conforme à sa raison. Est-ce là de la liberté ? Et peut-on être déclaré responsable de ce que l'on a des tendances plus faibles ou plus fortes, de ce que l'on a un goût plus ou moins marqué pour l'activité systématique en tant qu'individu et être social à la fois [1] ?

Il est à remarquer surtout que c'est là une tendance essentielle, une de celles que quelques habitudes données par l'éducation ou acquises par un long effort, ne parviennent pas à établir en nous.

[1]. D'ailleurs, l'expérience montre que la délibération prolongée nuit parfois à l'action rationnelle : il est des gens qui ne peuvent se résoudre à prendre un parti, qui évoquent sans cesse de nouveaux motifs et de nouveaux mobiles en. sens contraires, de sorte que la conception de l'acte se modifie tandis que les désirs nettement conscients s'affaiblissent, et que les appétits, les tendances obscures, prennent un empire de plus en plus grand. On en vient ainsi à se décider non plus pour des raisons claires, assignables, susceptibles de se formuler en jugements et raisonnements ayant une valeur objective, mais simplement par sentiment, par une sorte d'impulsion montant, comme une forte vague, des profondeurs de l'inconscient.

Nous naissons plus ou moins raisonnables, plus ou moins portés à l'activité morale, comme nous naissons plus ou moins aptes à nous représenter des couleurs ou des sons.

Il en est de même de toutes ces hautes tendances que nous avons reconnues indispensables à la moralité, dont le faisceau, comme nous l'avons vu, forme le caractère moral. Sommes-nous responsables de l'absence en nous d'une tendance généreuse qui nous servirait de « réducteur antagoniste » à une passion vile? Mais alors la question se pose de savoir dans quelle mesure nous participons à l'irresponsabilité reconnue des aliénés.

161. **L'irresponsabilité.** — Question des plus importantes en morale car si le vice est un produit naturel comme le sucre et le vitriol, s'il ne dépend pas plus des hommes de rester vertueux et de devenir vicieux qu'il ne dépend d'eux de rester sains d'esprit ou de devenir aliénés, a fortiori si certains malheureux naissent criminels comme d'autres naissent fous ou d'une débilité mentale incurables; si la faute est fatale dans tous les cas ou dans la presque totalité des cas, à quoi sert la morale? à quoi bon une théorie qui nous propose et un idéal et des règles de conduite systématique que nous méconnaîtrons nécessairement et d'autant plus fatalement que nous serons plus proches dans la hiérarchie psychique de ce degré inférieur qui correspond au maximum de folie morale?

L'étroite relation du crime et de la dégénérescence est cependant de plus en plus probable. Si l'on distingue encore, dans les milieux scientifiques, le crime morbide du crime vulgaire, c'est sans doute à cause des préoccupations médico-légales de la plupart des aliénistes, obligés, en présence d'un criminel, de se prononcer pour son irresponsabilité et, en général, son internement dans un asile d'aliénés, ou pour sa responsabilité avec les conséquences judiciaires qu'elle entraîne. Il leur faut donc établir arbitrairement un certain degré de trouble intellectuel et affectif au-dessus duquel les délinquants sont déclarés responsables ; or la principale difficulté de leur tâche est précisément dans cette détermination arbitraire.

On saisit aisément les motifs du crime passionnel, et du moment où on les comprend, on excuse pour autant le méfait. Mais on ne comprend plus les motifs du crime froidement accompli : on y voit l'intervention de la volonté et on admet une culpabilité beaucoup plus grande.

Cependant le délit volontaire est déterminé comme le délit passionnel par un mobile. Ce qu'il y a de surprenant, c'est que l'acte dans le premier corresponde à un si mince intérêt, alors que dans le second la passion a donné un si grand intérêt au méfait qui allait s'accomplir. On est surpris de voir que, pour se procurer un plaisir passager, pour une petite satisfaction d'amour-propre, pour moins encore, une longue délibération ait abouti à un véritable luxe de précautions, d'habileté dans l'exécution d'un dessein savamment conçu.

Et n'est-ce pas précisément la marque du caractère pathologique d'une telle action et d'un tel processus mental ? Une sorte de dilemme se pose : ou bien l'intérêt était considérable et dans ce cas le crime est semblable au crime passionnel : il est pathologique comme lui ; ou bien l'intérêt était à peu près nul et alors l'action devient inexplicable par les causes déterminantes de l'action normale et le crime est pathologique. Car comment admettre qu'à moins d'aberration mentale, un être raisonnable accorde la préférence à un acte contre lequel lutteraient, s'il était normal, ses tendances sociales, ses sentiments innés et développés par l'éducation ? Il faut donc qu'il n'éprouve pas ces sentiments qui chez les hommes sains d'esprit servent de contrepoids aux tendances à l'action délictueuse.

Objectera-on encore l'influence de la volonté, susceptible de porter librement l'attention sur le mobile qui eût semblé devoir être le plus faible et qui devient ainsi le plus puissant. L'hypothèse d'une volonté libre, capable de modifier arbitrairement le jeu naturel qui constitue la délibération, est, nous l'avons dit, une hypothèse métaphysique qui, comme toutes ses semblables, a le grave inconvénient d'introduire une entité, la volonté, qu'on ne peut que désigner sans définir exactement ce que l'on désigne. La science doit se contenter des faits et des lois : les faits de volonté sont, nous l'avons vu, des choix déterminés par la nature du caractère, par les tendances essentielles à un individu.

Si donc un mobile très faible chez les honnêtes gens se trouve soudain chez un individu avoir l'appui de tout son moi, au point de rendre vains tous les autres mobiles et d'orienter dans un sens criminel le processus de délibération qui aboutit au choix prétendu libre, n'est-ce pas que le caractère de cet individu est exceptionnel, anormal au plus haut degré ? N'est-ce pas que cet individu est un être de nature foncièrement pathologique ?

Nous revenons ainsi à ce que nous affirmions plus haut, à savoir qu'il manque de tendances indispensables à l'être normal, que parmi ses tendances essentielles, ne se trouvent pas celles qu'il devrait cependant éprouver pour avoir une nature normale.

162. Modification possible du caractère. — Pouvait-il avoir ces tendances ? Les ayant, pouvait-il les conserver ? Ne les ayant pas, pouvait-il désirer les acquérir ? Ces questions demandent un nouvel examen : celui de la façon dont un homme peut perdre ou acquérir des tendances essentielles, des tendances dominatrices de son évolution mentale ou dans tous les cas assez fortes pour diriger sa conduite. Le peut-il seul, par son propre effort et en vertu de son propre choix ? Oui sans doute, à la condition que ce soit par développement ou transformation naturelle de tendances préexistantes, d'appétits fonciers. Mais si ces éléments ou rudiments ne préexistent pas, ni l'effort individuel, ni même l'éducation ne pourront les faire naître ; et il faudra dès lors ranger l'individu que nous considérons parmi les fous moraux dont la débilité morale est congénitale.

D'autre part, les tendances morales sont assez complexes pour qu'une lente dissolution de la personnalité les atteigne tout d'abord et que rien ne puisse empêcher leur affaiblissement, prévenir leur disparition. Voilà donc un être en apparence pourvu de volonté libre, mais à qui les délibérations et la volonté ne servent pas plus au point de vue moral que ne lui serviraient des impulsions toutes simples. Vous le jugez criminel responsable ; il est déjà, sans qu'il y paraisse, proche parent du « fou moral ».

L'homme passionné peut être d'un naturel moins morbide. La passion en effet est inhibitrice des tendances qu'elle ne peut pas se subordonner ; elle ne les détruit pas ; disparue, elle peut laisser souveraines celles-là même qu'elle avait obnubilées. Son développement, jusqu'à son paroxysme parfois si funeste, peut n'être dû qu'à une complaisance excessive du sujet pour certaines de ces inclinations ou certains de ses appétits, qu'à un laisser-aller que certaines situations, certaines circonstances, encouragent. Le criminel passionné aurait pu, dans la plupart des cas, échapper à l'empire de la passion par une intervention énergique de sa volonté, c'est-à-dire par un appel à toutes les tendances de son caractère, tendances qui peuvent être normales et, dans leur ensemble, constitutives d'une nature normale. S'il eût pris l'habitude de se maîtriser davantage, il eût pu éviter la faute ; il est donc plus coupable que celui qui ne trouve en lui-même, au fond de son être, aussi prolongée que soit la délibération, point de tendances convenables à opposer à un désir anormal.

On a raison quand on dit que les crimes volontaires décèlent un naturel foncièrement mauvais, tandis que les crimes passionnels sont généralement le fait de délinquants d'occasion. Mais pour cette raison même il faut rapprocher des dégénérés de toutes sortes, atteints d'une folie morale plus ou moins caractérisée, les auteurs de délits volontaires. Quant aux passionnés, ils sont malades eux aussi, car la passion

G.-L. Duprat.

qui mène au crime ne peut se développer et devenir toute puissante que chez un être où l'instabilité mentale, l'instabilité des tendances surtout, est déjà assez grande pour constituer une tare sérieuse.

Par conséquent, les criminels, à quelque classe qu'ils appartiennent, doivent être considérés comme des malades qui, ou bien ont manqué de stabilité dans les tendances caractéristiques d'un honnête homme, ou bien ont subi soit un arrêt de développement soit une régression qui les a privés d'une partie de ces tendances en affaiblissant leur puissance, en les faisant disparaître derrière d'autres aussitôt devenues morbides [1].

L'imputabilité. — Mais, objecteront bien des moralistes, en remontant ainsi de responsabilité en responsabilité, l'imputabilité finit par se perdre dans le vague d'un passé indéfiniment reculé et d'un ensemble de circonstances actuelles indéfiniment éloignées. Il faut cependant distinguer entre responsabilité morale et imputabilité. Nous avons déjà vu que l'ignorance, quant au point de départ de notre caractère, si elle ne profite pas aux partisans de la liberté, ne saurait profiter davantage à tous ceux qui voudraient arguer de la fatalité ou du déterminisme universel pour excuser leurs fautes. Le législateur et l'agent

---

[1]. On constate, en effet, que les criminels présentent en général une exagération morbide des tendances, soit à la nutrition, soit à la reproduction, soit à la conservation de l'existence personnelle, ou bien de quelques-unes des tendances dérivées de celles-là. C'est pourquoi M. LACASSAGNE répartissait les criminels en trois catégories : les frontaux, les pariétaux et les occipitaux, selon la localisation supposée des diverses tendances.

moral ont l'un et l'autre le droit et le devoir de s'arrêter à la donnée positive d'un caractère primitif, irréductible à tout autre, origine des actes accomplis par la personnalité. C'est à ce caractère, point d'arrivée et point de départ à la fois (effet d'influences multiples, de causes sociologiques, psychologiques, biologiques, physico-chimiques et mécaniques ; mais cause immédiate de séries nouvelles de phénomènes qui, sans la constitution d'une personnalité nouvelle, n'auraient pas pu apparaître) qu'il faut tout d'abord demander raison du crime ou de la faute. Si le délit a été commis par débilité de tendances, par faiblesse de caractère, on peut demander à l'agent de fortifier en lui ce qu'il y a de meilleur, ce qui doit devenir prédominant, et s'il ne le fait pas, le pouvant encore, il est responsable des fautes que sa faiblesse entraîne. Si le délit a été commis par méchanceté foncière, par abjection de ce caractère qui est un produit de facteurs, est-ce à dire qu'il n'y ait pas de responsabilité ? Sans doute, l'individu n'en a plus ; mais de ce qu'un fou moral ne peut plus résister à ses impulsions ou ne peut pas actuellement donner à ses raisonnements justes les conséquences pratiques qu'ils comportent, s'ensuit-il que la société ne pouvait pas en commençant assez tôt l'éducation toute spéciale de ce malade lui donner les moyens d'éviter la faute, développer en lui des sentiments meilleurs, donner à sa sensibilité et à son jugement pratique un essor d'un tout autre genre ?

164. **L'action sociale.** — On objecte que beaucoup de fous moraux ont, dès leur jeune âge, été invinciblement rebelles à l'action éducatrice. N'est-ce pas que l'éducation qu'ils ont reçue n'était pas celle qui con-

venait le moins à leur tempérament, à leur caractère ?

Et n'est-ce pas aussi parce que l'éducation reçue par les délinquants, qui ne sont pas considérés comme aliénés, a été insuffisante, incomplète, mal dirigée ou trop tôt abandonnée, qu'ils ont commis une faute que peut-être leur tempérament, livré à son propre développement, a rendu inévitable [1] ?

Ce que l'individu est impuissant à déterminer ou à refréner en lui-même, la collectivité peut l'engendrer ou l'empêcher par les moyens dont elle dispose, si puissants sur l'esprit individuel. La société, sans doute, est soumise elle aussi à un déterminisme, mais l'on voit bien d'où peut venir, aux collectivités en décadence, en voie de dissolution ou d'évolution morbide, l'excitation et le frein que ces collectivités ne trouvent plus en elles-mêmes : en effet, il est toujours, à côté des communautés d'un esprit donné, des communautés d'esprit différent dont le devenir tout autre influe sur le devenir des collectivités voisines ; une nation, une race, exerce son influence heureuse ou malheureuse sur une autre nation ou sur une autre race, et c'est un entre-croisement incessant d'actions et de réactions entre les diverses sociétés du monde, qui fait que le déterminisme social diffère totalement d'une fatalité susceptible d'entraîner une décadence collective irrémédiable.

1. Il suffit de signaler ici l'absence complète, en France du moins, de maisons de traitement pour criminels « à responsabilité limitée », pour montrer combien nous sommes loin du moment où une éducation appropriée sera donnée aux dégénérés prédisposés à l'action criminelle.

Il y a donc pour les individus, des remèdes et des préventifs d'origine sociale comme il y a pour les familles, les cités et les nations, des remèdes et des préventifs dans les collectivités plus vastes dont ces collectivités élémentaires font partie. (Voir à ce sujet dans notre étude sur les « Causes sociales de la folie » la critique d'une conception trop étroite de la dégénérescence sociologique).

Or, s'il y a des criminels incurables, il n'y a pas d'incurabilité sociale ; l'humanité peut s'amender indéfiniment en détruisant en elle toutes les causes sociales d'aliénation mentale, de folie morale, de débilité psychologique et d'instabilité ou de stabilité morbide de l'esprit. Sans doute, une collectivité ne peut pas aller plus vite que ne le permet l'état actuel de sa civilisation ; le pouvoir moralisateur qu'elle peut exercer sur elle-même est assurément limité ; mais il ne fait pas défaut au point que la criminalité et l'immoralité croissent au lieu de décroître progressivement. Quand il y a accroissement du nombre et de l'importance des délits et des crimes, on peut affirmer, sans crainte, la responsabilité très large de la société à l'égard des fautes individuelles.

La question est maintenant de savoir quels remèdes et préventifs d'origine sociale auront une action sur les criminels ou délinquants, sinon sur tous, du moins sur la plupart d'entre eux, et assurément sur une catégorie spéciale d'êtres sociaux.

II

LA SANCTION ET L'ÉDUCATION MORALE

165. Rôle et nature de la sanction. — Puisque les hommes se déterminent sous l'influence de sentiments bien plutôt que d'après les conclusions de purs raisonnements, puisqu'il faut toujours avec l'idée directrice une tendance assez forte pour rendre l'idée effectivement dirigeante, à tel point que l'intelligence la plus vive ne peut rien pour la moralité d'un agent quand ses sentiments sont mauvais et irrémédiablement bas, il est très légitime que l'on fasse appel à des moyens tirés de la psychologie des sentiments pour donner à la loi civile une puissance sur les âmes, puissance qu'elle ne tient pas du simple énoncé de la prescription.

Aussi tous les législateurs ont-ils *sanctionné* les règles de conduite qu'ils édictaient par des dispositions pénales susceptibles d'entraîner, en cas de non-observation de la loi, de la douleur pour le délinquant. La crainte de la douleur a semblé de tout temps le mobile le plus efficace qu'il soit possible de susciter dans l'esprit des hommes en vue de l'accomplissement de leurs devoirs sociaux.

L'idée de sanction a été par cela même intimement associée à celle de la peine ou du contraire de la peine, la récompense. Cependant il est possible de susciter d'autres mobiles que le désir d'une récompense ou la crainte de la punition ; on peut faire appel selon les circonstances au sentiment esthétique, familial, civique, aux émotions sympathiques, aux tendances généreuses ; la loi peut se présenter avec des considérants susceptibles d'émouvoir les cœurs et de la graver elle-même profondément dans les esprits ; elle peut être renforcée dans son autorité par le respect inspiré par son origine même ; au lieu d'être une simple prescription, souvent d'apparence arbitraire, elle peut se présenter comme la conséquence même de certains désirs collectifs.

En fait, les lois ont été plus souvent respectées grâce à la crainte qu'inspirait la conception de représailles exercées par le chef ou la caste qui éditait les règles de conduite commune. Les hommes ont gouverné les hommes comme ils gouvernent les animaux, bien plutôt par la force que par la persuasion.

D'ailleurs la peine a une autre origine que le désir de sanctionner la loi ; la punition et le crime sont antérieurs à la loi écrite et aux formes juridiques ; les infractions aux traditions, les actes en opposition avec les préjugés, les mœurs, les tendances de la foule primitive, entraînèrent partout des réactions violentes de la multitude contre l'individu. La mise à mort suivit fréquemment les plus légers manquements aux prescriptions tacites du peuple ou de la caste.

La rigueur des réactions pénales nous apparaît décroissante au cours de la civilisation ; la lapidation a disparu, le lynchage tend à disparaître et n'est plus considéré, chez tous les peuples civilisés, que comme un crime collectif. Mais en se substituant à la foule passionnée, aveugle, injuste et portée à tous les excès, l'État a conservé à la peine le caractère de réaction passionnelle qu'elle a joint à celui de sanction légale. Il en est résulté une confusion constante dans la conception du rôle que doit jouer la peine. On a considéré la punition comme un moyen de réparation, comme une conséquence nécessaire de la faute, de même que l'on considérait la récompense comme une conséquence nécessaire du mérite.

Kant a montré toute l'énergie de cette croyance à la nécessité d'une récompense ou d'une punition comme *conséquence* ajoutée à la bonne ou la mauvaise action. Il ne veut pas que la crainte de la punition ou l'espoir de la récompense soit un mobile de l'action vertueuse, mais il considère presque comme une proposition synthétique *a priori* cette assertion que le vice doit être puni et la vertu récompensée.

Aucun jugement n'est plus arbitraire. Nulle part peut-être en morale n'éclate plus vivement l'influence d'une longue tradition sur les conceptions de la raison pratique. Parce qu'une réaction passionnelle, cruelle ou bienveillante, défavorable ou favorable, a toujours suivi dans l'humanité peu civilisée l'action jugée criminelle ou l'action jugée bonne (c'est-à-dire contraire ou conforme aux croyances et préjugés de la multitude), on croit à la nécessité rationnelle d'une telle consécution de faits et on prétend faire de Dieu le moyen le plus propre à réaliser cette prétendue fin suprême : la correspondance du bonheur et de la vertu, de la souffrance et du vice.

M. Paul Janet a tenté de justifier cette conception en la fondant sur l'idée de justice distributive. Du moment où il y a des biens et des maux à distribuer aux hommes, il est juste qu'ils soient distribués proportionnellement aux mérites et selon la valeur morale de chacun. Mais une question préalable se pose : y a-t-il en dehors des biens que l'aptitude de chacun à se les procurer soumet à une répartition équitable d'autres biens qui ne dépendent pas, quant à leur acquisition, d'aptitudes techniques ? Si oui, si par exemple, il y a lieu d'admettre après la mort, une vie dans laquelle la joie sera octroyée à haute ou moyenne ou faible dose, on conçoit que la justice distributive exige la répartition de ces biens selon les mérites moraux. Mais dans l'existence actuelle nous voyons que le bonheur, s'il n'est pas toujours acquis par la vertu morale, l'est, en général, par les gens habiles à se procurer des avantages. Il est faux que les bons soient toujours malheureux et surtout que la valeur morale soit vouée à ne procurer jamais par elle-même, sur la terre, un véritable bonheur.

166. **Le bonheur, conséquence naturelle de l'action morale.** — Sans doute, nous ne nous contentons pas de la satisfaction que procure le devoir accompli ; les stoïciens avaient tort de vouloir que la vertu fût à elle-même sa récompense et de considérer tous les biens matériels, toutes les joies autres que la joie purement morale, comme des choses indifférentes. Le bonheur, d'où qu'il vienne, pourvu qu'il ne nuise pas au perfectionnement individuel ou social, est estimable et souhaitable. L'être moral peut légitimement revendiquer sa part de joie, sa part de bien-être

matériel et de satisfactions intellectuelles, esthétiques, sociales. Pourquoi parfois ne l'obtient-il pas ? N'est-ce pas que malgré ses excellentes intentions, il ne parvient pas à jouer le rôle qui pourrait lui procurer les satisfactions justement souhaitées ? On a tort de séparer l'habileté de l'honnêteté : il suffirait de distinguer parmi les gens ceux qui sont habiles sans être honnêtes de ceux qui sont à la fois honnêtes et habiles, c'est-à-dire qui savent trouver les moyens les plus propres à la réalisation de leurs fins morales, pour voir aussitôt combien est inférieure l'honnêteté sans habileté, encore qu'elle soit préférable à l'habileté sans moralité.

On ne demande pas à un être moral d'être naïf, d'être dupe, d'être victime ; on lui demande d'être de son temps et de son milieu, sans doute pour pouvoir être un facteur de progrès pour son milieu, mais aussi pour pouvoir s'adapter aux conditions d'existence dans lesquelles il se trouve placé.

Si un vertueux solitaire ignore une foule de joies bien connues des méchants, il n'aura qu'à s'en prendre à lui-même de son infériorité au point de vue du bonheur ; si au lieu d'espérer une compensation dans la vie future aux privations qu'il supporte dans la vie présente, il s'efforçait davantage de devenir un être social, utile à ses semblables, solidaire de ses concitoyens, il serait solidaire d'eux dans la joie comme dans la peine et il s'apercevrait bien vite que si, dans l'état social actuel, il arrive fréquemment que les méchants triomphent et que les bons pâtissent, la faute incombe souvent aux bons qui ne savent pas travailler à la vertu collective. Quand on est trop préoccupé d'acquérir des vertus privées qui ne peuvent avoir de valeur qu'en tant que condition des vertus publiques; quand on oublie trop délibérément ses semblables pour ne songer qu'à sa propre perfection, on en est puni par ce mal de tous les temps : la tristesse des bons au milieu des méchants heureux.

C'est donc parce que les meilleurs ne sont pas assez bons qu'ils ne sont pas heureux. C'est parce que leur bonté est trop passive, que leur vertu n'est pas assez agissante, qu'ils voient le bonheur les fuir : ils ne l'ont pas suffisamment mérité.

Tous les efforts des êtres vertueux doivent tendre à la réalisation d'un ordre social d'où l'injustice soit progressivement éliminée, où les effets nuisibles de la méchanceté soient de plus en plus atténués, où à l'échelle des valeurs morales, qui est d'ailleurs l'échelle des valeurs sociales, quand il s'agit des personnes, corresponde exactement l'échelle des biens et des joies.

Quoi de plus naturel que de voir la santé procurée par la tempérance et la régularité dans le travail, le bien-être procuré par l'habileté professionnelle, l'estime et les honneurs procurés par une honnêteté persévérante, l'affection et le dévouement de ses semblables assurés par les services rendus à la cause commune et aux causes individuelles par conséquent ? Qu'est-ce donc qui empêche l'homme moral d'être heureux ? Les accidents, les troubles sociaux, la contagion physique et la contagion morale, bref les effets de rencontres fortuites, dues à la complexité des relations cosmiques, et les effets de la solidarité universelle ? Mais de plus en plus l'homme devient le maître de la nature et élimine les conséquences désastreuses de ce hasard, dont les Anciens avaient fait un Dieu, parce qu'il était beaucoup plus redoutable pour eux que pour nous; et de plus en plus aussi la solidarité morale, le consensus volontaire d'êtres raisonnables remplace la solidarité primitive, plus dangereuse assurément que féconde en résultats moraux.

L'optimisme auquel nous pouvons nous abandonner n'a rien de commun avec un optimisme théologique ou métaphysique; il ne repose pas sur des croyances subjectives ou sur une conception arbitraire du monde; il a pour fondement des faits : les progrès de la science et ceux de la solidarité intelligente. Nous pouvons donc espérer que grâce à d'incessants efforts (car l'optimisme moral loin d'énerver, d'amollir, de donner confiance aux paresseux qui pourraient se fier à une évolution fatale, excite les énergies et stimule à l'action), grâce à une volonté persistante de réaliser un système social de mieux en mieux unifié, nous parviendrons à mettre d'accord la nature et la moralité et à assurer aux bons le bonheur.

Mais, encore une fois, la conquête du bonheur sera la conséquence naturelle de l'habileté déployée, de l'art avec lequel l'être moral saura parvenir à ses fins. Ce sera donc non pas une sanction au sens où l'entend la philosophie classique; ce serait plutôt ce qu'on entend parfois par « sanction naturelle »; il vaut mieux dire plus simplement que ce sera un simple effet de la moralité croissante.

De même la souffrance qui résultera pour les maladroits et les malhonnêtes de la privation de certains biens, de certaines joies, qu'une conduite plus systématique leur eût assurément procurés, ne sera pas une sanction, pas une punition, mais un simple effet de leur immoralité au sein d'une moralité croissante.

167. **Le mérite.** — Les idées de mérite et de démérite n'ont de rapport avec les conséquences naturelles de l'action bonne ou mauvaise qu'autant que l'on peut imaginer un état social différent de celui dans lequel se trouve l'agent, état social permettant des effets mieux proportionnés à l'importance de la cause. Nous pouvons être convaincus que toujours l'homme imaginera une organisation sociale supérieure à celle dont il jouira : l'idée des Champs-Elysées et du Paradis, aussi ancienne peut-être que l'homme, n'est pas près de disparaître de la conscience humaine; tout au plus pourra-t-elle se séculariser et devenir l'idée d'un milieu physique et social plus conforme à l'idéal moral. Alors, si l'on ne conçoit plus l'homme d'une haute valeur morale comme *méritant* une joie plus grande dans le ciel, on le concevra comme la méritant dans un monde terrestre meilleur. Quant au méchant, on l'estimera de moins en moins digne de vivre dans ce monde meilleur et de même que de nos jours la religion catholique l'expulse du ciel pour le plonger dans l'enfer, de même une pensée laïque prétendra peut-être l'expulser de la société à venir.

Mais ce ne sont là que conséquences bien naturelles de la conception d'un idéal de vie commune. Mériter d'être admis dans la République de PLATON ou dans la cité de Dieu ou dans l'humanité future, d'y goûter la joie du sage, le bonheur de l'être vertueux, est le désir de l'être moral qui travaille précisément à la réalisation de cet idéal d'existence collective. Ne pas le mériter est le propre du méchant qui ne se préoccupe point d'une telle œuvre.

En quoi tout ceci légitime-t-il la théorie classique d'après laquelle à tout acte moral doit se surajouter une récompense, à tout acte immoral une punition ? d'après laquelle le bon *mérite* d'être récompensé, en plus des conséquences naturelles de sa bonne action, et le méchant *mérite* de souffrir en plus de la souffrance que peut lui causer naturellement son méfait ?

168. **Immoralité de la punition.** — N'est-il même pas immoral, inhumain de prétendre qu'il faut par des punitions augmenter la somme des souffrances qui pèsent sur l'humanité ? En quoi la mort d'un criminel, en quoi les tortures qu'on lui inflige, sont-elles morales ? N'est-ce pas par un reste de barbarie que l'on conçoit la douleur du délinquant comme « bien méritée » ? Et d'ailleurs quelle est cette foule qui se presse aux pieds de l'échafaud, qui bat des mains, « chante et rit quand le couperet tombe » ? N'est-ce pas cette foule ignoble, issue des bas quartiers de nos grandes villes qui porte tous les stigmates de la dégénérescence et accuse une régression bien marquée vers le type ancestral le plus brutal, le plus monstrueux à nos yeux d'êtres civilisés ? Ne devrions-nous donc pas avoir honte de nous-mêmes quand le vieux levain de cruauté animale fait germer en nous des pensées et des sentiments de représailles à l'égard du criminel, quand notre cœur ne s'émeut point des souffrances infligées au délinquant ?

Faire souffrir celui qui a fait souffrir, être cruel envers celui qui a été cruel, c'est multiplier le mal au lieu de panser la blessure, c'est ajouter à la faute individuelle une faute sociale et mettre le délinquant dans la situation d'un homme sur lequel on exerce une basse vengeance [1].

Que celui qui a fait le mal contribue à le réparer, qu'il indemnise du dommage public et privé qu'il a causé, tel est le principe de la justice contractuelle, celle qui tend à prévaloir de nos jours parce que les obligations tendent de plus en plus à se préciser, étant stipulées dans des contrats. Toutefois il y a des cas dans lesquels le dommage public causé par un délinquant est inestimable : la violation de la loi est bien plus pernicieuse parce qu'elle tend à la destruction de l'édifice social que parce qu'elle entraîne un dommage estimable. Il faudrait donc surtout empêcher, que la tendance à violer la loi, le précepte moral, ne se généralise, ce qui rendrait la vie sociale impossible.

169. **Rôle utilitaire de la peine.** — La peine peut-elle être alors vraiment une sanction, c'est-à-dire un moyen de renforcer l'influence de la loi sur l'esprit de celui qui délibère, choisit et agit ? En faisant naître dans un esprit la crainte d'une punition, on crée un mobile nouveau d'action ou d'inhibition ; mais cette sanction qui a un rôle purement utilitaire est comme le dernier moyen auquel la société puisse avoir recours pour pousser ou refréner l'individu : elle est le complément d'une éducation insuffisante ou d'une éducation qui n'a pu porter tous ses fruits.

---

1. Cf. A. FRANCE, *Les idées de J. Coignard*, fin.

Dès lors il importe de n'infliger la punition que si elle peut avoir une efficacité sur l'esprit du sujet qui délibère, et de n'infliger que le genre de punition qui puisse exercer une action efficace sur un esprit donné.

On renoncera en conséquence à punir les aliénés, incapables de réflexion; les idiots, les imbéciles incapables d'action motivée, non point tant parce qu'ils ne sont pas responsables ou que la faute ne leur est point imputable, mais parce que toute sanction est sans influence sur eux.

L'enfant qui a commis une faute par étourderie, le jeune homme, l'adulte, le vieillard qui se sont laissé entraîner au crime par la passion et ont montré par là même qu'ils manquent d'un frein intérieur, d'un pouvoir assez grand de domination sur eux-mêmes, tirent quelque profit de la punition qui leur est infligée.

Quant au fou moral, à l'auteur de crimes volontaires, qui accomplissent les actes les plus détestables avec le plus grand sang-froid, et cela, comme nous l'avons vu, par manque de sentiments élevés, par une absence pathologique de tendances à la vie sociale, il peut parfois leur être utile, indispensable même que la loi civile ou morale leur apparaisse sanctionnée et que sa violation soit conçue par eux comme éminemment funeste.

Combien y a-t-il encore, dans la société la plus civilisée, de gens qui, sans la crainte du gendarme et de la prison, et parce qu'ils manquent de tendances généreuses, de nobles sentiments, se laisseraient aller à des excès, à l'immoralité, au délit, au crime? Ils sont semblables aux « fous moraux » en ce sens qu'ils manquent de certaines inclinations propres à l'être moral, bien qu'ils diffèrent des aliénés délinquants ou criminels en ce sens qu'ils ne sont pas portés aussi fatalement, par des impulsions ou des obsessions, à l'accomplissement des méfaits. Ils sont légion, et c'est pourquoi la crainte, seul mobile capable d'exercer sur leurs décisions volontaires une action efficace, semble devoir être inspirée au plus grand nombre des êtres humains par l'établissement de punitions sanctionnant les lois.

Est-ce à dire que l'humanité doive tout entière et toujours être maintenue dans le respect des droits et l'accomplissement des devoirs par une crainte déprimante? Est-ce à dire que la peur du gendarme ou la crainte du Seigneur sera le dernier mot de la sagesse des multitudes?

Si oui, il faut enseigner au peuple que les peines les plus terribles dans ce monde et dans l'autre attendent le délinquant, ou du moins il faut attacher à la vertu tant de récompenses, au vice de tels châtiments que l'appétit et la peur deviennent les mobiles tout puissants des actions humaines. C'est ce que veut une véritable « morale d'esclaves »; elle veut que la crainte domine l'homme.

Mais la crainte est-elle un sentiment normal? N'est-ce pas un de ces sentiments pathologiques qui troublent l'intelligence et paralysent l'action? Puisque nous entreprenons d'établir une morale ayant pour fin le fonctionnement normal de l'être psycho-sociologique, nous ne devons admettre qu'à titre provisoire un état d'âme anormal. Or les effets de la peur sont connus, ceux de la crainte ne le sont pas moins : il suffit de voir à quelle attitude habituelle, à quelles dispositions d'esprit et de cœur ont été amenés les jeunes gens soumis à l'observation craintive d'une discipline redoutable, pour ne pas se faire d'illusion sur la valeur d'une morale fondée sur la crainte. L'homme qui redoute est, ou bien un résigné déterminé à l'apathie, ou bien un sournois, révolté en secret et qui n'attend que l'occasion favorable pour fuir les obligations à lui imposées par un maître qu'il hait.

Comme le dit M. Richard[1], « l'État progresse en faisant économie de la contrainte et en sollicitant l'obéissance de l'individu aux exigences de la vie collective par l'appel à d'autres mobiles que la peur. » On évite de plus en plus l'emprisonnement aux enfants susceptibles d'amélioration ; en Angleterre on les envoie dans des « reformatory schools » ; en France, en des maisons de correction malheureusement trop mal organisées pour donner d'heureux résultats. La loi de sursis est inspirée par une sage défiance des conséquence néfastes de l'emprisonnement et par une confiance, démontrée légitime, dans les heureux effets d'un sévère avertissement.

Que la prison dans l'avenir le plus prochain se transforme donc en maison de santé morale. Nous avons vu que la responsabilité du crime incombe à un naturel que le délinquant ne s'est point donné, à un caractère qui ne pouvait pas être réformé par celui-là même qui agissait et ne pouvait agir que

---

1. *Revue philos.*, 1899, t. II, p. 475 sqq.

d'après son caractère propre : donc, le criminel, le délinquant, l'être immoral est un être défectueux. Contre ses entreprises, la société doit se défendre sans colère, se prémunir comme on se prémunit contre les méfaits possibles d'un chien, d'un cheval, de l'un quelconque de nos « frères inférieurs ». Pour empêcher que les crimes et délits, commis en dépit des mesures préventives, se renouvellent, il faut empêcher tout d'abord que le malfaiteur continue à donner le mauvais exemple, comme on doit éviter qu'un épileptique tombe trop fréquemment en crise devant des hystériques qui seraient trop prompts à l'imiter. Il faut donc donner des soins au délinquant et ne le rendre à la liberté que lorsqu'il sera guéri, lorsqu'il aura atténué la violence de ses passions ou la puissance de ses tendances funestes, lorsqu'il aura été assagi réellement et non amené, comme il arrive trop souvent, à une redoutable hypocrisie par les mauvais traitements et la crainte.

Et d'ailleurs tous les esprits ne sont pas accessibles à la crainte. Il y a d'abord des dégénérés que les punitions n'effrayent point et qui éprouvent une sorte de jouissance à supporter les châtiments, les humiliations qui pour d'autres entraînent d'amères douleurs. Il y a en outre des hommes forts, courageux que ne saurait arrêter la crainte de souffrir, pour qui les punitions ne sauraient constituer une sanction propre à renforcer la puissance de la loi.

Chez de telles gens il faut provoquer de tout autres sentiments si l'on veut les déterminer à une conduite morale. Pour les uns ce sera l'éveil d'un appétit, pour les autres la conformité de l'action à une forte tendance, qui seront un mobile ou un motif assez puissant pour déterminer le choix convenable. Les éducateurs le savent bien : il faut prendre chaque enfant par « son côté sensible » pour l'amener à ce que l'on désire.

Les hommes mûrs ne sont pour la plupart que de grands enfants. « Trahit sua quemque voluptas », dit un ancien qui méconnut peut-être la distinction à faire au point de vue pratique entre le plaisir qui n'est pas toujours proposé comme fin et le désir qui est toujours un mobile, alors même qu'il n'est pas le désir de jouir, alors même que sa satisfaction entraînerait une souffrance. Chacun de nous est mené par ses inclinations propres : voilà le vrai sens de l'aphorisme. Il faut donc reconnaître les inclinations propres à chacun de ceux dont on veut diriger la conduite, rechercher quelles sont celles dont le développement peut être utile au développement de la moralité et s'en faire autant de moyens pour donner à la prescription morale l'appui qui pourrait leur manquer si elles n'agissaient pour ainsi dire qu'à « fleur de peau ».

Loin d'effleurer les consciences, la règle morale doit les pénétrer, et il n'y a pas d'autre moyen de pénétration dans les âmes que les voies naturelles tracées par les tendances, les inclinations, les appétits.

La punition et la récompense sont des moyens d'action superficielle qui ne peuvent ébranler les consciences que par l'impétuosité du choc. Ce n'est point par elles que s'insinuent dans les âmes les prescriptions ou les défenses. Tout au contraire, l'habitude émousse la sensibilité à ces sanctions trop extérieures.

M. Enrico Ferri[1] dit avec raison que « l'expérience de la vie quotidienne, dans la famille, dans l'école, dans le groupe social, aussi bien que l'histoire de la vie sociale, montre que pour rendre moins pernicieuse l'explosion des passions, il vaut mieux les prendre de flanc et à leur origine que les attaquer de front. Le mari perspicace compte sur bien autre chose que les dispositions du Code pénal contre l'adultère pour conserver la fidélité de son épouse... La mobilité d'esprit et les tendances à la destruction chez l'enfant sont bien mieux refrénées par des jeux bien adaptés que par une punition, d'ailleurs vainement tentée pour les réprimer... C'est pourquoi l'expérience montrant dans l'ordre juridico-criminel que les punitions manquent complètement le but qui est tout de défense sociale, il faut recourir à d'autres moyens de satisfaire le besoin d'ordre social. De là ce que j'ai appelé les *substitutifs pénaux* (sostitutivi penali). »

La conception des « substitutifs » de la peine « se résume en ceci que le législateur, après avoir examiné les aspects et manifestations variés de l'activité individuelle et sociale, après avoir découvert les origines, les conditions et les conséquences des faits criminels, venant à connaître les lois psychologiques et sociologiques qui en rendent raison en grande partie tout au moins, doit chercher à exercer une heureuse influence sur le processus de la cri-

---

[1]. *Sociologia criminale*, p. 395 sqq.

minalité. » Pour cela il faut « que l'organisme social reçoive une telle orientation que l'activité humaine au lieu d'être inutilement menacée de répression soit guidée d'une façon continue et indirecte vers des voies non criminelles, en offrant le plus possible libre cours aux énergies et aux besoins individuels, mais en évitant le plus possible les tentations et les occasions de délit. »

170. **La suggestion morale.** — Il faut agir à l'égard de la plupart des gens comme à l'égard des délinquants et pour empêcher les premiers de verser dans le vice user des procédés que l'on emploie pour empêcher les seconds de retomber dans le crime. En renonçant à leur inspirer la crainte de la punition, on doit accepter l'obligation de faire leur éducation morale.

Or il faut se convaincre que l'action moralisatrice s'exerce non par la parole, l'ordre et la défense, mais par la suggestion, variable selon les individus, de nature différente selon les caractères, appropriée à chaque cas, correspondant aux tendances particulières. Un enfant, un homme, a-t-il des inclinations esthétiques plus marquées que des tendances scientifiques : ne lui prêchons pas en vain l'amour de la science qui mènerait un autre homme par le culte du vrai à des sentiments sociaux et moraux très élevés ; montrons-lui la route voisine qui va du beau au bien, excitons ses sentiments esthétiques jusqu'à ce qu'il désire voir de la beauté dans la conduite, de l'harmonie et dans ses actes et dans l'ensemble formé par ses actes et ceux de ses semblables.

Que chaque caractère garde son aspect particulier

et pour cela conserve ses tendances propres : il n'en sera pas moins normal et moral, car on peut aboutir à la vertu par de multiples voies, à la condition que ces tendances ne soient pas exclusives de certains sentiments indispensables à la moralité.

En conséquence, pour pénétrer jusqu'au cœur d'un homme, étudions son caractère et adaptons notre manière d'agir à ses exigences. Comprenons-le bien afin qu'à son tour il entre en communion d'idées et de sentiments avec nous. Quand on veut faire l'éducation d'un faible d'esprit, le meilleur moyen est d'abord de le laisser en compagnie de bons camarades ou de bons gardiens qui, sans s'efforcer de l'attirer par des bienfaits ou des complaisances, peu à peu déterminent en lui des sympathies et des antipathies ; il s'attache au plus sympathique, le suit, l'imite, lui est dévoué, lui obéit comme l'hypnotisé dominé par son « magnétiseur ». Alors s'exerce la « suggestion morale », d'autant plus puissante que la sympathie inspirée au malade par son compagnon est plus grande.

L'imitation naît de la sympathie ou plutôt se confond avec elle, car la sympathie résulte d'une imitation spontanée rendue aisée par les affinités de deux caractères. Les deux phénomènes réagissent l'un sur l'autre et se fortifient mutuellement. C'est par l'imitation spontanée que l'on est soumis à l'empire de la coutume, de la mode, des mœurs ; par elle, on acquiert des façons de penser, de sentir, d'agir qui sont d'origine étrangère et que l'on s'assimile d'autant plus aisément qu'elles rencontrent moins d'antagonistes dans l'esprit qui les reçoit. Or la puissance des sentiments antagonistes peut être réduite à l'avance par une lente pression exercée par un habile éducateur, de sorte que la voie est toute frayée pour des tendances nouvelles.

Les jeunes gens dont les sentiments ne sont pas encore fixés et complètement développés sont particulièrement aptes à recevoir les suggestions morales, négatives et positives, s'exerçant dans le sens du refrènement ou dans celui de l'exaltation de certains sentiments. C'est pourquoi les peuples soucieux de leur avenir moral ont toujours confié l'éducation de la jeunesse à des gens ayant même idéal social que la grande majorité des citoyens au milieu desquels ils remplissaient le rôle redoutable de « suggestionneurs ». Les plus avisés des Grecs et des Romains ont éloigné de leurs enfants des éducateurs tels que les sophistes et les académistes, hommes habiles cependant à capter les intelligences, mais maîtres trop hostiles aux vertus que la Grèce et Rome avaient appris à estimer. Les peuples modernes devraient montrer le même souci de préserver les jeunes gens de suggestions morbides funestes à l'harmonie sociale et à la réalisation d'un idéal collectif.

C'est en effet une condition de salut moral pour un pays que l'heureux choix des éducateurs de la jeunesse. L'avenir en dépend, et non seulement l'avenir de ceux qui ont subi la suggestion morale ou immorale, non seulement l'avenir de toute leur génération, mais encore l'avenir des générations successives qui grandiront dans un milieu social où certains sentiments indispensables à la moralité se développeront ou seront étouffés dès leur apparition.

Car l'ensemble d'un peuple joue auprès des individus pris séparément le même rôle qu'un éducateur habile. Dans cet ensemble, chaque être trouve un nombre plus ou moins considérable de citoyens pour lesquels il éprouve de la sympathie, qu'il suit, qu'il imite, qu'il copie, dont il adopte pleinement les mœurs et les maximes. Il ne faut pas que ce groupe de modèles forme une secte qui s'oppose à la secte voisine, de mœurs différentes. Si l'éducation est une, si quelques principes fondamentaux restent communs, malgré les divergences inévitables dues à la diversité des tempéraments, l'unité morale est assurée. L'anarchie morale vient au contraire des suggestions morbides antagonistes, des modes d'éducation radicalement opposés.

Ce n'est donc que lorsqu'un peuple fait effort pour donner à la jeunesse autant que possible une même éducation des sentiments, une même « suggestion morale », qu'il mérite de voir diminuer le nombre et l'importance des crimes, des délits, des fautes, commis en son sein par les individus ou les collectivités.

La vraie *sanction* des lois est dans les mœurs qui en rendent l'observation aisée et sûre. Pour donner à la loi morale, aux préceptes moraux tout leur empire, il faut les faire pénétrer dans les mœurs. Aux moralistes, à tous ceux qui croient être en possession des meilleures règles de conduite, de s'efforcer, non pas en criant dans le désert, mais en agissant sur leur milieu, de déterminer l'apparition en leur pays, et, en général, dans l'humanité, de tendances collectives bien coordonnées, de *causes sociales de la moralité*, susceptibles de s'opposer aux causes sociales de la folie et de l'inconduite.

G.-L. Duprat.

BIBLIOGRAPHIE

Aristote. — Éthique à Nicomaque (édit. de l'Acad. de Berlin, Reimer, 1831).
— Politique. *Ibid*.
Baldwin (J.-M.). — « Interprétation morale et sociale des principes du développement moral ». Trad. Duprat, Paris, Giard et Brière, 1899.
Ballion (D^r). — « La mort chez les animaux ». Bazas, Constant, 1900.
Bancel. — « Le coopératisme ». Schleicher, Paris, 1901.
Belot. — « La religion comme principe sociologique ». *Rev. phil.*, mars 1900.
Bernard (Cl.). — « Leçons sur les phénomènes de la vie ».
Bergson. — « Les Données immédiates de la conscience ». Paris, Alcan, 1899.
Boncour (P.). — « Le fédéralisme économique ». Paris, Alcan, 1900.
Bouglé. — « Les Idées égalitaires ». Paris, Alcan, 1899.
Boutroux. — « Morale sociale ». Leçons faites au Collège des sciences sociales. Paris, Alcan, 1899.
Brochard. — « La morale ancienne et la morale moderne. » (*Rev. philos.*, janvier 1900).
Brooks (Adams). — « La loi de la civilisation et de la décadence ». Paris, Alcan, 1899.
Brunschwicg. — « L'ordre des joies », in « Morale sociale », Alcan, 1899.
— « Introduction à la vie de l'esprit ». Alcan, 1900.

Chabot. — « Nature et moralité ». Paris, Alcan, 1897.
Comte (Aug.). — Cours de philosophie positive. — « La Sociologie » résumée par Rigolage. Paris, Alcan, 1897.
Coste. — « L'expérience des peuples et les prévisions qu'elle autorise ». Paris, Alcan, 1900.
Cullerre (Dr). — « Les frontières de la folie ». Paris, 1888.
Dargun. — « Ursprung und Entwicklungsgeschichte der Eigenthums », 1884. (*Zeitch. f. vergl. Rechtsw.*, t. V.)
Darlu. — « La classification des idées morales du temps présent », in « Morale sociale ». Paris, Alcan, 1899. — « La morale chrétienne et la conscience comtemporaine ». (*Revue de métap. et de morale*, 1900, p. 257).
Delbet. — « La morale positive ». (*Ibid.*)
Delbos. — « Le kantisme et la science de la morale ». *Rev. de mét. et de mor.*, mars 1900.
Dugas. — « L'amitié antique ». Paris, Alcan, 1896.
— « Analyse psychologique de l'idée de devoir ». *Rev. philos.*, 1897, t. XLIV.
Dumont (Arsène). — « La Morale basée sur la démographie ». Paris, Schleicher, 1901.
Durkheim. — « La Division du travail social ». Paris, Alcan, 1893.
— « L'Année sociologique ». 1899-1900.
Espinas. — « Les Sociétés animales ». Paris, Alcan, 1878.
Ferri (E.). — « Sociologia criminale ». Turin, Bocca, 4e édit., 1900.
Fouillée. — « Critique des systèmes de morale contemporains ». Paris, Alcan. (3e édition, 1893).
— « La France au point de vue moral ». Paris, Alcan, 1900.
Fragapane. — « Objetto e limiti della filosofia del diritto ». Rome, Loescher, 1900.
— « Il problema delle origine del diritto ». Rome, Loescher, 1896.
Frégier. — « Des classes dangereuses de la population dans les grandes villes et des moyens de les rendre meilleures. Paris, 1840.
Goblot. — « Essai sur la classification des sciences ». Paris, Alcan, 1898.

Grasset (Dr). — « La supériorité intellectuelle et la névrose ». Montpellier, Coulet, 1900.
Guyau. — « Esquisse d'une morale sans obligation ni sanction ».
— « L'irréligion de l'avenir ». Paris, Alcan, 1896.
James (W.). — « Principles of Psychology ». Cf. Marillier « La psychologie de W. James ». *Rev. philos.*, 1892 (II, p. 449).
Janet (Dr). — « L'Automatisme psychologique ». Alcan, 1889.
— « Névroses et idées fixes ». Alcan, 1898.
Janet (Paul). — « La Morale ». Paris, Delagrave, 5° édit., 1898.
Kant. — « Critique de la raison pratique ». Trad. Picavet. Paris, Alcan, 1888.
— Théorie du droit, 1797. Édit. Rosenkranz.
Kovalevski. — « La Morale de Tolstoï », in « Morale sociale ». Paris, Alcan, 1899.
Lalande. — « La dissolution opposée à l'évolution ». Paris, Alcan, 1899.
Laveleye (de). — « De la propriété et de ses formes primitives. 2° édit., Alcan, 1897.
Legrain (Dr). — « Du délire chez les dégénérés ». Paris, 1886.
— « L'anthropologie criminelle au Congrès de Bruxelles en 1892 ». (Extrait de la *Revue scientif.*)
Letourneau. — « L'Évolution de la propriété », 1899. Paris, Lecrosnier et Babé, 1899.
Lichtenberger. — « La Philosophie de Nietzsche ». Paris, Alcan, 1900 (4° édit.).
Lombroso. — « L'homme criminel ». Paris, Alcan (trad. française, 1887). Turin, Bocca, 4° édit., 1887.
Lombroso et Ferrero. — « La femme criminelle et la prostituée ». Paris, Alcan, 1896.
Lourbet. — « Le problème des sexes ». Giard et Brière, Paris, 1900.
Magnan (Dr). — « Leçons cliniques sur les maladies mentales ». Alcan, 1897.
Malapert. — In « Morale sociale », Alcan, 1899.
Marion. — « Leçons de morale » Paris, A. Colin.
Marx (Karl). — « Salaires, prix et profits » Giard et Brière, 1899. — « Le Capital », trad. française, *Ibid.*, 1900-1901.
Mazzarella. — « La Condizione giuridica del marito nella famiglia primitiva — [matriarcale] —. Catane, Coco, 1899.

Mill (Stuart). — « L'Utilitarisme », trad. fr. Paris, Alcan, 1889 (2ᵉ édit.).

Merriam. — « History of the theory of sovereignty since Rousseau ». Columbia, Un. Press, 1900.

Nieboer (Dʳ). — « Slavery, au industrial system ». La Haye, 1899.

Nietzsche. — « Humain, trop humain », trad. franç., 1900.
— « Ainsi parla Zarathustra », trad. franç., 1900.

Patten (Simon-N.). — « Les fondements économiques de la protection ». Trad. franç., Paris, Giard et Brière, 1899.

Paulhan. — « L'Activité mentale et les éléments de l'esprit ».
— « Les Caractères » — « Les Types intellectuels. Esprits logiques et esprits faux », Paris, Alcan, 1896.

Payot. — « L'Education de la volonté ». Paris, Alcan, 1901, 12ᵉ édition.

Pillon. — Année philosophique, 1868.

Proal. — « Le Crime et la peine ». Paris, Alcan, 1891.

Renard. — « Le Régime socialiste ». Paris, Alcan, 1898.

Renouvier. — « La Science de la morale ». Paris, Ladrange, 1869.

Ribot. — « Psychologie des sentiments ». — « Maladies de la volonté ». — « Psychologie de l'attention ». — « L'imagination créatrice ». Paris, Alcan, 1900.

Richard. — « Revue critique » *Rev. philos.*, 1896, t. XLII, p. 529.
— *Rev. philos.*, 1899, t. XLIII, p. 475.

Romanes. — « L'évolution mentale chez l'homme ».

Sabatier. — « Esquisse d'une philosophie de la religion ». Fischbacher, Paris, 6ᵉ édit., 1901.

Sée (H.). — « Les Classes rurales en France au moyen âge ». Paris, Giard et Brière, 1901.

Sollier (Dʳ). — « Psychologie de l'idiot et de l'imbécile ». Paris, Alcan, 1891.

Spencer. — « Principes de sociologie ». Londres, 1870. — « The data of Ethics » ou « Les bases de la morale évolutionniste », Paris, Alcan. — Cf. « Résumé de la philosophie de Spencer », par Howard Collins. Paris, Alcan, 1899.

Spinoza. — Éthique. Edit. Van Vloten.

Stein. — « La Question sociale au point de vue philosophique ». Paris, Alcan, 1900.

Stirner. — « L'Unique et sa propriété ». Trad. franç. Édit. de la *Revue blanche*, 1900.
Tanon. — « L'Évolution du droit ». Alcan, 1900.
Tarde. — « Les lois de l'imitation » (2ᵉ édition). — « La logique sociale ». Paris, Alcan, 1895.
Tolstoï. — « Que faire? ». — « Pamphile et Julius ». — « Commentaire sur l'Évangile ». « Les rayons de l'aube ». Trad. franç., Paris, Stock, 1901. — Cf. « La Philosophie de Tolstoï », par Kovalevski et « Pensées de Tolstoï », par Ossip Lourié. Paris, Alcan, 1898.
White. — « Histoire de la lutte entre la science et la religion ». Trad. franç.. Paris, Guillaumin, 1899.
Zenker. — « Naturliche Entwicklungsgeschichte Gesellschaft ». Berlin, Reimer, 1899.

INDEX

Aboulie, 69.
Agent, 98.
Alcoolisme, 194.
Aliénés, 171.
ALTHUSIUS, 286.
Altruisme, 133.
Amitié, 338.
Amour, 135, 253, 330.
Animal, 76, 105, 213, 340.
Apprentissage, 323.
Arbitraire, 259.
Aristocratie, 263.
ARISTOTE, 2, 9, 37, 50, 60, 123, 262.
Ascétisme, 253.
Association mentale, 64.
— politique, 229, 297.
Attention, 65, 75.
BALLION (Dr), 213.
Beau, 152, 154.
BELOT, 14.
BENTHAM, 113.
BERNARD (Cl.), 91, 92.
BERGSON, 71, 93.
Bien, 79.
BODIN, 285.
BONALD (de), 288.
BONCOUR (Paul), 229.

Bonheur, 122, 369.
Bonne volonté, 273.
BOUGLÉ, 217.
BOUTROUX, 36.
BROOKS (Adams), 219.
Brunschvicg, 158.
Capital, 236.
Caractère, 90, 146, 355, 360.
Cause, 98.
CHABOT, 155.
CHARCOT, 4.
Charité, 273, 275, 343.
Chasteté, 345.
Choix, 78
Christianisme, 263.
Civilisation, 88, 255.
Classes, 214.
Coéducation des sexes, 331.
Collectivisme, 235.
Collectivité, 279.
COMTE, 125, 201.
Concurrence, 227, 303.
Conscience morale, 89, 84.
— psychologique, 74.
Contrat, 223, 271, 287, 291.
Coopération, 317.
Corvée, 308.
COSTE, 218, 226.

Crainte, 377-379.
Crime, 161.
Criminels, 165 sqq., 192, 362.
Crise morale 7.
CULLERRE, 184.
DARGUN, 224.
DARLU, 29, 250, 257.
Dégénérés, 175.
DELBOS, 41.
Délibération, 70, 353.
DESCARTES, 2, 29.
Désintéressement, 153.
Déterminisme, 20, 94.
Devoir, 34, 38, 44, 58.
Dévouement, 273.
Dignité, 44, 46.
Division du travail, 226.
Divorce, 323.
Droit, 215, 221, 260, 266, 275.
— naturel, 268.
DUGAS, 21, 52, 146.
DURKHEIM, 14, 22, 118, 196, 204, 214, 228, 240, 295.
Économique, 224.
Éducation, 299, 384.
Égalitarisme, 217, 262.
Égoïsme, 115.
Élite, 264.
Enfants, 209, 319, 325.
Épicurisme, 10, 104, 110.
Esclavage, 232, 305.
Esclaves, 262.
ESPINAS, 137, 213.
Esthétique, 131, 152, 238.
État, 213, 219, 284, 290, 292 sqq.
Étatisme, 308.
Évolution de la conduite, 55.
Évolutionnisme, 13.

Famille, 203-212, 325.
Fanatisme, 238.
Faute, 161.
Femme, 319, 326.
FERRI (E.), 166, 381.
FICHTE, 288.
Folie morale, 171.
Fonctionnaire, 271, 311.
Force, 260.
FOUILLÉE, 14, 95, 259.
Foule, 194.
FRAGAPANE, 221.
Fraternité, 345.
Générosité, 136, 274.
Génie, 149, 265.
GOBLOT, 55.
Gouvernement, 218, 284.
GRASSET (D^r), 149.
Grève, 319.
GROSSE, 225.
GROTIUS, 286.
GUYAU, 21, 136, 138, 159, 258.
HEGEL, 289.
Hérédité, 82, 194.
— des biens, 282.
HOBBES, 286.
Humanité, 241.
Humbles, 261, 315.
Hygiène, 35.
Idéal, 24, 26, 28, 243.
Idéalisme, 30.
Imagination, 62.
Imbécillité morale, 173.
Imitation, 140.
Impératifs, 33.
Impôt, 311.
Impulsifs, 178.
Imputabilité, 362.
Inaptes, 248.

Individu, 46, 272.
Industrialisme, 225, 233.
Innovation, 140, 280.
Instabilité mentale, 69.
Instruction, 301.
Intention, 348.
Intérêt, 114, 116.
Invention, 294.
Irresponsabilité, 357.
JAMES (W.), 65.
JANET (Paul), 45.
JANET (Dr Pierre), 4, 185, 186.
JAY, 230.
Joie, 145, 156.
JOURNIAC (D^r), 174.
Justice, 261, 272.
KANT, 1, 19, 21, 36, 40, 45, 48, 60, 73, 87, 89, 269, 287.
LACASSAGNE, 168.
LALANDE, 205, 211, 216.
LAVELEYE (de), 234.
LE BON, 167.
Légalité, 140, 224.
LEGRAIN (D^r), 173.
LEIBNITZ, 49, 154.
LETOURNEAU, 206.
Liberté, 89 sqq., 102, 259.
— civile, 224, 267.
Loi morale, 87.
— civile, 284.
LOMBROSO, 166, 190, 326.
Lutte, 256 sqq.
Machinisme, 228.
Magistrats, 302.
MAGNAN (D^r), 173, 190.
MALAPERT, 36.
MALEBRANCHE, 45, 355.
MANOUVRIER, 91.
Mari, 207-209.

Mariage, 329.
MARION, 43.
MAZZARELLA, 204.
Mérite, 373.
Méthode, 52, 56.
MILL (Stuart), 43, 54, 117-121.
Mobiles, 72.
Modération, 148.
Mœurs, 77.
Moi, 101.
Morale indépendante, 18.
— sociale, 137.
Mysticisme, 124.
Naturalisme, 104 sqq.
NIEBOER (D^r), 207-232.
NIETZSCHE, 246 sqq.
Obligations, 271, 276.
Obsédés, 183.
Optimisme, 372.
Ouvrier, 280, 315, 320 sqq.
Passion, 73, 361.
Passionnés, 170.
PAULHAN, 65.
Pauvreté, 306.
Peine, 367.
Perception objective, 66.
— de soi-même, 67.
Père, 210.
Personnalité, 98.
PILLON, 38, 58.
Philosophie, 11, 12.
Plaisir, 104, 108.
PLATON, 2, 9, 29, 37, 50, 124, 260.
PLOTIN, 124.
Ploutocratie, 219.
Pouvoir, 291.
Prévision sociologique, 243.
Profession, 321.

Propriété, 232, 234, 277.
— collective, 279.
— individuelle, 281.
Prostitution, 327.
Punition, 368.
Raison, 41, 43, 60, 85.
Réel, 24.
Relativité de la morale, 27.
Religion, 14, 238, 299.
Religieux (sentiments), 344.
Renoncement, 252, 256.
Renouvier, 19, 24, 73, 94, 116, 130, 189, 325, 332.
Respect, 337.
Responsabilité, 348, 353 sqq.
Ribot, 4, 63, 78.
Richesse, 220.
Risque, 349.
Romanes, 64.
Rousseau (J.-J.), 40, 268, 287.
Salariat, 315.
Sanction, 366 sqq.
Schelling, 288.
Science, 22, 239.
Secte, 193, 297.
Sée (H.), 236.
Sentiments, 52, 238, 342.
Sexes, 331.
Smith (Ad.), 51.
Sociabilité, 139, 142, 151, 239, 273.
Société, 363.
Sociologie, 27, 199.
Solidarité, 82, 192, 240, 308, 313.
Sollier (Dr), 173.
Souveraineté, 285 sqq.

Spencer, 53, 61, 104, 232, 241, 248.
Spinoza, 2, 46, 49, 60, 98, 126, 261.
Spiritualisme, 29.
Stein, 296.
Stirner (Max), 259.
Stoïcisme, 10, 129.
Subjectivisme, 80.
Substitutifs pénaux, 381.
Suggestion, 17.
Suicide, 195.
Surhomme, 3, 246 sqq.
Sympathie, 135.
Syndicats, 229, 298, 308, 323.
Systématisation, 144.
Tanon, 222.
Tarde, 81, 155, 294, 306.
Technique, 25, 29, 31.
Tendances, 79, 87, 103 sqq.
Tendances sociales, 201.
Testament, 283.
Tolstoï, 246, 250 sqq.
Travail, 237, 280, 308, 317.
Type mental, 66.
Unique (l'), 259.
Unité morale, 18.
Utilitarisme, 113 sqq.
Vagabonds, 182.
Valeur morale, 44.
— sociale, 284.
Vérité, 151.
Vertige moral, 190.
Vertu, 151, 342.
Violence, 256.
Volonté, 61.
Zenker, 220.

TABLE DES MATIÈRES

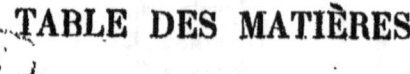

	Pages.
Préface	1

PREMIÈRE PARTIE
LA MÉTHODE

I. *Morale, métaphysique et religion.* — 1. La crise morale. — 2. La morale antique. — 3. La morale philosophique. — 4. Impuissance de la philosophie. — 5. La religion. — 6. Conditions de la moralité. 7

II. *La morale scientifique.* — 7. La morale indépendante. — 8. La science de la morale. — 9. La morale kantienne et ses postulats. — 10. Science et morale. — 11. Le réel et l'idéal. — 12. Caractère technique de la morale. — 13. Spiritualisme, idéalisme et naturalisme. — 14. La technique morale.. 18

III. *La morale individuelle et la morale sociale.* — 14. Les arts et la morale. — 15. La morale sociale. — 16. La conscience morale. — 17. Les données de la raison. — 18. La conduite rationnelle. — 19. Le devoir et la valeur morale. — 20. La dignité individuelle. 33

IV. *Les diverses méthodes.* — 21. Méthode kantienne. — 22. Platon et Aristote. — 23. Adam Smith. — 24. Spencer. — 25. Conclusion. 48

DEUXIÈME PARTIE
L'IDÉAL PSYCHOLOGIQUE

I. *La volonté morale.* — 26. La raison pure pratique. — 27.

La conception pratique et l'imagination. — 28. L'attention et l'association. — 29. Le type sensoriel. — 30. La perception de soi-même. — 31. L'instabilité et l'aboulie. — 32. La délibération. — 33. Le processus conscient. — 34. L'irréflexion et les bonnes mœurs. — 35. Le choix du meilleur. — 36. Antériorité de la tendance sur la notion du bien. — 37. Le subjectivisme moral. — 38. Effets de la sympathie et de l'hérédité. — 39. Effets de la raison. — 40. Union des tendances diverses et de la raison. 60

II. *Liberté et moralité.* — 41. La liberté d'après Kant. — 42. Origine du caractère. — 43. Science, conscience et liberté. — 44. La croyance à la liberté. — 45. La personne agent véritable. — 46. Conclusions. 89

III. *Les tendances morales.* — 47. Diverses tendances, diverses doctrines. — 48. Le naturalisme. — 49. L'hédonisme. — 50. L'épicuréisme. — 51. L'utilitarisme. — 52. Intérêt et désir. — 53. L'égoïsme. — 54. L'intérêt collectif. — 55. L'intellectualisme. — 56. Le mysticisme. — 57. La morale de Spinoza. — 58. La morale stoïcienne. — 59. Le sentiment esthétique. — 60. Les sentiments altruistes. — 61. La générosité. — 62. La sociabilité. — 63. La tendance à l'organisation sociale. — 64. Conclusions. 103

IV. *L'individu moral.* — 65. L'idéal psychologique et la fermeté morale. — 66. La modération. — 67. La vertu. — 68. Le culte du beau. — 69. La joie.. 144

V. *Le déterminisme des actions immorales.* — 70. La faute. — 71. Crimes et criminels. — 72. Classification et description sommaire. — 73. Le criminel par accident. — 74. Les criminels aliénés. — 75. L'imbécile. — 76. Les dégénérés intelligents. — 77. Les déséquilibrés. — 78. Les impulsifs. — 79. Les obsédés. — 80. Exagération des bons sentiments. — 81. Le vertige moral. — 82. Le type criminel. — 83. Effets immoraux de la solidarité. — 84. Hérédité, alcoolisme, troubles sociaux. — 85. Conclusion de la 2ᵉ partie. 161

TROISIÈME PARTIE
L'IDÉAL SOCIAL

I. *L'évolution sociale.* — 86. L'état présent de la sociologie et la morale relative. — 87. Statique et dynamique sociales. — 88. L'évolution de la famille. — 89. Le matriarcat et la condition primitive de la femme. — 90. La condition primitive des enfants. — 91. La patria potestas et la dissolution de la famille. — 91. L'avenir de la famille. — 92. L'État et les sociétés animales. — 93. La vie politique et la lutte des classes. — 94. L'égalitarisme. — 95. Les gouvernements. — 96. La ploutocratie. — 97. L'évolution politique et le droit. — 98. Le droit contractuel.. 198

II. *L'évolution sociale (suite)*. — 99. L'état économique primitif. — 100. L'évolution économique. — 101. La division du travail. — 102. L'association. — 103. La propriété individuelle. — 104. L'esclavage et l'industrialisme. — 105. Le capital et le travail. — 106. Les sentiments collectifs. — 107. Sentiments primitifs. — 108. Développement de la sociabilité. — 109. La religion. — 110. Ensemble des prévisions sociologiques. 224

III. *L'idéal social. Lutte ou amour?* — 111. Individualisme et renoncement. — 112. Le surhomme. — 113. Le sacrifice des faibles. — 114. L'évangile de Tolstoï. — 115. Renoncement. — 116. Conséquences de la non-résistance au mal. — 117. Nécessité de la lutte. — 118. L'arbitraire. — 119. Les humbles. — 120. L'aristocratie. — 121. Importance de la théorie des droits. 245

IV. *Les droits*. — 122. Fondement des droits. — 123. Le droit naturel. — 124. Droit et liberté métaphysique. — 125. Droits et fonction sociale. — 126. Justice et dévouement. — 127. Justice et charité. — 128. Le droit de propriété. — 129. La part de la collectivité. — 130. Propriété et innovation. — 131. La transmission héréditaire des biens. — 132. Conclusion. 267

V. *L'État*. — 133. Rôle de l'État. — 134. Théories de la souveraineté. — 135. Résumé. — 136. La souveraineté relative et le contrat social. — 137. Les devoirs et les droits de l'État. — 138. L'État et les associations. — 140. L'État éducateur. 284

VI. *L'organisation économique*. — 141. La concurrence. — 142. Subordination de l'ordre économique. — 143. Le rôle de l'État, l'Étatisme et la corvée. — 144. L'impôt. — 145. La solidarité dans l'ordre économique. — 146. Le salariat. — 147. La coopération. — 148. Le travail des femmes et des enfants. — 149. La valeur de l'ouvrier. — 150. Ses droits et ses devoirs. 303

VII. *La famille, l'amitié, les sentiments collectifs*. — 151. Les droits de la femme. — 152. Le mariage. — 153. Co-éducation et égalité des sexes. — 154. Le divorce et les devoirs envers les enfants. — 155. Les devoirs des enfants. — 156. L'amitié et la fraternité. — 157. Conduite de l'homme à l'égard de l'animal. — 158. Les sentiments vraiment humains. 325

QUATRIÈME PARTIE
LA LUTTE CONTRE L'IMMORALITÉ

I. *La responsabilité sociale.* — 158. Conditions de la responsabilité. L'intention. — 159. Erreurs d'appréciation. — 160. Délibération insuffisante. — 161. L'irresponsabilité. — 162. Modification possible du caractère morbide. — 163. L'imputabilité. — 164. L'action sociale. 347

II. *La sanction et l'éducation morale.* — 165. Rôle et nature de la sanction. — 166. Le bonheur, conséquence naturelle de l'action morale. — 167. Le mérite. — 168. Immoralité de la punition. — 169. Rôle utilitaire de la sanction. — 170. La suggestion morale.. 366

BIBLIOGRAPHIE. 387
INDEX. 393

BIBLIOTHÈQUE INTERNATIONALE
DE
PSYCHOLOGIE EXPÉRIMENTALE
NORMALE ET PATHOLOGIQUE

PUBLIÉE SOUS LA DIRECTION
DU
D' TOULOUSE
MÉDECIN EN CHEF DE L'ASILE DE VILLEJUIF
DIRECTEUR DU LABORATOIRE DE PSYCHOLOGIE EXPÉRIMENTALE A L'ÉCOLE
DES HAUTES-ÉTUDES, PARIS

Secrétiare : **N. VASCHIDE**
CHEF DES TRAVAUX DU LABORATOIRE DE PSYCHOLOGIE EXPÉRIMENTALE
A L'ÉCOLE DES HAUTES-ÉTUDES

Le but de cette Bibliothèque est de résumer nos connaissances actuelles en *Psychologie normale* (fonctions intellectuelles), *comparée* (psychologie sociale et animale), *anormale* (génie) et *morbide* (hypnotisme, folie, crime). Plusieurs volumes sont consacrés à l'étude des rapports de la psychologie avec l'anatomie, la zoologie, l'anthropologie, la pédagogie, la sociologie et la psychiatrie.

Le *premier caractère* de cette bibliothèque est d'être internationale et par conséquent éclectique.

Le *second caractère* est que les études publiées seront basées sur l'expérimentation qui a transformé dans ces derniers temps la psychologie et l'a rendue comparable à la physiologie, dont elle n'est d'ailleurs qu'une section. Aussi s'est-on adressé de préférence aux savants qui ont fait des recherches personnelles dans ce sens. Pour bien marquer cette tendance expérimentale, le premier volume de la collection exposera les méthodes et les techniques de l'**Examen des sujets** (anatomique, physiologique et psychologique). Chaque autre livre, qui constituera une mise au point de nos connaissances sur un sujet déterminé, sera une critique des observations et des expérimentations; et un chapitre sera consacré aux méthodes employées dans la recherche des faits. Ces études, qui s'adressent par les théories générales à tous les savants non spécialisés dans ces études, sont destinées à servir de guides aux physiologistes, psychologues, médecins, ainsi qu'aux professeurs et aux élèves de philosophie désireux de s'assimiler les méthodes scientifiques et aux pédagogues ayant l'intention de faire des observations psychologiques dans les écoles.

Le *troisième caractère* de la Bibliothèque est qu'elle est limitée à 50 volumes, dont chacun est un chapitre de Psychologie et dont l'ensemble formera un vaste Traité de cette science de près de 20 000 pages. Le lecteur sera de la sorte assuré de posséder une encyclopédie complète, qui sera un résumé de la psychologie expérimentale au commencement du xxe siècle. Cette collection sera tenue au courant des progrès de la science par des éditions successives portant, au fur et à mesure des besoins, sur chacun des volumes.

Chaque auteur a été laissé maître d'exprimer ses idées sur la partie de la psychologie qu'il a été chargé de traiter et qui avait été au préalable déterminée dans ses limites et dans ses relations avec les parties voisines. Comme les questions se pénètrent en réalité, certaines seront traitées d'une manière différente dans plusieurs livres. Une brève coordination de tous ces éléments sera tentée dans le premier volume, l'*Examen des sujets*.

Les volumes sont publiés dans le format in-18 jésus; ils forment chacun de 300 à 400 pages avec ou sans figures dans le texte. Le prix marqué broché de chacun d'eux, quel que soit le nombre de pages, est fixé à 4 francs. Chaque volume se vend séparément. La Bibliothèque sera complète en trois années environ.

TABLE DES VOLUMES ET LISTE DES COLLABORATEURS

1. **L'Examen des sujets.** D^r Ed. Toulouse, Médecin en chef de l'asile de Villejuif, Directeur du Laboratoire de Psychologie expérimentale à l'École des Hautes Etudes, Paris, et N. Vaschide, chef des travaux du Laboratoire, Paris.
2. **La Cellule nerveuse.** Dr G. Marinesco, Professeur de clinique des maladies nerveuses à l'Université de Bucarest.
3. **Le Cerveau.** Dr Bechterew, Professeur de psychiatrie à l'Université de Saint-Pétersbourg.
4. **La Moelle.** Dr Betchterew, Professeur de psychiatrie à l'Université de Saint-Pétersbourg.
5. **Physiologie psychologique.** Dr L. Hallion, Chef des travaux au Collège de France, et Ch. Comte, Préparateur au Collège de France, Paris.
6. **Les Sensations internes.** Dr Brissaud, Professeur à la Faculté de médecine de l'Université de Paris.
7. **La Sensation et la Perception.** Courtier, Chef des travaux à l'Ecole des Hautes Etudes, Paris.
8. **Le Tact.** X***.
9. **L'Odorat.** N. Vaschide, Chef des travaux du Laboratoire de Psychologie expérimentale de l'Ecole des Hautes Etudes, Paris.
10. **Le Goût.** Dr Marchand, Médecin des asiles, Paris.
11. **La Vision.** Dr Nuel, Professeur d'ophtalmologie à l'Université de Liège.
12. **L'Audition.** Dr Pierre Bonnier, Paris.
13. **L'Instinct sexuel.** Dr Bajenoff, Moscou.
14. **Le Mouvement.** R. S. Woodworth, « Instructor » à l'Université et à l'École de Médecine de Bellevue, New-York-City.
15. **Le Travail et la Fatigue intellectuels.** Dr Ruggero Oddi, Professeur à l'Université de Gênes.
16. **Le Sommeil et les Rêves.** Piéron, Préparateur au Laboratoire de Psychologie expérimentale de l'École des Hautes Études, Paris.
17. **L'Inconscient.** Ducasse, Professeur agrégé de philosophie au lycée d'Evreux.
18. **L'Attention.** Dr A. Tokarsky, Professeur de psychologie à l'Université de Moscou.
19. **La Mémoire.** J.-J. Biervliet, Professeur de psychologie à l'Université de Gand.
20. **La Personnalité.** Dr Pitres, Professeur de clinique médicale à la Faculté de Médecine de l'Université de Bordeaux.
21. **L'Association des Idées.** D^r Ed. Claparède, Privat-docent de psychologie à l'Université de Genève.
22. **Le Jugement et la Connaissance.** J. Mark Baldwin, Professeur de psychologie à l'Université de Princeton (N. J.).
23. **L'Imagination.** Dugas, Docteur ès lettres, Professeur agrégé de philosophie au lycée de Caen.
24. **Les Emotions.** Dr Sergi, Professeur d'anthropologie et de psychologie expérimentale à l'Université de Rome.

25. **Le Caractère.** MALAPERT, Docteur ès lettres, Professeur agrégé de philosophie au lycée Louis-le-Grand, Paris.
26. **La Volonté.** PAULHAN, Paris.
27. **La Mimique.** CUYER, Professeur à l'Ecole des Beaux-Arts, Paris.
28. **Le Langage.** D' Maurice DE FLEURY, ancien Interne des hôpitaux, Paris.
29. **L'Ecriture.** D' G. OBICI, Privat-docent de psychiatrie à l'Université de Padoue.
30. **Psychologie animale.** Edmond PERRIER, Directeur du Museum, membre de l'Académie des Sciences, Paris.
31. **L'Hérédité mentale.** D' ANTHEAUME, ancien Chef de clinique de Pathologie mentale à l'Université de Paris.
32. **Le Développement intellectuel de l'enfant.** BLUM, Professeur de philosophie au lycée de Montpellier.
33. **Anthropologie psychologique.** D' MORSELLI, Professeur de clinique des maladies mentales et nerveuses à l'Université de Gênes.
34. **Psychologie sociale.** HAMON, Professeur à l'Université libre de Bruxelles.
35. **Pédagogie expérimentale.** BUISSON, Professeur de la science de l'éducation à l'Université de Paris (Sorbonne).
36. **Logique.** D' RUGGERO ODDI, Professeur à l'Université de Gênes.
37. **Esthétique.** BASCH, Professeur à la Faculté des Lettres de l'Université de Rennes.
38. **Morale.** DUPRAT, Docteur ès lettres, Professeur de philosophie au lycée de Rochefort-sur-Mer.
39. **Métaphysique.** STOUT, Directeur de « The Mind ».
40. **Le Génie.** D' Ed. TOULOUSE, médecin en chef de l'asile de Villejuif, Directeur du Laboratoire de Psychologie expérimentale à l'Ecole des Hautes Etudes, Paris.
41. **La Contagion mentale.** D' A. VIGOUROUX, Médecin en chef de l'asile de Vaucluse, Paris.
42. **L'Hypnotisme et la Suggestion.** D' GRASSET, Professeur de clinique médicale à l'Université de Montpellier.
43. **Les Illusions et les Hallucinations.** D' A. TAMBURINI, Professeur de clinique des maladies nerveuses et mentales à l'Université de Modène.
44. **La Folie. Classification et Causes.** D' Ed. TOULOUSE, Médecin en chef de l'asile de Villejuif, Directeur du Laboratoire de Psychologie expérimentale à l'Ecole des Hautes Etudes, Paris.
45. **Les Délires.** D' FERRARI, Médecin de l'asile de San-Maurizio.
46. **Les Démences.** D' A. MARIE, Médecin en chef de l'asile de Villejuif, Paris.
47. **Les Débilités mentales (Idiotie et Dégénérescence mentale).** D' LEGRAIN, Médecin en chef de l'asile de Ville-Evrard, Paris.
48. **Les Obsessions et les Impulsions.** D' PITRES, Professeur de clinique médicale à l'Université de Bordeaux, et D' RÉGIS, Chargé du cours de Pathologie mentale à la même Université.
49. **Le Crime.** D' COLIN, Médecin en chef de l'asile d'aliénés criminels de Gaillon.
50. **Bibliographie psychologique.** N. VASCHIDE, Chef des travaux du Laboratoire de Psychologie expérimentale à l'Ecole des Hautes Etudes.

www.ingramcontent.com/pod-product-compliance
Lightning Source LLC
Chambersburg PA
CBHW071902230426
43671CB00010B/1441